得　诸　叔　蘋　清　华

还　诸　社　会　国　家

清華七十年人生回首

——一名高等工程教育工作者的回顾

罗福午 著

中国书籍出版社
China Book Press

图书在版编目（CIP）数据

清华七十年人生回首：一名高等工程教育工作者的回顾 / 罗福午著 .-- 北京：中国书籍出版社，2021.3

ISBN 978-7-5068-7789-3

Ⅰ. ①清… Ⅱ. ①罗… Ⅲ. ①罗福午—回忆录 Ⅳ. ① K825.46

中国版本图书馆 CIP 数据核字（2019）第 293579 号

清华七十年人生回首：一名高等工程教育工作者的回顾

罗福午　著

责任编辑	袁家乐　王　淼
责任印制	孙马飞　马　芝
封面设计	中联华文
出版发行	中国书籍出版社
地　　址	北京市丰台区三路居路 97 号（邮编：100073）
电　　话	（010）52257143（总编室）　（010）52257140（发行部）
电子邮箱	eo@chinabp.com.cn
经　　销	全国新华书店
印　　刷	三河市华东印刷有限公司
开　　本	787 毫米 ×1092 毫米
字　　数	323 千字
印　　张	17
版　　次	2021 年 3 月第 1 版　2021 年 3 月第 1 次印刷
书　　号	ISBN 978-7-5068-7789-3
定　　价	78.00 元

序

罗福午教授是清华大学土木工程领域的知名专家，也是我国工程教育界的前辈。七十年来，他一直辛勤耕耘在工程教育教学和相关的教育研究第一线。最近，他撰写了《清华七十年人生回首》。通读之后，我们颇有一些感想。由于我们本科修读的也是工学，因此有格外亲切的感觉，也更便于我们学习与体会罗福午老师多年的教学和研究的硕果。

罗福午老师作为一名真正的工科教师，从求学土木工程、参加建校设计、主持施工管理，进而研究土木工程专业的教学规律、总结“设计—施工—教学”经验、建立质量控制与事故分析系统等，执教了多门课程、撰写了“专业概论”等多部工程设计的教材，发表了14篇“工程史话”，参与了二十多项工程设计和建设项目，真乃硕果累累。作为一名工科教授，他提出了“教书—教工程—教做人”的理念；概括了工程教育的四个基本点；强调了工程师培养既要有纵向思维，也要有横向思维；指出了统一学科性教学与工程性教学的必要性等等。近年来，他不断强调要注重土木工程师的价值观培育、要重视工程伦理教育，强调专业人才培养过程中要提升可持续发展理念等重要观点。这些观点对当今的工程教育具有重要的意义。

罗福午老师作为工科教师的同时，用很大的精力研究从20世纪80年代至今的工程教育相关的理论和实践，联系工科实际，对若干重要的工程教育理论问题进行了总结性和前瞻性的研究。诸如：80年代末关于工科专业调整；关于高等教育的评估以及学习国外的经验要注意结合中国的政治经济发展的需要（1985—1995）；关于培养目标以及学生“为什么学，学什么，怎样学、为什么这样学”的教学研究；关于“知识、智力、能力、素质”的论述；关于专业教育与德育的关系；关于“大学工程教学16讲”（2005—2007）和“高等教育评估”（1985—1995）的编写与研究等等。这些在当时均属工程教育面临的重要问题，罗福午老师给出了理论的建构与演绎，也从工程教育研究的视角给出了政策操作的建议。不少研究成果具有前瞻性，现今依然值得人们深入思考。

我们看到，当前我国以及我校，从事工程教育研究的多为教育学科出身的研究者和校院系的教育管理者，工科专业的教师参与教育研究的积极性不高。我国工程教育界的研究者中，尚缺乏一大批既热心从事工科教学和工程设计与实践、又热心开展对工程教育规律研究的专业教师，他们应该是工程教育研究的第一线的研究大军。但像罗福午老师既有课堂教学、教材编著、设计施工和工程质量分析经验，又从事工程教育深入研究的人太少。这与美国工程教育协会（ASEE），欧洲工程教育学会（SEFI），世界工程教育联合大会（WEEF）等召开的大型国际工程教育会议参加者的构成有很大反差。出版这本书，希望吸引更多的从事工程教育的教师，参与这一有重要意义的研究。人们也在反思引起这一差异现象的政策原因，建议应该引导从事工程教育研究的人及以工科为主院校的管理者关注并能落实到教师评价政策中去。

由此联想到，蒋南翔、何东昌、张维、张光斗等清华大学的老领导的教育思想曾不同程度得以刊载发扬，而中华人民共和国成立前教育界的前辈梁启超、梅贻琦、顾毓琇等和中华人民共和国成立前后刘仙洲、庄前鼎、施嘉炀、章名涛、梁思成等老一辈教授名家关于工科教育的论述，却少有人收集研究。建议有一些教师带领研究生做点清华早期工程教育史的研究。目前设置在清华大学的联合国工程教育中心（ICEE）和学校校史研究室的范宝龙、李珍、乔伟峰、徐立辉等老师正在教育研究院的支持下策划和推动此事，实在很有必要。因为守正与创新是相关的。

总之，出版罗福午老师这一著作，有助于激励更多的从事工科专业教学的教师积极参与工程教育研究，也希望是对工程教育管理者的政策推动。

余寿文　王孙禺

2019年8月　于清华园

得诸叔蘋、清华，还诸社会、国家

（自序）

我是一名清华大学土木工程系的退休教师，今年87岁。从1947年到清华大学求学至今，我已经生活在清华园里整整七十年（1947—2017）了。七十年，对于人类来说是短暂的一刹那，但对个人来说，却是生命的大部分。任何人一生的经历、作用和价值，无论是成功还是失败、优秀还是平庸、愉快还是忧虑，都往往对后人有可以借鉴的地方。

回顾过去，我出生在一个没落的封建家庭，那时整个国家都处在帝国主义列强的奴役之下，民不聊生、社会动荡、国家贫困、人才匮乏。家族的衰败，生活的窘迫，一直伴着我从少年步入青年；青春的迷茫也随着自己的成长而一天天加剧。中华人民共和国成立，人民当家做了主人，在国家百废待兴之时，我从一名学生成长为一名清华大学的教师和工程建设的工程师，开启了自己一生的奋斗历程。回顾往昔，我的一生经历了四个转折，它们是：

7岁时，由生活在书香之家转变为成长于贫困环境中（封建家庭的变故）；

15岁时，由一个迷茫的少年转变为有理想的青年（叔蘋奖学金的激励）；

22岁时，由一个大学生转变为教育工作者和土木工程师（清华大学的培养）；

65岁时，由一个大学教师转变为教育和建设的志愿者（社会的责任）。

应该说，在这七十年中，没有叔蘋奖学金的资助和教育，我不可能有到清华大学求学的机遇，不知道会怎样去实现叔蘋奖学金所确立的“人生要做到‘得诸社会，还诸社会’”的宗旨。没有清华大学对我的培养和多位资深教授对我的指导，我也不可能在后来完成国家交给我的教学和工程建设任务，更不会懂得清华大学校训“自强不息，厚德载物”这个重要的人生哲理。

我在清华大学求学的后期，正值中华人民共和国成立后教育部确定进行高等院校院系调整，“清华、北大、燕京三校调整建筑计划委员会”需要在清华和北大各新建一批校舍；可是当时正在开展“三反、五反”运动，北京市现有的营造商几乎都是“五反运动”的审查对象，三校建委会决定抽调两校的部分教师和学生自营式地完成建设任务。我作为清华土木系毕业班的一名学生，在1952年初被抽调参加清华大学第一工区的施工，完工时已是1952年底。这是清华大学对本校学生进行的一次“理论联系实际”的特殊培养。

我在1952年7月毕业后留校，学校和土木系既安排我参加“工程的设计和施工”，又要我完成“专业课程的教学”，两者紧密地联系在一起，形成“工程—教学—工程—教学……甚至在工程过程中教学，或者在教学中处理工程问题”的教学模式。这使我深刻理解了“理论联系实际”的重要意义，也使我获得了提高教学质量的喜悦。

此外，从1982年起，清华校党委还安排我在多次教学和工程实践的基础上，参加国家教委高等教育二司主持的高等工程教育科学的研究。在和国家教委直属工业院校的同行们的多年共同研讨、交流、切磋下，我认知了一些指导教学工作的教育理论，并对“大学工程教学原理”有了一些见解；这也使我能够在当前教育改革中具备充沛的动力和热情。

在这些教学、工程活动和教育科学研究中，多位资深的老教授如张维、吴柳生、张光斗、储钟瑞等，在给我们授课和指导我们工程设计与教育科学研究时的严谨求实的学风，以及热爱学生并热情为学生服务的教学风格，也都成为我自己日后进行教学和进行工程设计、施工和教改研究工作时效仿的风格。使我与学生间一直保持着“倾注关怀、积极引导、思想交流、教学相长”的亲密关系。

张维

吴柳生

张光斗

我退休前在清华的48年中，“学习、工程、教学、研究”四段历程紧密相连，这就是清华大学对我的培养和指导；“获奖、求学、协助承办、奖学育人”四个方面紧密相连，这就是叔蘋奖学金对我的恩施和教育。每当讲完一门课程，每当一项新建工程完工，每当一本教材或著作出版，每当参加一次叔蘋奖学金的奖学育人活动，都会在自己心灵深处产生一种“快乐”，感到在国家和社会的需求中尽了自己的微薄之力，留下了一个小小的“逗号”。这就是人生的意义，也是实现了一次清华校训“自强不息，厚德载物”和叔蘋宗旨“得诸社会，还诸社会”对我提出的要求。

我永远感激清华大学对我的培养和指导！我永远铭记叔蘋奖学金对我的恩施和教育！“得诸叔蘋、清华”是我一生的荣幸，“还诸社会、国家”是我毕生的追求！

1995年，我在清华大学经返聘完全退休后，清华的校训“自强不息，厚德载物”依然鼓励和指导着我：

◎ 为总结过去的教学工作，改编了一些土木工程和建筑结构的教材；

◎ 接受出版社的请求，主译了一些建筑结构、高层建筑学、园林学、环境治理方面的专著；

◎ 参加建筑工程界举办的“建筑结构质量事故分析及处理培训班”和中国建设教育协会举办的“土建工程师资培训班”的讲授；

◎ 作为北京叔蘋同学会的会长，组织了多种奖学育人的活动；

◎ 在家阅读古典小说和历史文献，了解一些甲骨文字，练书法、玩“数独游戏”、散步、做体操……过休闲的“两人世界”退休生活。

我对人生的体会是：“活到老，学到老！”学习，获得新知识，具备新理念，再开始新的学习起点，做到“得诸社会，还诸社会”乃人生一大快事！

有人问我：“你已经87岁高龄了，健康情况怎样？”我的回答是：“记住清华大学马约翰教授常讲的一句话——人要运动，让每一个细胞都处于运动状态，才能永远保持健康！”有人问我：“你的人生幸福吗？”我的回答：“七十年在清华求学、执教，进行教育研究和奖学育人活动，以及退休后的所为，使我感悟到‘得诸叔蘋、清华，还诸社会、国家’的意义，懂得具有这种人生观的价值，因而经常沉浸在快乐和幸福之中。”

这本册子里记录的是继2010年80岁时写作《八秩忆略》后，我进一步叙述的七十年以来在清华求学、执教、求索、退休生活、居家并参与承办叔蘋奖学金的回顾、总结和收获，尤其是在这些历程里认知和感悟到的人生的意义，故取名《清华七十年人生回首》。

罗福午

2017年10月写于清华园

2019年8月修改

有感于父亲的《清华七十年人生回首》

出差两个月刚回到家中，父亲便递过来一摞书稿，并说，这可能是他写的最后一份东西了……捧着沉甸甸的书稿，望着父亲释怀的样子和略带蓬乱的白发，我的心中充满了无尽的敬意。

父亲今年88岁高龄，除走路、听力失去了原有的敏捷外，思路仍不亚于年轻人。

从儿时起，印象中父亲在家里的大部分时间都是在书桌旁度过的，直到前一段时间看到他《清华七十年人生回首》的部分书稿，才真正了解了父亲在书桌旁都做了些什么，也悟到了他书桌以外的"乐趣"所在。一条人生轨迹清晰地展现在我的眼前：年幼时清寒的家境；少年时获得"叔蘋奖学金"的恩惠，清华"厚德载物"的沃土，以及新中国百废待兴和发展与建设的勃勃生机，确立了父亲的人生观、价值观和世界观，并且父亲始终在为之努力着，快乐地工作着、耕耘着。正所谓建立"初心"、不忘"初心"、坚守"初心"。

父亲的《清华七十年人生回首》虽然描述的只是"清华"，即：清华的求学、清华的执教、清华的求索、清华的情缘、清华的居家，以及在清华的退休生活，但自始至终没有离开叔蘋奖学金"得诸社会，还诸社会"的育人宗旨；并且以自己在清华七十年的人生历程，践行着"得诸社会，还诸社会"，书写着"得诸社会，还诸社会"；而且是在不断地"得"与努力地"还"，甚至为了"还"而忘我地去"得"。在这种近乎于一生的"得"与"还"的过程中，我感受到了父亲的快乐，感受到了他那颗与社会同步、与青年人同行的心。

父亲的《清华七十年人生回首》始终贯穿着这样一个主题，也传达着这样一个主题，即有什么样的人生观、价值观，就会有什么样的"快乐"。人生最大的幸福莫过于拥有一颗快乐的心，而当个人的"三观"与社会发展、人类进步同向并行时，就会始终保持这样一颗快乐的心，他"倾心"所做的任何事情，即便再微小，也会承载着满满的正能量，也会因能够"给予"而在心中充满着幸福。

我羡慕父亲这样的人生，也在努力地书写与实践自己的人生。

罗小东

2018年5月

目 录

第四篇　**清华缘情——“叔蘋奖学金”轶事**

第五篇　**清华夕阳——退休生活**

第六篇　**清华居家——家人家事**

第七篇　**人生感悟**

第八篇　**乐在其中**

附录

第一篇　清华求学
——学习与成长

到清华大学求学，接受高等教育，是我“清华七十年人生”的第一课。它对我的教育和培养，对自己今后人生的指导和发展有着极为重要的意义。

回顾五年的求学生涯，我得到的不仅是高中毕业时曾经选择的求职需要——土木工程的基本知识、方法和技能，重要的是清华大学校领导和土木工程系通过五年的教学和工程实践对我的教育，以及张维、吴柳生、储钟瑞、张光斗、马约翰等一批知名教授和教师，通过精辟的课内外引导，使我养成了要求学生做到的“严谨、勤奋、求实、创新”学风，知道“自主学习”和“清华精神”是增长学识、增强体质、谋求进步和发展的动力。我还通过多年的求学生活，领会了清华大学丰富多彩的校园文化并结识了一大批亲密、友爱、团结的校友。而在这些求学所得中，最为珍惜可贵的是，我懂得了清华大学的校训“自强不息，厚德载物”，和梁启超在1914年阐明这八个字时，向清华学生的嘱咐和鼓励：“崇德修学，勉为真君子，异日出膺大任，足以挽既倒之狂澜，作中流之砥柱。”这句嘱咐和鼓励，我铭记在心，终生难忘。

清华首住寝室——善斋411

课间休息，在西大操场上（左：我，右：江幼钧）

大四下学期，参加建校工程施工的第一工区干部队伍，均为清华、北大的在校学生，我在前右2

颐和园水文测量前线；昆明湖是战场

全班在爱国公约下学习

我在清华大学的求学历程

（一）考取清华

1947年7月，我从上海大同大学附中二院毕业，毕业时虽然是全班第一名，但并没有给我过多的喜悦，因为我的家境十分贫寒（见后述“家人家事”）。但母亲和我都认为“上大学是唯一的志愿”，母亲说：“我再苦也支持你上大学！”于是我报考了上海交大的电机系、杭州浙大的土木系、大同大学的化工系和清华大学的土木系，我的志愿是做一个土木工程师。果然清华录取了我，这使我万分喜悦，因为清华既有名望，专业是我的第一志愿，又是国立大学不收学费。但清华远在北平，来回要支付旅费，生活要支付膳食费；这笔费用对我们母子来说仍然难以解决。怎么办呢？是叔蘋奖学金给了我这条通往清华大学求学的人生大道！

我在高一时因家境清寒交不起学费，考取了由著名企业家顾乾麟先生在上海创办的“叔蘋奖学金”，得以完成了高中学业。此时叔蘋奖学金为了支持考取清华、北大和燕京的得奖学生，决定为我们支付赴北平的旅费；又因清华不收学费，更承诺我们这批清华学生的膳食费。这是我一生永远不能忘记的恩情！

那时津浦铁路尚未通车，我和关佾、王盛沧、江幼钧等几个叔蘋得奖同学一起乘“锡麟”号客轮先赴天津，再坐列车到北平前门车站，清华大学用校车接我们这批清华新生回校。途径西单大街、西直门，直奔清华的西校门、二校门，在大礼堂前停了下来。这时大礼堂里灯火辉煌，舞台上学生剧团正在演出。我们下车卸了行李直奔大礼堂，欣赏清华大学给我们的第一幕景色。我的第一印象是：“清华的文化生活多么丰富多彩！”

（二）初进清华

我首先到清华大学教务处报到，给我的学号是36344，说明我是民国36年（公元

1947年）入学的第344人。这一年清华本科招收780人，全校学生2499人（当时清华刚从西南联大返回北平复校，学生人数并不多）。

我第一次住进集体宿舍——善斋411室（“斋”就是书房、学舍；那时男生宿舍还有明斋、平斋和新斋，女生宿舍有静斋；以斋称宿舍，是要求学生把它们看成读书学习的地方）。那时没有班级组织，我们同室四人，两人为土木系新生，另两人分别为机械系和电机系新生。室内生活设备虽然比较简单，但窗外就是西大操场，视野开阔，“晨练晚训，球赛集会，尽收眼中”，我感到十分满足。

我第一次在学生食堂入伙，进餐时八人一桌，四个菜定量，主食可以随便吃。进餐时往往有学生会干部在饭桌间高声朗读通知或做各种宣传；食堂外面墙上贴有许多学生会竞选的海报，它们都显示着学生生活中的民主风气。

我第一次感受清华高水平的教学是上物理课。它是由当时物理学界知名大师分学科讲授的，如力学由蔡方荫教授讲、热学由王竹溪教授讲、电学由霍秉权教授讲等等。物理课要得到好分数很难，于是采用“名义分”的办法：将考试的实际得分开方乘10，得到名义分，以名义分计算最后成绩。这样，实际分为36分就及格了（这其实告诉我们：物理课要得高分是很难的）。化学课由化学系主任张子高教授讲，每堂课开讲前都要测试上一堂课要求预习的内容，迫使学生养成“预习”的习惯。这对我今后提高学习质量起到很大的作用。

我第一次领会清华浓郁的学习气氛是在图书馆里复习功课。那时清华图书馆有四个阅览室、几百个座位，每天晚上灯火通明、座无虚席；但却鸦雀无声，静若真空，每个人都在聚精会神地看书、学习。据说许多同学都在晚饭后先到那里放书包、抢位子。不久，我也成为其中的一员。

在图书馆里，我不期了解到清华大学的校训是：“自强不息，厚德载物”；一查资料才知道是1914年梁启超到清华学堂给学生做“君子”的演说，引用《易经》中“天行健，君子以自强不息；地势坤，君子以厚德载物”的词文，鼓励清华学生崇德修学，勉为真君子，异日作中流之砥柱。清华校领导就将“自强不息，厚德载物”作为清华的校训。这是我入校后第一个最主要的思想收获，对我今后的学习和工作有着重大影响。

那时上课都在大礼堂附近的科学馆、电机馆、土木馆、机械馆和二院、三院（二、三院现已拆除，原地是现在的新水利馆前草坪和新图书馆）。上下课的钟声都是从大礼堂西侧的闻亭传来的。闻亭是一座六角亭，为纪念先烈闻一多教授于1946年建立，亭内只挂一尊古铜钟，由敲钟人定时鸣钟作为上下课的钟声。下课后，不少同学到闻亭一侧水木清华庭院的荷花池边、自清亭里、大礼堂前以及崎岖的小山路旁，坐在长凳、石阶或圆盘椅上，甚至有人躺在大礼堂前的大草坪上看书、读报、休息或交谈。这是一幅多么幽美的画面。

初上大学，有不少不适应：如不适应上课没有固定教室，又没有固定座位；一堂课换一个教室，而且还不在一栋楼里；不适应每天的课程并不排满，遇到空堂时要抓紧时间自学，否则就会浪费了课余时间……最不适应的是大一的课程究竟和土木工程有什么关系？没有哪一位教师告诉我们。要解决这些“不适应”就要十分明确自己的学习目的，才能充分利用和发挥清华大学的优越学习环境（好教师、好设备、好校风、好校园）。

“学习必须靠自己，操之在我，自强不息，养成自主学习的习惯”，这是我第一学期在清华得到的学习要领。

（三）我的老师

梅贻琦校长说过：“所谓大学者，非谓有大楼之谓也，有大师之谓也。”我在清华求学也就是在清华优越的教育环境中，在诸多教师严谨的指导下，自己各方面素质的成长。

入学初，印象最深的是储钟瑞教授。他刚从美国回国执教，上课时风度翩翩，与学生和谐相处。他主教测量课，除平面测量、大地测量、水文和天文测量外还开设了一门“应用数学（apply mathematics）”，讲一些线性代数、统计数学、复变函数等，他还为学生自制了“影印计算尺”（那时没有计算器，多用计算尺，市场上买到的美制KE 计算尺太贵，储教授就自制影印 KE 计算尺，使清华学生得以每人一把，用于学习）。我钦佩储教授的博学和才华，更感激他为广大学子服务的精神，这对我今后在教学中处理好教师和学生的关系起了很好的作用。我们班曾在他的指导下实测了清华大学校园、圆明园里长春园的地形以及颐和园昆明湖的水底等高线。

大二后使我受益很深的是吴柳生教授，他教我们“钢筋混凝土结构”课。由于他毕业于美国麻省理工学院（MIT），是著名教授 Timoshenko 的得意门生，回国后又是北京市政府的工程顾问，因而不但学术造诣深厚，而且工程经验丰富。他讲课的内容联系实际，往往十分风趣。课后经常要我们这些学生去他家里，告诉我们许多有关混凝土工程质量的问题。我毕业后，在设计清华大学的建校工程中，吴柳生教授是我真正的导师。

张维教授留学德国，是德国哥廷根力学学派中国传人之一（其他有钱学森、陆士嘉、钱伟长等）。他回国后任清华土木系主任，同时又教我们“高等材料力学”。他学风严谨、思路清晰、板书认真，并且常用启发式教学法，不断提出问题、引人入胜，深深地影响着每一个听课人。他在教学和担任系主任期间，还亲自做较大规模的壳体结构实验，给学生的印象是：学科理论和科学实验、工程实践是学好和教好工程学科的三个重要环节。我毕业后曾经在张维教授领导下工作，受到他无微不至的关怀；我后期的教学风格，应该说是在他影响下形成的。

刘恢先是我尊敬的另一位教授。他在教我们“结构力学”的同时，为清华新建的西大饭厅设计了一个29.5米跨度的门式木刚架。他所采用的“裂环式连接”在当时是一个崭新的技术措施；该刚架的跨度又是当时亚洲的第一大跨度。刘教授的设计技巧、设计成果令人折服。我后来又成为负责这几榀大跨度刚架的施工人员，在施工过程中，我更领会到刘恢先教授身上严谨和创新的学风。

体育教研室主任马约翰教授更令人念念不忘。他上课时穿的是西装马甲，戴的是黑领结，满面红光、神采奕奕，他要求每一个清华学生都必须有团队精神、永争第一，这就是“清华精神（Tsinghua Spirit）”。他上课时所讲的体育锻炼原则如：“人要多动”“锻炼要过量（overload）”……对保持身体健康有很大好处。在他的影响下，我入学不久就参加了“清华铁马体育会”，成为该会的一名乒乓球运动员；几乎每天下午下课后都要去体育馆练习乒乓球；周末更是体育馆的常客，经常一练乒乓球就是两小时左右。

此外，许多其他老师如教“钢结构”的王国周教授，教“土力学”的陈梁生教授，教“工程制图”的江作昭老师，教“土力学、材料和结构试验”的解沛基、殷之书、关振铎老师等，都给了我们许多指导和关怀。

（四）我的班集体

1948年12月，正值解放军即将包围平津，母亲突然从上海发来三封急电：“母病速回”。虽然我知道她害怕战争可能使北南分治，母子不能重聚，但十八年养育之恩使我难违母命，只能在清华办理了临时休学手续。可是回到上海后借读无门，不久平津和上海相继解放，我十分后悔脱离了大好形势，立即和十多位当时和我一起回上海的清华同学，在1949年7月1日乘津浦路恢复通车的第一列火车回到北京。在清华办好复学手续后，纳入土二班（土木系二年级）学习。这个班是有30多个同学的“和尚班”，学生运动中的积极分子多，地下党员多，能歌善舞的多，彼此团结友爱，情同手足。全班有一个共青团支部，班里的干部有总干事以及学习、生活、文娱和生产干事。开学后，我被大家选为学习干事，兼管班里的黑板报宣传工作；不久又被确定为“党的宣传员”（当时并未入党）。

刚解放，学习过程中政治活动多。1949年冬，朝鲜战火烧到鸭绿江边，校党委号召学生自愿报名参加志愿军。我作为共青团员，自然不能例外，经过思想斗争最后报了名。不久，得知理工学院学生一个也没有批准，报名只是一种考验，我为此感受到一场爱国主义的教育。此后全校掀起制定爱国公约的高潮，我热情地参与讨论、制定，并用大红纸白字书写了九条爱国公约和全班同学的姓名，挂在土木系阅览室的墙上，作为全班同学学习时的信念和要求。

1950年，全国掀起“抗美援朝”高潮，我们班集体到京郊门头沟煤矿做宣传，我和团支部书记赵思孔同学分配到矿卫队。他们要求我俩讲国际形势；恰好我们手头有一份吴冷西的“关于国际形势的报告”，我们就现学现卖起来，受到矿卫队工人师傅们的热烈欢迎。另外，我还爬上梯子在墙上写“工厂就是战场”六个大字作为“抗美援朝”的主要宣传口号；每个字3米 ×4米大，高度在地平面5米以上，几公里以外都能见到。工人们说：“这六个字给了我们为抗美援朝战斗的力量！”

1951年冬，我们班结构组和清华建筑系以及北京大学、天津大学的一批同学被调到鞍山钢铁公司，对原有的钢结构厂房进行实测，以便今后恢复生产。我参加了这次实测任务。东北的冬季比北京冷多了，白天一般在零下15摄氏度左右。每天要爬到钢桁架和钢柱上去量构件的断面尺寸，数铆钉的数量。这时不但手脚都冻得麻木，当用嘴和牙齿去拉钢尺时，还会把嘴唇拉去一层皮。我们几乎每天都要经受这种磨练，但全队热情高涨，大家同一条心：“为了新中国的建设，不完成任务决不收兵！”经过一个多月的战斗，终于完成了国家交给我们的任务。

三年级时要做“大地测量实习”和“水文测量实习”了。时间在暑假里，前者要求测绘圆明园中长春园的地形，后者要求测绘颐和园昆明湖湖底的等高线。大地测量要求全天候进行，中午必须在现场用餐，于是就由班里的团支书把午饭送到每一个测量点上，我们则把测量工作做到中午12点才休息。休息时找个有冒水眼的树荫（那时圆明园里有很多地下水的冒水眼），边用餐边喝清凉的地下水，一上午的疲劳一扫而光。水文测量更为有趣：我们先在昆明湖的岸边设置几个基准点，再租用几艘小船在昆明湖面上游弋。测量人用六分仪同时观测岸上两个基准点的相对距离和高度，同时量出这时的水面深度。这样就能够求得一个个观测点的水深，也就可以利用它们画出整个水面下的水底等高线。记得我们只用了一个下午就完成了实测任务，可以回校做“内业”（指水文测量的室内课程作业）了。在这个下午，我们几乎畅游了整个昆明湖。

1951年，我荣幸地加入中国共产党，成为一名中国共产党党员。介绍人是我们班的团支部书记赵思孔和清华大学共青团委的陈望祥同志。

1951年，教育部决定对高等院校进行院系调整：其中北京的清华、北大、燕京三校的相关系合并，清华成为多科性高等工业学校，燕京大学撤销；清华、北大两校要新建校舍共9.5万平方米；并抽调三校师生参加建校工作。清华校领导决定由即将在1952年毕业的土二班结构组学生脱离学习岗位，参加新建校舍的施工。于是，我、谭家骅、龚思礼负责清华第一、二、三工区的施工；汪达尊、赵思孔、徐中明负责北大第四、五、六工区的施工。其他结构组同学如赵禹民、谢醒悔、孙光祖等也都投入不同工区的技术管理工作。我们都兴奋地走上新的工作岗位，这也是一个新的学习岗位和学习机遇。

1952年7月，土二班全体毕业了！每个同学都兴奋地拿到一份珍贵的由清华大学校务委员会主任叶企孙签署的“毕业证书”。毕业后，有11位同学分配到建筑工业部，7位同学分配到重工业部，7位同学分配到水利部，2位同学分配到交通部；5位同学留校担任助教，他们是张思敬、徐一新、谷兆祺、廖松和我。

1951年底，当新建校舍开工前，在清华、北大、燕京三校建设委员会的动员会上，主任委员梁思成向我们这批尚未毕业、暂留在新建校岗位上的学生宣布：“你们已经在为国家工作了！”这句话立刻引起了大家的自豪感，会上一片欢呼声。我深情地告诫自己：“母亲从小就盼望我尽快自立的愿望，即将实现了！虽然在清华大学优越的学习环境里学习的生活结束了，但我们将为新清华、新北大创造更好的学习环境。这也就是解放后祖国给我们的新的学习和建设任务，也是清华校训要求我们学生毕业后做到“自强不息，厚德载物”的第一步，我一定要加倍努力去完成和实现它！

我在拿到“清华大学毕业证书”的时刻，深深感到自己在清华五年的求学生活既有丰收的感受，也有深情的怀念，更有把自己的所学真诚地奉献给祖国的期望。

我所感受的是我在清华学到了土木工程的基本知识和技能，这是母亲和我十几年来的梦想；但更为重要的是学到了我的老师们的严谨、求实、创新的学风和对学生倾注了热爱和殷切期望的教学风格。这些学风和教学风格会指导我今后的人生。

我所怀念的是我那可爱的班集体。同学们个个热情、进步、活泼、可爱、团结，对我这个解放前休学、解放后复读的“落后分子”，给予了极为温暖的手足情意：团支部经常和我谈心，寝室里的老大哥更是细心地处处给予照料，大家还选举我为学习干事，并负责班里的黑板报；在我还不是党员的时候，竟然提名我为“党的宣传员”，使我有了开展社会工作的机会。

更使我永远铭记在心的是，学校竟把新建校舍的艰巨任务托付给了我们这些刚毕业、没有任何阅历的学生，使我们感受到清华校领导对所培养学生的信任，我们今后要按照校训“自强不息、厚德载物”的要求永远不辜负祖国交给自己的重担。

这些感受和怀念，都是我前来清华大学求学的期望。这个求学的期望已经达到了！

（本文（四）我的班集体曾在2019年复79辑《清华校友通讯》上刊登）

第二篇　清华执教

——教学和工程

我1952年7月毕业，1953年初在三校建委会第一工区的施工任务完成后，才到土木系报到，开始自己在清华的执教生涯。这时蒋南翔已于1951年11月到校担任校长，是教育体制的改革方才起步，新的建校任务正要开展的时期。土木系系主任张维分配我加入“工程结构教研组”；教研组主任吴柳生任命我为助教，辅助王传志教授开设的“钢筋混凝土结构”课程。

与此同时，清华党委要我担任土木系教师党小组的组长，还任命我兼任全校教师共青团总支的副书记，担负起全校教师团总支的工作（总支书记李卓宝因担任基础课党总支书记，暂不参加全校教师团总支的领导）。

不久，学校因急需建设人才决定开设学制为两年零两个月的专修科班，土木系工程结构教研组又决定要我讲授这个班的“钢筋混凝土结构”课。

1954年，学校的基本建设委员会（主任蒋南翔，副主任梁思成）决定本年度新校舍的基建任务由学校自营，成立校工程委员会，由土木系系主任张维担任主任。张维主任又调我离开土木系的教学工作，主持新建学生宿舍“1—4号楼”和第二教室楼的结构设计。在这个任务完成后，1955年至1957年校领导仍要我留在校基本建设委员会设计科，承担新建一批系馆和实验室的任务。在这些设计任务完成、这些系馆和实验室的工程基本完工后，我才又回到土木系开展新的教学任务。

因此可以说，我的初期执教任务是作为教师进行教学和作为土木工程师进行设计的共同体。校领导、校党委、土木系的“需要”，就是我的“责任”所在；教学、工程以及政治工作，都是我应尽的义务。只有自己勤奋、认真地工作，并在新的工作岗位上不断地学习新的事物，才不辜负清华大学对我的培养。

清华大学土木系工民建专业1965级学生毕业时与教师合影（1965 ）

带领工农兵学员瞻仰西柏坡中国共产党第七次代表大会遗址（1972）

带领房七学生（1977年入学）在上海宝钢工地施工实习（1981）

第一期清华学堂（土木工程学科）教师研修班合影（2004年）

教学和工程给我的感受和启示

1952年7月毕业留校之前及以后的几十年，我在清华大学的教学和所参加的工程建设任务，按年度划分大体是：

1952全年　脱离学习岗位，调往北大、清华、燕京三校建设委员会下属清华大学第一工区，主持西大饭厅、1—17教职工宿舍、第五饭厅等一批新建工程的施工，约1.8万平方米。

1953全年　调回土木工程系，系主任张维安排我参加工程结构教研组，教研组主任吴柳生分配我担任“钢筋混凝土基本构件”课程的助教；后兼本系专修科“钢筋混凝土结构”课程的主讲。与此同时，校党委任命我为土木系教师党小组组长（当时全校教师几个系合一个党支部）和校教师共青团总支委员会的副书记，主持教师共青团总支的日常工作。

1954全年　调至清华大学工程委员会，负责新建1—4号四栋学生宿舍楼和锅炉房的结构设计，以及施工时的质量监督。

1955—1957年　调至清华大学基本建设委员会设计科，担任科长，主持清华新建各类教学楼和实验室的工程设计（如第二教室楼、新水利馆、机械馆、焊接馆、铸工厂房、锻工厂房、东西主楼即无线电系和电机系的系馆、给排水实验室、汽车实验室、土建基地、高压实验室等），建筑面积约12万平方米。

1958—1960年　调回土木工程系，主持本系工民建专业各届毕业班的毕业设计，涉及北京重型机械厂（当时称第二通用机械厂）若干车间、国家大剧院的结构设计（1958年的国庆工程之一“国家大剧院”，由国务院交由清华大学建筑系负责设计，清华土木系部分教师和工民建专业毕业班学生参加结构设计；在1958年底，国家大剧院的主要施工图设计工作已完成，设计代表已下工地做施工前的准备，但因故未建），以及清华大学中央主楼等大型工程。1959年国庆节时，我因曾参与国家大剧院工程的结构设计，参加过北京市为庆祝十周年国庆举办的“北京市文教群英会”，获得“北京市劳动模范”的称号。

1960—1966年 在土木工程系担任工程结构教研组主任，讲授“钢筋混凝土及砌体结构”课程，编制《钢筋混凝土基本构件》教材，指导工民建专业毕业班的毕业设计，并曾赴四川绵阳，进行清华大学绵阳分校某教学楼的设计。

1966—1971年 “文化大革命”，在校因曾任系党总支委员，被隔离“审查”。

1971—1972年 赴江西鲤鱼洲劳动（在八连后勤班种菜），其间曾为驻鲤鱼洲的生产建设兵团主持该团酿酒厂的厂房工程设计，约半年多。

1972—1978年 由土木系派往石家庄某军区“开门办学”，负责三个班工农兵学员的教学，主讲“建筑结构”课，主持该军区一批新建工程的设计；后又带领学员分别在当地三个建筑工程公司进行施工实习，同时处理施工现场发生的多起质量事故，编写《房屋设计与施工质量问题实例》；还曾参加石家庄旅客站的设计。1976年，唐山发生大地震，震后赴唐山发电厂进行抗震救灾，并在唐山各地进行震害调查；事后回校，讲授“钢筋混凝土基本构件”课程，编写再版的《钢筋混凝土基本构件》和新编的《混合结构设计》教材。

1979—1983年 调任土建系（土木和建筑两系合并）教务科长，并为本系工民建专业学生讲授“钢筋混凝土及砌体结构”“单层工业厂房结构”和“高层建筑结构”课程。1982年1月，国家教委组织“中国土木建筑教育考察团”赴美国考察本科和研究生教育，在美国考察了不同类型的7所大学和土木工程学会、建筑学会。作为考察团的秘书，回国后撰写考察报告交国家教委。1982年2月，清华大学召开第十六次教学讨论会，我曾代表土木系在这次会上做“努力提高本科生的培养质量”的主题报告。1982年12月，国家教委在重庆大学召开委属高等工业学校毕业设计经验交流会，我代表清华大学土木系在会上做“关于土木系工民建专业毕业设计的设想”的发言。

1983—1992年 清华党委调我半时作为校教育研究室副主任，参加国家教委高教二司主持的“高等工程教育研究协作组”，代表清华大学与12所教委直属高等工业院校的研究人员共同开展“高等工程教育研究”。另半时在土木系内讲授建筑学专业的“建筑结构”课，并编著《单层工业厂房结构设计》及《建筑结构质量事故分析及处理》教材，后者作为本专业高年级和研究生的选修课程。

1987—1995年 为土木系大一新生开设“土木工程（专业）概论”课程（当时称“建筑工程（专业）概论”），前后共九个学期。1989年受清华党委宣传部委托，为清华各系教师开设“教学原理”讲座，共九讲；还曾为清华各系教务员开设“高等学校教育评估”课程；为土木系本系年轻教师开设“教学原理”讲座。1991年按校人事处要求，在土木系办退休手续，并返聘为土木系开设的“土木工程（专业）概论”课和建筑学院开设的“建筑结构”课的主讲，至1995年。1992年被授予中华人民共和国国务院政府特殊津贴。

1994—2000年 1994—1998年受建设部干部学院、1997—2000年受中国建设工程总公司人才中心以及在这些年期间受建筑科学研究院培训中心约请，主持它们各自举办的“建筑工程质量事故分析及处理”培训班，继续进行工程教育活动。1997年参与建设部及人事部共同组织的“一级注册结构工程师考试”的专业复习指导，并参与为该考试编写的《专业考试复习指南》的编撰；清华大学修建处相约为该处师傅（瓦、木、管、壮工等）20余人讲解“土建工程概述”课程，共八讲；商业部某司（援外工程）相约为该司讲解“土木工程概况”；中央电视台科普节目相约为该节目讲解“圆屋顶工程”。

下面回忆这近五十年的教学与工程建设任务给我的感受和启示：

（一）课程讲授和工程实际紧密结合的培养

这些和1952—1995年44个岁月里在校教学和工程紧密相连的经历，使我深切感受到清华校领导、土木系和我的老师们对我的悉心培养，使我经历了理论和工程实践紧密结合的锻炼；甚至还有机会参加国家教委高教二司主持的“高等工程教育科学的研究”。这正是一个工科教师理应走的旅程。其中，“理论密切联系实际”更是教学理念、教学内涵、教学方法的核心思维和培养有真才实学的工程师的重要前提。

记得1952年1月我们土二班还没有毕业时，校领导就放手让我和班里一些结构组的同学一起参加新建工程的施工。那时是瓦工师傅教我们怎样砌筑和保证砖墙质量的。我们当时还没有学过“圬工课”（也就是砖石结构课程），不知道砖墙为什么这样砌筑。这就促使我认真钻研砖石结构的理论和砖砌体的实验研究，仔细观摩砌砖墙的动作和它的质量控制方法，后来才能够写出一本理论密切联系工程实际的《混合结构设计》教材，为土木系开设“砌体结构”课程打下基础，这本教材也受到了业内教学和工程人员的欢迎，在近十年内就销售了16万册。几位教导我砌砖墙的瓦工师傅，是我的启蒙老师，我永远记得他们。

1954年，土木系系主任张维教授担任清华校工程委员会主任，调我负责新建学生宿舍楼的结构设计（建筑面积两万多平米、五层高、民族形式大屋顶）和施工时的质量监督。这对一个刚毕业的助教来说，是难以想象的。我接受任务后精心地完成每一张与建筑设计结合的结构图纸，细心地监督检查每一道施工工序的质量，遇到自己解决不了的难题，就请教张维教授和当时在京的苏联专家。这一年的设计和施工实践使我懂得了一个建筑群从构思到建造完成并付诸使用的全过程，以及建筑结构与人、财、物和国家建设政策的关系。这为我日后讲授建筑结构课程和设计大型建筑物打下了良好的基础。

吴柳生教授对我的指导更为亲切。他是我国知名的工程结构专家和北京市政府的工程顾问。我虽然没有辅助过他主讲的课程，但他作为教研室主任经常指导我怎样讲好各类结构课程，审查过一些我们设计的图纸，并经常带我们参加对一些实际工程的检查。记得1959年国庆前夕，他带我和另一位教师，受北京市政府委托，对正在建造的人民大会堂人大常委会办公楼设计图纸进行审核。有一天，国务院副秘书长齐燕铭通知他：“人民大会堂前厅里正在施工的混凝土大梁发现有裂缝，能否继续施工，要进行检查！”于是，吴柳生教授立即带着我们一起去施工现场，果然看到人民大会堂前厅里有些20多米跨度的混凝土大梁，在腹部出现少许竖向细裂纹，吴教授经过对每一根梁每一条裂缝的细心观察，果断判别："这些裂缝都是由于这些梁的跨度大、截面高，在梁的腹部引起了混凝土收缩，对大梁的强度和承载能力没有影响，只需用环氧树酯将这些裂缝填实，就可以继续施工！"这席果断的判断话语，使所有担心害怕的施工人员放下心来，积极投入生产，保证了人民大会堂在国庆十周年的"十一"国庆日投入使用，解决了当时的一个"大政治问题"。回校后，清华党委和校领导给吴柳生教授戴上大红花。这些正是吴柳生教授对我的言传和身教。

（二）从"教书"到"教工程"再到"教人"，教书育人是教学的根本任务

初上教学岗位，认为教学就是"教好书"，因而我为了备课大量阅读文献、查资料，充实自己的理论基础知识，讲课时满足于将学科理论表达得充实有序，板书清晰。但在真刀真枪的毕业设计以及施工实际中，这种只是"教书"的缺陷很快就呈现出来。记得1958年我们师生在为北京第二通用机械厂几个车间做设计时，遇到过一次失败的教训和一次成功的喜悦。

失败的案例是某车间的一根混凝土大梁发生计算错误，少配置了一些钢筋，致使该梁在拆模后出现因承载力不足而导致的裂缝，不得不将正在施工的构架拆除重建。这是一次重大的质量事故，使我们师生汗颜。

成功的案例则是我们所设计的水压机车间的现浇混凝土柱由于施工原因略有倾斜；它的承载力明显会降低，怎么办？一时大家都不知怎样处理。请教设计院的专家，有的说要拆，有的说要加固，有的甚至说无妨……我们师生经过反复思索，对不同方案进行比较，最后决定改变工艺布置，把这个单跨的水压机车间和另一个单跨的锻压车间合并为一个三跨的锻压车间，减少了这个有缺陷的柱所承受的作用力；这样既可以对略有倾斜的柱不加处理，又使生产工艺变得更为合理，让未来使用方、设计方、施工方都十分满意。

这些经历使我们师生一致认识到只教书本上那些原理性的知识，是培养不出有才干的土木工程师的，必须深入土木建筑的实际工程领域，建立"工程教育的蓝图"。正当这个时候，国际工程教育领域传来"工程教育要回归工程"的改革思路，更促进了我们将"教书"发展为"教工程"与"教书"相呼应的工程教育活动。土木系工程结构教研组的教师们有了这个共识后，除了在"混凝土及砌体结构""钢结构"等主干课充实联系工程实际的内容和方法外，新开设了"单层工业厂房结构""高层建筑结构"作为必修课，并编写了《建筑结构质量事故分析及处理》教材，准备为高班和研究生班开设选修课。

我在担任土建系教务科长期间，经常到本系学生中了解他们的学习思想动态，曾

惊讶地发现在一些土木类专业学生中存在一个更为深刻的问题——学土木的不爱土木。他们有的说："清华大门进对了，二门进错了！"有的在自己寝室墙上贴着字条："又土又木，××× 自嘲！"……这是一个重要的专业思想问题，只由系主任在新生入学时简单地介绍一下土木工程的需要不能解决问题，必须开设一门土木工程的专业思想教育课程，让新入学的学子们既看到国家对土木工程的需求和土木工程的发展前景，又认识到在土木系学习提高自己素质的任务。我在得到土建系主任和校教务处的同意后，决心为土木系的大一新生筹设"土木工程（专业）概论"课程，意图是在他们入学初就为他们详细叙述土木工程系对学生的培养目标、对土木工程师的素质要求、现代土木工程的发展以及大学生应该懂得的学习原理和应具备的学习情怀和方法。这样做，就是认识到：在"教书""教工程"的基础上更要知道怎样"教人"。我经过三年不同方式的试验，终于确立了"为什么学—学什么—怎样学—为什么这样学"这个系列的教学大纲和多媒体的教学方式，编写了这门课的教科书。九年来，我为这门课投入了大量精力，必然也收到了可喜的成果：那个寝室墙上的字条，不久改成："又土又木，××× 自豪！"有个学生后来告诉我，她在毕业前一直把这门课的教科书放在枕头边，经常看看，增加她自主学习的信心。这使我明白：教书育人，充分调动学生积极学习的自主性，是教师的根本任务。

（三）教学首先要处理好"教"和"学"的关系

通过对"教书育人"的感悟，我进一步认识到教学始终是"教"和"学"的结合体，在教学过程中怎样把学生学习的主动性、积极性充分调动起来是关键，这正是教师"教书育人"的首要任务。

在我担任1977年入学的房七班主干课（钢筋混凝土及砌体结构）教师和土建系教务科长时，发现该班27名学生个个品学兼优，学风严谨，成绩突出。我曾经思考怎样把这个班的学风传递给全系的学生，于是我将他们中一个最优秀的学生的作业（包括他学习各类课程的作业、他自选课的自学笔记、课外的写生和书法作业、体育锻炼成绩，直至毕业设计成果），以及他们全班在施工实习时所做的创新型专题研究报告，先后两次在系内举办"学生优秀作业展览"，向全系各个班的学生做宣传和交流，为促进全系学生的学习做出榜样。这两次展览受到校教务长和校教务处的肯定，兄弟系也有不少学生前来参观。

从1989年起，我就把"土木工程（专业）概论"组织成了一门土木工程和教育学相结合的复合型课程，为大一新生阐明了自主学习的重要作用，并把"自主学习"分解成"自我识别、自我选择、自我培养、自我评价、自我调控"五个步骤。这样就在概念和方法上说明了它的意义和怎样去行动。在讲课的同时，我挑选了6名有代表性的学生，每周个别辅导一次，和他们交谈学习体会，解答一些学习中的问题，了解周围同学的学习动态。因而每年我都能对本专业大一学生的学习状态做到心中有数，使大一新生在“人之初”阶段就具备良好的自主学习的严谨学风。

在主讲建筑学专业的“建筑结构”课时，我认识到建筑学专业学生需要的结构知识不是详尽的结构原理，而是明确的结构概念、结构体系和建筑形式的关系以及对常见结构的估算。于是我为这门课程重新编写了一本《建筑结构概念体系与估算》作为教材。除讲授大课外，我还每周两次到学生的设计教室逐个了解他们做建筑设计中的结构布置情况，周末欢迎他们到我家里来讨论各自的设计方案以及在阅读文献中遇到的结构问题，学期末参加建筑教师对他们设计作业的考核和答辩，提出结构布置是否合理的意见。这些教学方式受到学生的欢迎，增加了他们学习结构知识的兴趣。在学期末完成结构设计大作业（24米见方的一层混凝土楼盖设计）时，三个班的近80名学生竟然在一周的课内外学时内分别提出了19个不同的布置方案，而且估算了它们各自的材料用量（参见本书34、35页表格）。这在以往是难以想象的。

正是在这三类课程中用不同的方法，了解并促进学生自主学习的状态，提高了教学的效果，使我理解了“教学必须首先要处理好教师和学生的关系，建立亲密的师生情谊”这个教育的真谛。

（四）工程建设的需求是工程教学改革的必然

44年的教学和工程生涯，我从讲授土木系的“钢筋混凝土基本构件”到讲授建筑学院的“建筑结构的概念体系与估算”，从编写《混合结构设计》到主编《土木工程（专业）概论》，经历了多次教学内容和教学方法的改革，感悟到工程建设的需求是工程教学改革的必然，这种必然隶属于工程活动的综合性——它包括土建学科的发展、工程技术的进步、社会需求的变化、教育整合的需要，乃至国内外教育理念的更新（例如“工程教育要回归工程”“要发展‘大工程教育’”等等）。教学改革又是一个系统性强的、艰巨的、长期的“工程”，它依托于学科和工程自身的逐步发展、工程法规的不断修正和更新、教师参与工程活动的收获、教育观念的改变和精力的投入，以及教育管理部门的组织。

2017年，我接受高等学校工程管理和工程造价学科专业指导委员会和中国建筑工业出版社的委托，主审了重庆大学黄音和同济大学孙继德等教授合编的，用于该专业结构课程的教材《建筑结构》。在学习和审阅这部著作后，深感它摆脱了以往单纯从学科原理上讲述建筑结构的做法，而是从培养工程管理人才所需出发提出了“技术、经济、管理、法律”四个方面的内涵（也就是在科技上能否、在经济上值否、在管理上应否、在法规上可否），并用简单、形象、生动的语言表达复杂的工程技术问题，做到了既有建筑结构的整体思维，又有实践性、系统性、形象性的表述技巧，令人耳目一新。按照这本教材为工程管理专业学生讲授“建筑结构”课，并用类似这种做法进行其他相应环节的教学改革，是能培养出合格的工程管理人才的。这就说明了工程建设的需求促进了工程教学的改革。

可以认为，我国高等工程教育的教学改革，正走在前进的大路上，它的前景是广阔无垠的。近五十年的教学和工程实践，启示我认识到“教书育人”“理论联系工程实际”“充分调动学生学习的积极自主性”和“按照工程建设的需求进行教学改革”是工程教学的四个基本点。它告诉我们：教师为什么进行教学，怎样教学和怎样做才能取得良好的效果，以及教学需要不断地进行改革和创新。我是在教学和工程生涯的后期，才意识到这个工程教育蓝图的真谛，我在退休后的教育研究中才有意识地把它们充实到兄弟院校的讲学中，贯彻在工程技术和管理人员的“继续工程教育”中，梳理在自己撰写的《大学工程教学十六讲》中。

建设新清华

西大饭厅（$2778m^2$）和1—13教职工宿舍工地（1952年）

29.5m跨木刚架在起吊中

1—4号楼学生宿舍（$24861m^2$）（1954年）

建成的2号楼学生宿舍阳台

建成的第二教室楼（$1256m^2$）（1954年）

建成的新水利馆（11430m²）（1955—1956年）

给排水实验室（1690m²）（1955年）

建成的中央和东西主楼（76070m²）（1956—1966年）

建成的西主楼（含角楼、过街楼）（1956年）

中华人民共和国成立后清华大学的第一批建设者

（一）第一次参加建筑施工

1951年，中华人民共和国成立后的高等学校进行大规模院系调整，迎接全国掀起的建设高潮。那时，北京大学、清华大学、燕京大学三校合并，北大、清华两校扩大规模，燕京撤销，北大迁至燕京大学旧址；并成立“清华、北大、燕京三校调整建筑计划委员会”（简称“三校建委会”）筹备建校事宜。其中，清华要新建约4.5万平方米的校舍，北大要新建约4.8万平方米的校舍。由于正值全国开展“三反、五反”运动，北京的营造商多数曾经“偷工减料，五毒俱全”。教育部决定三校建委会自己营业，由梁思成担任三校建委会主任，北大副校长张龙翔任副主任，抽调清华、北大、燕京三校土木、建筑、电机和经济系部分师生停课一年，投入“建校”这项重大的工程实践活动。

当时，两校新建的校舍工程，都由清华土木系和建筑系的教师进行设计；并建立七个工区（第一、二、三工区设在清华校园内；第四、五、六工区设在北大校园内；第七工区为水道工区，兼顾两校新建工程的给排水工程）进行施工。这七个工区都由停课参加工作的学生进行管理——由高班学生担任工区的行政和技术领导，并负责建筑材料的采购任务；中低班学生则成为工区和工会的各种管理干部。例如，第一工区的任务是承建清华大学的西大饭厅、1—17教职工宿舍和第五饭厅，建筑面积约两万平方米；由建筑系教师黄报青，土木系学生罗福午、谢醒悔、孙光祖分别担任工区主任、政治干事和技术工程师（后因黄报青调任建筑系系秘书，改由罗福午、楼庆西接任工区主任和政治干事的工作）；建筑系低班学生叶湘涵、黄均德、张美丽分别担任建筑材料保管发放、工会和总务等方面工作。第二工区的任务是承建清华大学的一公寓和二公寓，以及那里的新建食堂。由建筑系学生高亦兰、陈志华，土木系学生谭家骅等负责。第三工区的任务是承建清华大学第一教室楼和旧水利馆的第三层加建，由土木系学生龚思礼等负责。

开始工作时，由于我们班尚未上过施工课，对现场实际的施工事宜一窍不通，一批还在念书的大学生要承担这么大的工程任务，真是难以想象。为此，三校建委会领导为我们聘请了一位木工晏师傅和一位瓦工景师傅做指导。他们成为我们在工地上真正的启蒙老师。

盖房子的第一道工序是放线、挖基坑。晏师傅在西大操场东面的空地上教我们怎样钉龙门板、放基础的尺寸线；把我们教会后，才到新建第一宿舍场地上正式放线。要砌基础墙了，第一块砖怎样撂底，第一个墙角怎样摆正，铺砖时怎样才算好活，什么情况下必须返工……都是在景师傅做示范后，我们才懂得如何去做。

在工地上，同学们都有一颗全心全意为工人服务的心。开工前我们访问工人，向他们做技术交底，请他们对现场工地的平面布置和道路系统提出意见和建议。工人们要求活跃工地上的现场气氛，我们就在脚手架上放音乐、送茶水。有的工人情绪低落，闹矛盾，甚至打群架……我们都会深入工棚找他们一一做思想工作。当第一层墙体砌完，第一层楼面的混凝土打完，受到三校建委会领导的表扬时，我们和工人们一起欢呼，共同庆贺……后来，当第一工区被三校建委会评为最活跃、质量和进度最好的工区时，我们从心坎里感受到工人师傅的坚强力量！

西大饭厅是第一工区最大的工程项目。它是用优质木材以桁架型式做成两铰拱形的刚架承重的，采用了最新的“裂环连接技术”，跨度为29.5米，可容纳1000人同时用餐。它由清华土木系刘恢先教授负责结构部分的设计，是当时全亚洲木结构建筑工程的“第一大跨度”。

但这个庞然大物却是用很落后的起重方式（两根粗大的木把杆和滑轮，当时还没有起重机）安装的。安装前，先在平地上将拱架拼装完毕，并在每榀刚架的上下两面用几十根排木进行加固；然后在架子工班长艾师傅吹哨统一指挥下，由100名工人将加固后的拱架同步抬起，同步前进，挂落在两个滑轮的绳索上，用卷扬机起吊就位。这100名工人齐步共同行动的场面十分壮观，就位后十数榀大跨拱架“一”字排开的场面更是光彩夺目。它使我们这些初出茅庐的学生兴奋不已。不料当晚起了大风，令晚上睡在工棚里的我们焦虑不安：“万一大风把大把杆吹倒，压垮拱架，岂不全功尽弃！”不得已我们叫醒了艾师傅。艾师傅领着我们在工地上绕着十多榀拱架走了一圈后，爬到两根把杆的顶上，用扎把绳将把杆和一榀拱架连接起来。完成后只说了一句话：“没事了，放心睡觉！”第二天，阳光明媚，拱架安然无恙，铺设屋面的工程照常进行。原来，艾师傅是用扎把绳把斜置的把杆和拱架连成一体，增加了它们的整体刚度，大大加强了拱架抵抗强阵风的能力。我们明白后感叹说：“这才是活的结构力学概念！”

西大饭厅快完工了，突然发现北侧三个入口处墙体窗口上出现微细斜裂缝，而南侧却没有。这是为什么？难道大刚架的基础下沉了？还是入口处砖墙基础下沉了？经过一周时间对刚架基础、南北入口处墙基础以及大饭厅周围地表土冻结深度的实测，才确定是北入口处墙体的基础埋置深度过浅，小于北入口处地表土的冻结深度，致因受冻地表土体积膨胀使该处墙基上抬所造成的，而南入口处因白天有太阳晒，地表土冻结深度比较浅，没有这个问题。因此，可以确定主体结构没有问题，只是三个北入口处附属结构的设计出了一些小问题。确定了这个原因，只需把北入口处三片低矮的砖墙拆除重砌，加深一些基础埋置深度就行了！

这是我们第一次在施工过程中发现设计错误，并及时进行科学实测，加以更正，消除了隐患。我们通过自己的测量和实验，学到了知识。

三校建委会的工程整整进行了一年，各工区的工作终于陆续完成了。1952年12月，新校长蒋南翔到校，先到第一工区进行视察。他赞扬了我们敢想敢干的精神和严谨求实的作风，对工程的质量和进度都十分满意，鼓励我们再接再厉为建设新清华进一步贡献力量。

总结第一工区在1952年这一年内的工作，可以认为：按时完成了生产任务，工程质量良好，没有发生一起安全事故。完工后，领导、使用、设计、施工四个方面都很满意，工人师傅完工后离校时都依依不舍，工区还向学校工程科输送了几名优秀工人，他们后来都成为清华大学后勤维修处的骨干力量。

1953年3月，三校建委会完成了历史任务；同年5月，清华大学成立了本校的基本建设委员会，蒋南翔校长为主任，刘仙洲、梁思成为副主任，下设办公室，负责本校新建工程的建设。1954年1月，校务行政会议和校基本建设委员会联席会议议决：1954年度本校的基本建设任务由学校自营，并成立工程委员会，由土木系系主任张维教授任工程委员会主任；当年要建成3万平方米左右的学生宿舍和第二教室楼。从此，我们一些人，如建筑系的汪国瑜、周维权、汤纪敏、高亦兰、殷一和、叶茂煦、周逸湖、关肇邺等，土木系的滕智明、罗福午、郑金床、黄金琦、支秉琛、汤满贞、陈芹、屠成松、彦启森等，继续为清华的新建学生宿舍、第二教室楼、新水利馆、东西主楼（分别为电机系馆和无线电系馆）和中央主楼、工程物理馆、机械工程馆，以及锻工、铸工、焊接、汽车、土建基地、给排水、高压等一大批实验室，做了设计、施工、质量监督和施工管理等方面的工作，成为“新中国成立后清华大学第一批建校工程的建设者”。

（本文完成于2001年清华大学建立90周年校庆时，刊登在《清华校友通讯》上，2017年做了较多修改）

（二）第一次参加建筑结构设计

1954年校领导决定新建3万平方米左右的学生宿舍楼，并且自营。于是正在担任土木系结构课助教和校教师共青团总支副书记的我，被调到工程委员会下属新建学生宿舍的设计组，主持该建筑项目的结构设计。这对刚毕业的我说来面临着多重困难：一是我从未经历过真实的工程设计，内心忐忑不安；二是教育部基建司为节约投资，要求采用砖砌结构和预制混凝土楼板建造五层楼房，且不宜用厚墙；三是要设计这类高层砖墙，在国内当时没有设计准则，只有苏联即将在1955年颁布的《砖石结构设计规范》讨论稿，当时我们是作为参考文献学习的；四是校基建会副主任梁思成要求采用民族形式的大屋顶，我对它完全陌生，不知怎样和建筑师配合；五是学校决定将这个建筑群安置在北部奶牛场旧址，那里经勘探地基的土质很差。这些因素都使我很是困惑。

好在这项工程是在我的老师张维教授的领导下，并在建筑系汪国瑜教授作为建筑师和工程主持人的全面规划下进行的。学校又调来校工程科科长张静亚负责施工，还调来了好几位留校优秀的本专业专修科毕业生参加工作。

在制订本工程结构方案的阶段，我的最大困惑由张维教授带领我访问苏联专家郭赫曼解决了。郭赫曼是当时在北京建造"苏联展览馆"（后来改为"北京展览馆"）的专家。下面我和他经历的一段谈话，使我茅塞顿开，永远铭记。

"你认为世界上最坏的地基是什么？"郭赫曼问。"是淤泥和淤泥质土壤。"我答。

"不对！是大海。大海上还可以航行万吨巨轮，为什么在差的地基上难以建造五层楼房？"郭又风趣地问我。

"请您告诉我应该怎样处理。"我请求。

"在建筑物的适当部位设置沉降缝，在每一楼层所有承重墙的砂浆缝里铺设1至2排通长的钢筋网！"郭坚定地回答。

"我懂了！您说的是加强建筑物的整体刚性！"于是我就遵循这两条原则开展了我们结构设计组的工作：

◎ 在设计战略布局上，要求在100多米长的建筑物中设置两道"沉降缝"，以减少墙体的长度；并配合建筑使用要求郑重地布置纵横承重墙体，而且在基础墙顶部和每一层所有纵横承重墙与预制楼板连接处的砂浆层里，铺设通长的钢筋网格，形成一层层"整体平面型配筋砖圈梁"。

◎ 在设计战术计算上，按照苏联新砖石结构设计规范认真计算每一处承重墙体的承载能力，尽量不设厚墙。

◎ 为检验苏联规范的准确性，经常做砖块、砂浆和砖砌体的承载力试验；同时还做足尺钢筋混凝土预制板和屋顶人字木屋架的实验；只有经试验和实验符合设计要求后，才能落实在设计施工图上。

◎ 结构设计完成后，结构设计组立即改为"质量检查组"，对每一类工种的工序（如基槽开挖、地基土夯实、砌砖、绑钢筋、浇筑混凝土……直至木工做门窗）制定质量要求，向各工种的工人交底；每一道工序完成后都要进行严格的现场质量检查，不合格的必须立即返工重做。

◎ 墙体砌筑的同时，在土力学陈樑生教授指导下，进行在承重纵墙内配置钢筋网后“墙体和地基整体作用”的科学研究，在每一层墙体的钢筋网上安置若干可以量测钢筋受力变形的测点，在施工过程中分期实地量测建筑物的沉降和墙体内钢筋受力后变形的数据。

经过一年的设计和施工，一个由四栋学生宿舍组成的宏伟美观的建筑群矗立在学校的西北部，它们被称为“1—4号楼”，当时是本科生和研究生的宿舍。由于它满足使用要求，体型优美，质量完好，施工期间没有发生安全事故，陈樑生教授和我们共同进行的研究也取得良好成果：钢筋砖圈梁对地基的不均匀沉降起到了抑制作用，“1—4号楼”的设计和施工受到校领导的通报表扬。

张静亚同志和我还荣获校基本建设委员会颁发的特等奖励。但是，校领导却受到中央领导的指责。原因是新建的学生宿舍采用了民族形式的大屋顶，受到了毛泽东主席的批评。中央委托北京市委书记彭真，把清华大学校长和我们几个设计负责人叫到北京市委，听取中央的批评，而且要我们写检查。分配给我的任务是“采用大屋顶比一般屋顶要浪费多少钱？”我以前没有做过设计预算，这次必须努力学习做决算。通过比较，才知道采用大屋顶比一般屋顶大约多花了8亿旧币（相当于新币8万元），占当时总造价新币288万元的2.78%。

时间过了22年，1976年唐山大地震的震害波及北京。它对我们在1954年建成的四栋学生宿舍（1—4号楼）进行了历史性的质量检查。这次地震使这些宿舍80厘米高的“屋脊漏空花格墙”倒塌，该花格墙两侧的装饰物“吻兽”和其他小装饰物纷纷落地，但所有承重和非承重砖墙以及其他结构构件没有发现任何受震开裂的现象。震后，只把这些掉落的花格墙和屋面装饰物撤除，把屋面结构修补好就能恢复使用，并一直安全地沿用至今。唐山地震后，校内许多原来未考虑抗震的砖砌建筑物，都进行了“抗震加固”，唯独1954年建成的四栋学生宿舍因墙体整体布置合理，又设置了“整体平面型配筋砖圈梁”，校基本建设委员会决定不需要再进行“抗震加固”。

我第一次参加建筑结构设计获得的经验和认识到的不足是深刻的。所取得的经验是：

①设计中，结构工程师必须与建筑师相融合，以共同的心愿布置主要的承重结构；在砖砌建筑中，首先要慎重地布置好所有的承重墙，这是战略性的决策。

②设计必须与施工紧密结合。设计人在设计完毕后，一定要经常到施工现场，查看设计和施工质量的落实状况，进行严格的监督和检查，遇到问题及时纠正。“下工地”是建筑工程设计人员的必需任务。

③对设计中遇到的新问题应该及时进行科学研究。这次设计中“整体平面型配筋砖圈梁”的设置、量测、分析，使我理解和懂得了“圈梁在墙体中的实际受力情况和它所起的砖墙与地基的共同作用，以及它可以起到的加强建筑物整体性，并减少建筑物发生过大不均匀沉降的功能”。

感受到的不足则是：

①我对设计中的经济问题缺乏应该有的意识；但对大屋顶被指责的现实，我却没有发言权。

②必须认真对待每一个设计的细节。由于建筑物的使用期很长，结构设计不但要认真对待“安全”，而且要认真对待“美观和耐久”；屋脊和屋面装饰物的倒塌和散落，表明我对大屋顶的无知，我在设计过程中没有认真考虑过它们的“结构存在”，是唐山地震的特大自然灾害给了我教训。

对建筑结构的认知和一次建筑结构课程的改革

（一）对建筑结构的认知和对课程改革的设想

经过多年在清华土木系讲授“钢筋混凝土结构”“砌体结构”“单层工业厂房结构”和“高层建筑结构”课程，并参与多项工程结构的设计后，我逐渐对建筑结构在建筑物中的地位和作用有了一个较为清晰的认识，并对所讲授的建筑结构课存在的问题和应该进行的改革，有了一些设想和尝试。

1. 建筑结构的作用和概念

宇宙间结构无所不在。太空中有天体结构，人类有社会结构，交流有语言结构……对于建筑物来说，它有着楼层、房间、墙体、楼梯、门窗、给排水、供暖、机电设备等各种成分，其中板、梁、柱、墙、网架、索、曲壳、屋架、基础组成了它的基本空间和架构，称为建筑结构（building structure）。建筑结构有四方面作用：

（1）它是建筑空间的组织者——它组成人类活动所需要的空间和通道，如各类建筑物的房间、厅堂、庭院、立柱、隔墙、过道、楼梯、顶棚、基础，以及道路的路基、路面、桥梁、涵洞、隧道等。

（2）它是建筑形式的表现者——从小尺度的别墅住宅到大尺度的高楼大厦，从简单的方盒子到复杂的多面体，各种建筑形式无不要用建筑结构来表现并形成。建筑结构有着表现“建筑美”的任务，而建筑中的结构表现（structure expression）则是一种“结构美”。

（3）它是作用荷载的支承者——建筑物要承受自然界和人为的各种作用力，称为“荷载”，建筑结构就是这些荷载的支承者。它要使建筑物在正常使用和施工过程中保持足够的可靠度（不破坏）；在使用过程中有安全和舒适感（无缺陷），在建筑物正常维护下有必需的耐久性（能耐久）；在发生偶然事件如地震时，能保持必需的整体稳定（不倒塌）。

（4）它是建筑材料的使用者——建筑结构由各种材料组成。建筑结构的承载能力是材料强度的反映；建筑结构发生的变形和位移是材料变形性能的所为；建筑结构的物理化学性能如胀缩、腐蚀、开裂等，都是相应材料受到物理、化学作用的结果。一般建筑结构所需费用的大部分，是用在结构材料上的。建筑结构设计的基本原则是："用较少的材料取得最佳的使用效果"。

因而建筑结构全面和准确的概念是："在一个建筑空间中用各种基本结构构件组合成的有机体，为建筑物的持久使用和美观需求服务，对人们生命财产提供持久的并有足够可靠度的安全保障。"在这个概念中有几点应该引起注意：

◎ 建筑结构是一个由基本结构构件组成并且相互作用的有机"整体"，而不是它们的简单集合。

◎ 建筑结构是一个有应用价值的"载体"，它不仅起着支承荷载的作用，而且是建筑物适用、美观、安全、耐久的保障。

◎ 建筑结构是一个被建造的"实体"，它需要足够的人、财、物和时间才能够建造成功。它有着巨大的经济价值，是基本建设极为重要的组成部分。

因而，建筑物中优质的建筑结构，应该具有以下特色：

在应用上，要充分满足建筑空间和多项使用功能要求；

在安全上，要完全符合承载、变形、稳定的持久需要；

在造型上，要能够与环境、规划和建筑艺术融为一体；

在技术上，要力争体现科学、技术以及工程的新发展；

在建造上，要合理用材、节约能源、与施工密切结合。

也就是建筑结构的设计和建造，要做到：实用、牢固、经济、美观、耐久、技术先进。

2. 关于建筑结构课程的教学改革

我国高等院校土建类本专科建筑结构课程目前的教学内容并不令人满意，一般表现为：

——学科性较强，但应用性不足，在一定程度上脱离工程实际，不甚满足不断更新的基本建设工程的需求；

——微观内容过细，宏观蓝图匮乏，使学生对其整体布局及其合理性不甚了解；

——建筑结构类各门课程自成系统，体系单一（对少学时课程往往用"压缩饼干"办法解决，不能满足各类专业的不同需求）；

——学生学完建筑结构课后，可以套规范、用程序，却难以判断计算结果，难以分析结构行为，设计中往往只能随从建筑师所欲，缺乏自己的主见。

因而许多教师提出或正在提出各种建筑结构教学内容改革的设想。在这“百花齐放、百家争鸣”的改革试验中，需要注意下列几个问题：

（1）区别“学科性教学”和“工程性教学”

“学科性教学”是依据传统的课堂教学理念，以学科理论为中心所进行的教学活动，它着重于传授公认的科技概念、基本原理、基本方法和基本事实，其内容是有定论的、稳定的理论基础知识。而“工程性教学”则应该在上述科学技术知识的传授中，强调理论和实际的结合、教书和育人的统一，在教学过程中培养工程建设所需要的认知（对“科技能否、法规可否、环保应否、经济值否”的认知）、情感（对工程建设的事业心、责任感）、意识（质量、安全、协作等工程意识）、行为（获取信息、沟通交流以及提出、分析、解决、判断问题等能力），即“知、情、意、行”四方面的全面素质。这正是高等工程教育对工程技术和管理人才的培养目标所在，它应该成为建筑结构类课程教学改革的方向。

（2）区别“纵向思维”和“横向思维”

我们教师从自己受教育那一天起，就习惯于用“纵向的科学思维”分析解决一些确定的、线性的、静态的、有序的问题，后来也就自然地顺着“从概念到原理，到公式，到试验验证，到问题解答”这条思路开展教学活动。这固然对培养人才十分重要，但是人类已经进入21世纪，工程技术发展迅猛，信息数量爆炸式剧增，同时工程建设又面临能源短缺、环境污染、经济动荡等众多不确定因素，使得工程性教学活动需要在“纵向科学思维”的基础上进一步发展“横向工程思维”，使受教育者逐渐习惯于对科技、政策、经济、文化等多种不确定的、非线性的、动态的、无序的约束因素进行综合考虑。这是培养好未来的合格工程师、技术师的必要条件，也是我们在教学中需要一再加以强调的。

（3）遵循“整体—局部—整体”组织信息的法则

任何知识都有它自身的联系以及表达的顺序和方式。若以下列法则表达，一般都能符合学生的认识规律，引起他们的学习兴趣，取得良好的教学效果。这个法则是：

直观—抽象—具体　基本—细部—全面
整体—局部—综合　引论—推论—总结
综述—要点—总结　过去—当前—未来

目前建筑结构类课程的教学内容一般都继承材料力学“拉、压、弯、剪、扭”的系统，以受拉、受压、受弯、受剪、受扭截面的分析为主线。其好处是能将新信息与学过的材料力学内容联系起来，形成更高级的信息网络。但它是在学生并不了解建筑结构整体布局的情况下陈述的，内容较为抽象，与上述法则相悖。学生学习后对构件截面的计算比较熟悉，而对结构丰富的内涵以及它们和建筑的联系却不甚了解。这不能不说是我们教学中的缺陷。

其实建筑结构的基本构件并不是拉、压、弯、剪、扭这些受力状态，而是以线形（直线和曲线）和面形（平面和单、双曲面）形成的杆、柱、梁、板、墙、拱、壳、索、膜等多种构件（members）。由这些基本构件组成的以承受竖向荷载为主的楼屋盖体系、柱墙网体系、地基基础体系，和以承受水平荷载为主的剪力墙体系、框架体系、筒体体系等多种结构体系（structure systems）进行有机的组合，才能够形成建筑结构的核心，决定建筑物的体型、使用价值和美观视觉，起着支承荷载和安全保障的作用。建筑结构的教学内容应该妥善地处理好这些结构整体布局、结构基本构件、结构受力分析以及它们和各种建筑构配件的关系。

（4）抓住基本原理，开拓广阔视野

各类建筑结构的教学内容都有自己的特点和基本原理的核心。例如钢筋混凝土结构原理的核心是钢筋和混凝土两种性质互补材料的粘结，以及它们在构件内的共同变形和共同受力的特征；钢结构原理的核心是各种型钢的连接和钢构件的整体与局部稳定性；砌体结构原理的核心是砌块和砂浆复合材料的强度验算和砌筑墙体的布置。在传授关于它们的知识技能的过程中，要紧紧抓住这些核心和一些典型的受力状态作为重点，加以透彻的讲解、练习和巩固，其余则可用“讲一、做二、考三”的方式，发挥学生自主学习的积极性，在教师指导下自己找资料、查文献、用规范、做练习，不必由教师罗列各种受力状态面面俱到地一一讲授。

而另一个重要方面，则是要拓宽与建筑结构相关的知识领域，如了解建筑结构的历史，领会建筑材料的发展，熟悉建筑和结构型式的更新等方面。因而充实资料阅览、扩大教学网站、组织学术讨论和交流、开展课外科技活动，应该成为教育者组织教学过程的一些重要侧面。

（5）理论联系工程实际，注重创新、面向未来

建筑结构和其他工程类课程一样，必须遵循“理论联系实际”的基本教学原则。固然，学生学好建筑结构等主要学科的基础理论，是认知事物和社会的“处世之基、为人之本”；但是参加实践，用脑感受实际和新知识、用手参与实践和新事物，却更为根本。因为只有实践才是理论认知的基础，学识检验的标准，才能使学生建立工程意识和科学的价值观。只有具备前沿的知识和创新的能力，才能建立未来的发展观。更何况土建工程技术具有较快的衰减期，学生毕业后在工作岗位上需要的特定知识，往往是在从事那些工作中获得的。所以在学习期间着重培养学生的能力（例如获取信息、解决问题、沟通交流、改革创新等方面的能力）有着更为重要的意义。而能力的培养

正是“理论联系工程实际”的结果。如果将理论学习和下列实践环节紧密结合起来，则会取得较好的教学效果，具体环节设计如表1所示：

表1　理论联系实际各环节结构

	教学实践	科技活动（实践）	工程实践
内涵	大作业　课程设计　实验	项目实验　项目研究　科技竞赛	现场教学　生产实习　毕业设计
特征	模拟性　可控性　指导性	单项性　研究性　创意性	生产性　直接性　综合性
作用	理论与练习 学习与应用 书本知识与能力培养结合	讲授与探索 学习与发现 创新思维与创造力锻炼结合	理论与实际 学习与完成生产任务 知识分子与工人、技术人员结合
成果	自己的方案、 自己的讨论、 自己的总结等	知识竞赛成绩、 创意性作业、 专题研究报告等	现场学习小结、 生产实习报告、 毕业前实习报告、 毕业设计文件、毕业论文等

毋庸讳言，当前处理好教学改革中理论与工程实际结合的主要困难，一是需要工程企业界的参与，包括提供实习场所、工程课题、师资力量，乃至与学校合作建立“产学研基地”；二是教师要有参加工程实践的经历和进行教学改革的积极性。由于目前多数院校在工科教师职称评议中没有将工程实践作为评议准则之一，致使教师可能是优秀的“工程科学家”，而不是对工程实际了解较多的“工程活动家”；而有实际经验的工程师又难以补充到师资队伍中来。这是工程教育界和工程企业界急需共同解决的问题，应该引起教育部和建设部的高度重视。

可喜的是，在一些先进大学的工学院里，有的专业正在试验一种“面向项目的教学模式”。其做法是：将课堂讲授、教学实验、阅读文献、小组讨论和在教师指导下的项目构思、设计、制造有机地结合起来；项目来自工程实际，一个项目有5—6个学生参加，完成设计的过程中充分利用信息技术，在一种高精度环境中进行虚拟制造，最后请项目使用单位评议考核。这样做可以极大地提高学生的学习积极性，充实学生的实际经验；经过几轮由低到高的教学实践，预计可以培养出能力较强的学生。当然实现这种教学模式需要很大决心，要在工程教育建设上（在教学计划、课程设置、师资力量、产学研结合等方面）有充分准备。但它却是今后高等工程教育发展和改革的一种期望。

（二）一次建筑结构课程的改革

1982年下学期，清华校党委调我半时参加国家教委高教二司主持的“高等工程教育研究”，另半时我从主讲土木系的结构类课程改成为建筑学院开设“建筑结构”课程。因为我曾多年和建筑师合作，了解他们对结构知识的需求，我想摒弃以往压缩饼干式的教法，以符合建筑师需求的设想进行改革，同时也作为一次教育研究的试验田。这个设想得到校党委和土木系领导的认同。为此我做了约两年的准备，阅读了一些相关的文献和资料，编写了讲义，并于1986年开始这项改革后的授课。它的改革有三个方面：教学思想、教学内容和教学方法。

在教学思想上提出建筑师应该具备的“结构修养”：它们是在建筑设计中能够与结构工程师合作的风格，懂得一定的结构知识，具备统筹建筑结构问题的基本方法（如调研、分析、估算、试验）等。

在教学内容上，首先强调结构的总体概念，如建筑物中结构的功能，建设过程中建筑和结构的关系，以及建筑物承受的作用力、建筑材料的结构反应、结构和地基的关系等；其次列举建筑物中的各类基本体系，如水平体系（板、梁、网架等）、竖向体系（墙、柱、框架等）和空间体系（拱、壳、索、膜等）；再其次是混凝土、砌体、钢结构构件的截面估算和连接要领；最后是典型结构体系的布置和估算案例。我将这些“整体—局部—综合”的教学内容取名为《建筑结构概念体系与估算》，经过几轮试教以后将它编著为教科书出版，作为建筑师接受“结构教育”的基本要求。期望未来的建筑师们在接受这些“结构教育”后，能够在建筑物设计中与结构工程师结合（相互了解和支持）、融合（你中有我，我中有你），甚至统一（既是好建筑又是好结构，甚至既是建筑师又是结构工程师）。

在教学方法上，主要是“密切处理好教师和学生的关系，充分调动学习结构知识的积极性”，它们主要反映在以下五方面：

◎ 利用与建筑设计课在同一学期的条件，结构教师在讲大课以外每周去建筑设计教室两次，对学生在建筑设计方案中的结构布置进行个别辅导。

◎ 编制《建筑结构学习指南与题集》，其中叙述了教科书各章的学习要领和157道思考题和117道习题，并讲明怎样正确地思考结构问题和进行结构估算，要求学生在课外积极地思考和练习。

◎ 周末鼓励学生到教师家讨论结构问题，尤其他们自己设计方案中的问题和做思考题或习题中的问题（也可算一种家庭式学术沙龙）。

◎ 期末在建筑教师审核学生的建筑设计作品时，结构教师也参加审核，对该设计作品中的结构布置提出意见。

◎ 期中要求每个学生阅读一篇建筑文献中有关建筑结构设计的文章，写出阅读报告，提出自己的意见。它将作为期末考试成绩的一部分。

这三方面的改革大大提高了建筑学专业学生学习结构的积极性。期末要做本课程的大作业了，它是一个24米见方平面楼盖的结构布置和截面估算以及连接处理，还要估算出它的主要材料用量。全班近80个学生，在一周的课内外时间内，竟做出了19种不同的方案（部分方案见下页表2，也可参见《建筑结构学习指南与题集》第75—78页），这在土木系学生学习建筑结构课程时，是难以想象的。

清华建筑学院的教师和领导们都赞赏这样的改革。1992年，建筑学院聘我为他们的“教学和工程顾问”，聘期为两年。（我于1995年完全退休，脱离清华的教学岗位）

我对这次为建筑学专业进行“建筑结构”课程的改革，有三点体会：一是教师要真实了解建筑师必须具有结构知识的内涵，使教学内容和方法的选择具有明确的针对性；二是教师要有亲自与建筑师合作参与工程实践的经历，使师生有共同的“教与学的目标和语言”；三是教师要热爱每一个学生，了解他们逐渐产生对建筑结构的感悟和需求，给予真诚的指导和协助。

这三点“了解培养目标、形成共同需求、热爱每个学生”可以说在任何专业工程课程的教学改革中都是必要的。

（本文曾刊载于《中国建设教育》2009年第1-2期“理论探讨”栏目）

表2为《建筑结构》作业：学生所做的某文化中心阅览室（23.8×23.4，层高3.6m）部分方案总示意。

表2　学生设计方案汇总

	序号	15	16	17	18	19
	楼盖结构平面	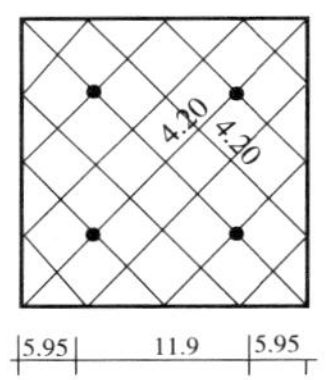	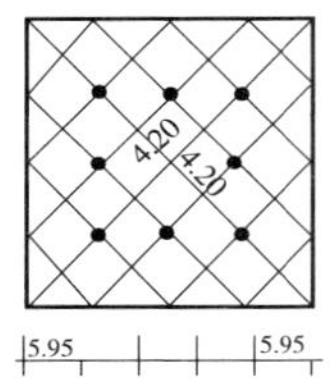	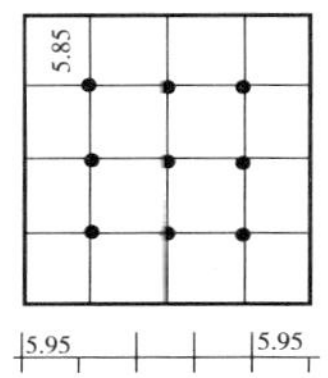	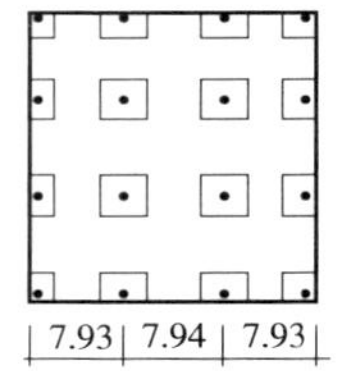	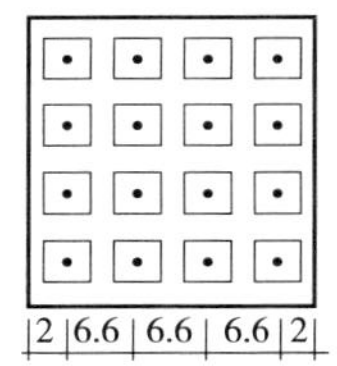
		交叉梁楼盖		板梁楼盖	无梁楼盖	
		四柱（4.20×4.20）	八柱（4.20×4.20）	九柱（5.85×5.95）	室内四柱（7.940×7.8）	室内十六柱（6.6×6.47）
a	板厚 砼	80 80	80 80	120 120	220 220	190 190
b	次梁 砼 主梁	250×750	250×550	250×500	圈梁250×550 13.98	柱帽 a=2300 c=1800
c	砼	77.39	54.29	23.13	柱帽a=2800 c=2000 31.08	38.38
d	柱 砼	450×450 4.15	400×400 7.01	400×400 8.02	450×450（中柱） 300×450（边柱） 12.38	350×350 9.40
e	Σ砼	161.54	141.30	151.15	277.44	237.78
f	用钢量①	21.88	18.45	17.33	28.72	24.47
g	室内净高（层高3.6m）	2.85	3.05	3.10	3.38	3.41

续表

	序号	15	16	17	18	19
h	室内空间	中部有（11.9×11.7）使用空间	中部有（11.9×11.7）使用空间	柱网间距（5.95m×5.85m）	柱网间距（7.94m×7.8m）	柱网（6.6×6.5）室内四周有2m走廊
i	顶棚视觉	梁系布置活泼但梁截面太大、压抑	梁系布置活泼	由于室内无较大空间，有闭塞感	柱帽体型较大与3.6m层高不协调	有柱子林立之感
j	模板	难度一般	难度一般	较易	难度一般	难度一般
k	结构计算	很难	稍难	易	易	稍难
	推荐		√			

在清华执教以来所撰写的部分教科书、专著和连载论文

五部工程设计教材

《土木工程“专业”概论》《土木工程质量事故分析及处理》和“工程史话”十四篇

五部“工程设计”教材和十四篇“工程史话”

教育的基本原则之一是“理论联系实际”，土木工程和土木工程教育更是在它的实际历史进程中不断发展进步的。

在中华人民共和国成立后全国重点发展工业建设时，许多高校土木系在传统结构学科课程（一般指“混凝土结构”“钢结构”“木结构”“砌体结构（前称圬工课）”等）基础上，加设工程设计类课程，这是工科教学改革的必然。我幸运地能在这个时期投入这场变革中，和有关教师一起，前后编著了五部各有特色的工程设计教材：《混合结构设计》《单层工业厂房结构设计》《建筑结构概念体系与估算》《建筑结构（供建筑学、城市规划、工程管理专业用）》和《建筑结构概念设计及案例》。

又鉴于以往教学中缺乏土木工程的历史回顾，致使广大学员对土木工程的“过去”缺乏了解和认识，我在退休后阅读、研究了一些文献，并于2007年7月至2008年8月连续在《建筑技术》月刊上发表了十四篇“工程史话”，并由清华土木系编入教学网站，作为推动教学改革的补充。

（一）编著《混合结构设计》的回顾

我国用砖砌体砌墙，用混凝土或木材做楼屋盖的房屋，统称“混合结构”。但在中华人民共和国成立初期，没有它的设计规范和施工规程。即使较高的三层、四层砖房，也是凭传统经验做法建成的。学校虽设置有“圬工”课程，但在混合结构建筑物设计时，却没有涉及它的实际应用设计规范或规程。

我对混合结构有着正反两面的感受。

正面的感受是，1954年时校领导调我主持新建四栋五层楼学生宿舍（两万多平米）的结构设计。它们地处有软弱土层的清华园西北角，为缩短工期要求采用预制钢筋混凝土楼板，为扩大使用面积要求墙厚不得超过37厘米……这一切对刚毕业不久的我说来是一个严峻的考验。在张维教授和苏联专家的引导下，我向自己提出四点设计原则：

◎ 在战略上重视墙体布置，设沉降缝和在承重墙内铺置连续的钢筋网格，确保墙体的整体刚度；

◎ 在战术上从严计算每一片墙体的承载力，使承重墙体的厚度都≤37厘米；

◎ 在施工中严格地把守质量关，要求每一块砖铺砌时都能做到“满铺满挤”；

◎ 对在墙内铺置钢筋的做法进行实验研究，验证它对墙体整体刚度的影响。

经过一年的努力，四栋学生宿舍建成了，设计和施工质量全部合格，并且实验验证了墙体内铺设钢筋的作用。它们在1976年唐山大地震时都经受了震害烈度为6.5—7度的考验，墙体没有一条因地震产生的裂纹，至今使用状况良好。我也因此获得校基本建设委员会授予的特等奖。

反面的感受是我曾经在唐山大地震后到唐山进行实地考察，那里的房屋大多采用的都是混合结构。看到当地一片片散落在地的碎砖断板，虽使我的心情十分沉重，但却让我看到了不同地震波（水平的、竖向的、纵波、横波）作用下使墙体开裂、倾倒、坍塌的特征，砖房受地震力产生扭转破坏的凄惨景象，以及不同类型房屋（砖砌住房、钢筋混凝土厂房、钢结构厅堂）各异的抗震能力，在不同场地（坚实土层、饱和土层、山包、故河道、河滩旁等）上建房受震害的不同影响……这一切的罪魁祸首固然是地震，但也反映了当初建设者对“混合结构”认识的不足和肤浅。震害使我们感受到了大自然的威力，认识到了地震给国家和人民带来的巨大损失，更使我们意识到设计人员的责任。唐山地震使我下决心回校和工程结构教研组同志们一起，编著一本具有震害案例和抗震设计原则和方法的混合结构教材。

《混合结构设计》就是在这正反感受的基础上促成的。我们编写的思路：

一是全面阐述。其中有荷载确定、砖石构件计算、墙体布置、预制楼板和楼梯设计、基础设计、抗震设计和实际案例等章节，几乎涉及混合结构设计时将会遇到的所有问题。

二是突出重点。着重阐述墙体的布置和构造，因为它们是使用和坚固、耐久的结合点，是保证混合结构整体稳定性的基础。

三是理论实际并重。其中墙体的布置、构件的强度计算、整体结构的抗震验算是重点，也是掌握混合结构设计的核心。

四是介绍多类工程案例，尤其是因构件设计和连接构造失误，致使遭受地震破坏、温度变化以及地基过大不均匀沉降引起墙体开裂的实际案例，以便引起在混合结构设计和使用时的警觉。其中列入的因唐山大地震使房屋倒塌及结构构件破坏的20多幅实测画面，更引起读者的极大关注。

可以认为，《混合结构设计》是一本理论联系实际、内涵丰满、图文并茂的教材，既符合教学的需求，也能满足设计和施工技术人员的需求。在1979年7月第一次印刷时已为79280册，出版后到1990年编写《混合结构设计（第二版）》时，它的发行和销售量已逾15万册，受到兄弟院校和广大工程技术人员的好评。

（二）编著《单层工业厂房结构设计》的回顾

1959年，我和几位教师一起带领一批毕业班学生，参加北京市重点工业工程的建设——设计北京第二通用机械厂（今北京重型机械厂）的水压机、锻压、热处理、煤气站等几个主厂房。由于我们过去缺乏工业实践经验，这项任务是在一机部第一设计院的咨询和引导下进行的。

在设计过程中，师生们一起经历了了解工艺、收集资料、方案选择、结构布置、技术设计和计算、绘制施工图、参与施工质量的监督与检查等阶段，在不到一年的时间内圆满地完成了任务。在这期间既有失落，也有创造。

"失落"的是煤气站工程的主梁因结构计算时配置的钢筋不足，施工后发生混凝土开裂的质量事故，不得不将已完工的构架拆除重建。这让我们参加设计的师生十分痛心，为使国家承受损失而汗颜。

"创造"的则是施工中发现有些混凝土立柱有些倾斜（当时现场没有起重机，立柱是用现浇混凝土制成的），一般理应拆除重新制作，但我们师生经过反复研究，决定修改工艺和结构布置，将水压机和锻压的生产工艺设备合并在一个大型厂房里，将两个单跨结构改成一个三跨结构。这样做，既加强了整个厂房的整体性，减轻了这些斜柱的负担，又使生产工艺得到改善，节约了资源，也避免了返工。因而这次由于施工失误引起的更改，得到了建设单位、第一设计院领导的赞赏和施工单位的感谢。

完成第二通用机械厂的这些厂房设计后，适逢土木系决定单独开设"工业厂房设计"课，于是我们几个教师总结以往设计厂房的经验，结合国家新颁布的建筑结构设计规范，编制了第一版《单层工业厂房结构设计》教材，于1986年出版。

第一版经过清华土木系和一些兄弟院校试用，以及一些设计单位实际应用后，收到较好的效果。我自己又参加了"单层工业厂房结构空间作用"的科学研究；同时考虑到我国改革开放的新形势，大量大、中和乡镇企业的兴起，以及单层厂房结构设计的完整性等原因，我们于1989年又开始编著本书的第二版。第二版书采用了三套相互联系的体系：

（1）由基本的厂房建筑布置、结构布置、构件构造和计算组成的设计体系；

（2）由以钢筋混凝土结构为主，配合轻钢结构和砌体结构组成的结构体系；

（3）由计算例题、构件设计实例和两个工程案例（钢筋混凝土结构的厂房、轻钢屋架和墙体结构的厂房）组成的应用体系。

在结构理论方面，本书对几个特殊问题进行了探讨，如阶形柱计算长度、厂房的空间作用、高杯口基础破坏特征、吊车梁的扭矩分配、双肢柱的理论分析等。

在结构设计方面，本书列举了预应力混凝土吊车梁、钢筋混凝土和轻钢屋架、双肢柱、基础梁等常用标准构件的设计和计算方法。在教学应用方面尽量把基本概念、基本程序、基本方法写清楚，把理论和工程设计衔接好，使学生能够从中学到概念、方法和它们的实际应用。

《单层工业厂房结构设计（第二版）》1990年出版发行后，得到机电部设计研究院资深教授级工程师胡连文的评价："本教材具备很高的出版价值，较多方面有所创建和创新，不但会受到高校的欢迎，也将受到设计院结构设计人员的欢迎。它有较高的实用价值，并会取得较高的社会效益。由于其在理论、技术上是新颖而先进的，在教学和设计上都将发挥其实用价值，本教材在国内处于领先地位，还达到了国际先进水平。"

1996年，《单层工业厂房结构设计（第二版）》获得"清华大学第三届优秀教材一等奖"。

（三）编著《建筑结构概念体系与估算》和《建筑结构》的回顾

《建筑结构概念体系和估算》这本教材的缘起和编著，已经在本书"对建筑结构的认知和一次建筑结构课程的改革"一文中回顾，这本教材在1996年获得清华大学第三届优秀教材一等奖，这里不再重复。进行这项改革的目的，是为了建筑学专业学生毕业后能够在建筑设计中处理好"建筑和结构的关系"。因而在授课之初就向学生说明在建筑设计中建筑和结构间的四个层次关系：

（1）合作（遇到问题合作解决），这是基础；

（2）结合（我了解你，你了解我），这是前提；

（3）融合（我中有你，你中有我），这是佳作；

（4）统一（既是好建筑，也是好结构），这是方向。

正如有的学生反映，今后在建筑设计中做到"结合"是应该的，做到"融合"是可能的，但要做到"统一"比较难！可是国际上建筑大师 F.L.Wright 说过："形式和功能是统一的"；P.L.Nervi 在小罗马宫体育馆设计中把结构上拱的形式和建筑上美的要求统一起来，成为现代设计的典范。我国著名结构工程师林同炎认为，凡是建筑和结构问题能统一解决的地方，就是经济之所在。所以，建筑师应该用“建筑和结构”的观点，也就是“我中有你，你中有我”的观点，而不是用“以建筑为主，考虑结构问题”的思路去处理建筑物的建筑设计。这是采用本教材对建筑学专业学生提出要求的目的。

由于《建筑结构概念体系与估算》这本教材的内容改革得比较彻底，教学形式和方法比较新颖，符合相应专业的教学要求，获得不少兄弟院校的使用和好评。2000年初，建筑工业出版社召开了一次土建类教材的研讨会，会上我把自己对建筑结构课程改革的设想做了一些介绍（其内容已在本书“对建筑结构的认知和一次建筑结构课程的改革”一文中阐述）。高等学校工程管理和工程造价学科专业指导委员会的领导同志要求我也为他们专业编写一本相应的教材。我因对工程管理专业了解不多，力不胜任，谢绝了。那时我虽已退休，但对结构改革的思路并没有停止，我认为当前各校都有自己所开设的建筑结构类课程，并随着结构规范的修正不断更新，然而始终没有给学生一个关于“建筑结构”准确又全面的定义，所谓结构的基本构件（受拉、受压、受弯、受扭构件等），只是从受力的概念出发，没有反应构件的全貌。这些问题理应及时予以提出和更正。于是我与广州工业大学相约，和该校邓雪松、吴珊瑚、徐忠根教授合编了一本以《建筑结构概念体系与估算》的内容为主体，明确提出建筑结构的任务、功能与定义（见本书“对建筑结构的认知和一次建筑结构课程的改革”一文），和基本构件、结构单元和集合示意表（图1），在混凝土、钢和砌体构件的设计计算中增加与相应结构规范相一致的内涵，定名《建筑结构》，供建筑学、城市规划、工程管理专业使用，自2005年起，由武汉理工大学出版社出版发行。至今已连续发行十余年。

近年，重庆大学黄音、兰定筠教授，同济大学孙继德教授合编了一本符合工程管理专业技术平台的《建筑结构》教材，经高等学校工程管理和工程造价学科专业指导委员会推荐，由中国建筑工业出版社出版。2016年，该委员会和出版社均要求我审阅，并以我和邓雪松等主编的《建筑结构》教材作为主要参考文献之一。我在学习了这部著作后，觉得耳目一新，结构的整体思维、系统性、实践性、形象生动性都很强，很适合工程管理专业教学使用。

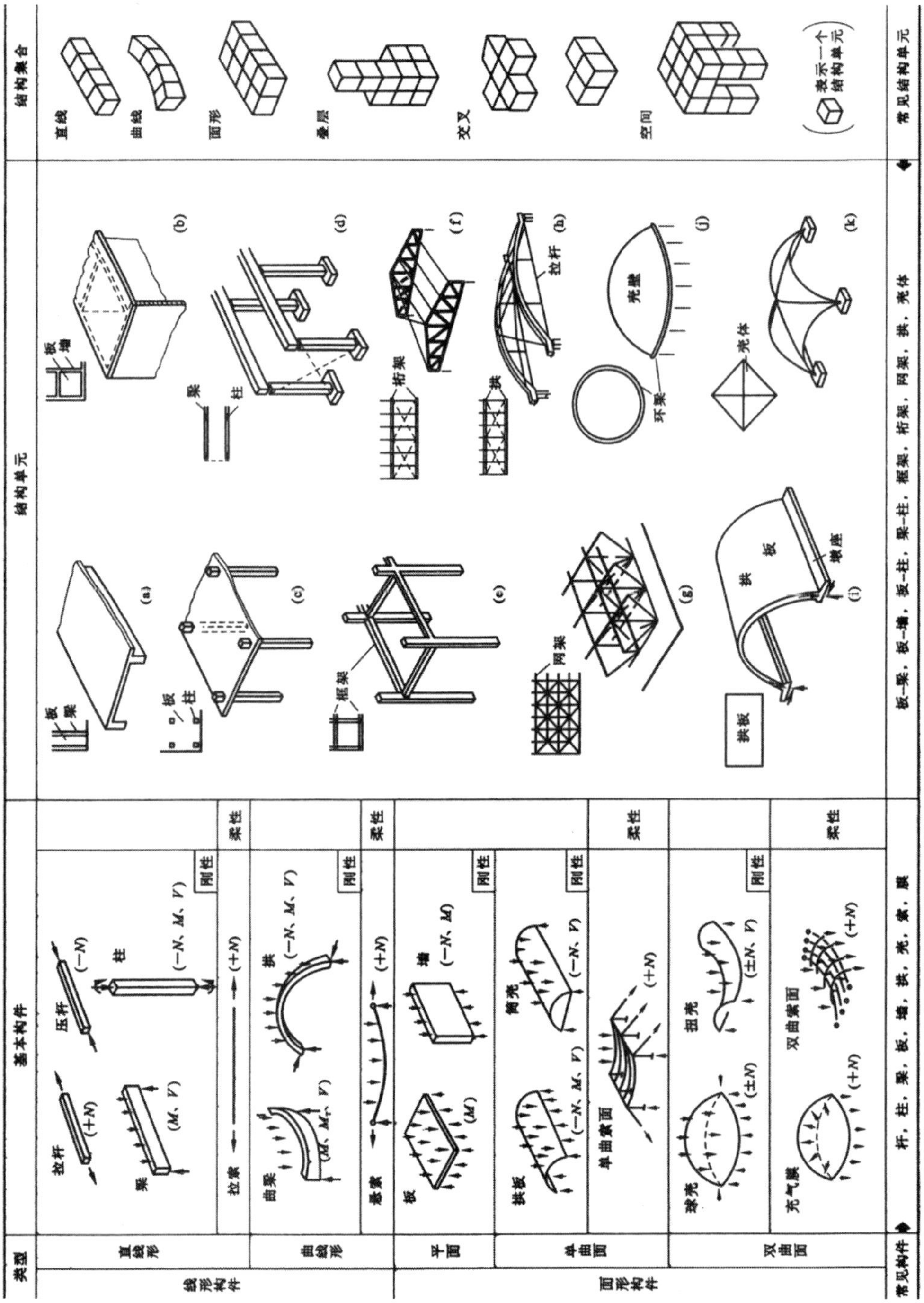

图1 建筑结构的基本构件、结构单元和结构集合

（四）编著《建筑结构概念设计及案例》的回顾

1996年我离开土木系教学岗位后，一直惦念着两件事：怎样培养学生的创新能力和怎样开展“工程历史”的教育。

高等学校素质教育的重点，是培养学生的创新和实践能力。设计能力的训练正是这个重要的教学环节之一；这一点已经被当前国际高等教育界人士所重视。正是西班牙杰出结构概念设计师托罗哈（Torroja,1899—1961）的多个优美绝伦的建筑结构作品，使我看到了培养学生创新能力的曙光。我曾经将这些作品介绍给兄弟院校的师生和设计院的结构工程师们，得到了他们一致的高度赞赏。

于是我下决心编集《建筑结构概念设计及案例》作为教材，为清华土木系开设“结构概念设计”课做参考。这本教材重点介绍了托罗哈的设计思想和他的作品，并将初步收集到的一些国内外设计作品作为案例。我自己则提出了以下对建筑结构概念设计的一些初步认识：

在建筑工程的概念设计里，要求环境的布局和治理、建筑的空间和形式、结构的体系和材料、构筑的方法以及效益协调一致，做到“环境、功能、结构、美观、建造”的统一。对于建筑工程中的结构概念设计，则有以下要求：

◎ 它的前提是对要建设地区的规划和环境、建造建筑物的意图和使用需要的认识，以及对资金、材料、建造施工和设备条件有一个较为全面和准确的了解。

◎ 它的成果是确定结构的主要承重体系（指墙体系、框架体系、空间结构体系、基础体系等）、相应的分承重体系（指楼、屋盖、基础等）和它们的主要连接方法。

◎ 它的主要手段是对力学概念、材料性能、结构体系和建造技术的娴熟运用，同时还要有审美的眼光和建造的意识、实际的经验。

◎ 它的目的是在初步设计前设想一个概念性的“总体方案”，使今后的设计、施工、使用阶段都能做到“又好、又快、又省”。

◎ 它的思维方式和传统相比有以下转变，从习惯纵向思维（方案→布置→计算→构造→施工）转向还要注重横向思维（与规划、建筑、结构、设备、施工的结合）；从仅重视设计规范转向还要重视实践和经验；从只重视理论分析转向兼顾综合考虑（人、财、物、时间、空间）；从追求“绝对确定”转向注意“相对比较”；从习惯于标准、定型、传统转向改革、更新、创造。

本书提供的案例以高层建筑结构为主，同时还列举了一般肋形楼盖、盒子结构、穹顶结构、拱结构、悬索结构乃至结构小品等方面的案例，意图以实际工程案例来阐明结构的概念设计应该怎么做，并将本书所提出的概念设计的理念和思维融化在这些案例中。本书由我、张惠英、杨军教授合编。由于编稿时我已退休多年，且已参与多项“建筑结构事故分析与处理”的培训和继续教育，故由杨军教授在清华土木系讲授多年，取得了良好的教学效果。

（五）十四篇“工程史话”回顾

历史并非只是瞄向人类的过去，恰恰是为了未来而回顾往事。历史更具有人对时间意义的双重延伸：“经历和期待”的延伸和“保留和要求”的延伸。

技术则是人类首先发现的文化，人类的历史说明人类的活动范围一直都取决于它的技术水平；技术进步是全球整体进步的基础。

正是由于认识了历史和技术的意义，2001—2002年我在《建筑技术》月刊的2001年第7期至2002年第8期上先后发表了十四篇“工程史话”。它们是：

（1）清华大学大礼堂的结构做法

（2）埃菲尔铁塔的结构特色

（3）埃及金字塔

（4）19世纪第一悬索桥——布鲁克林桥

（5）古代砌体结构的奇葩——哥特式教堂建筑

（6）比萨斜塔和虎丘塔的启示

（7）高层建筑的历史发展

（8）历史上的圆屋顶结构

（9）历史上的拱桥

（10）住房的从古到今（上）

（11）住房的从古到今（下）

（12）土木工程的历史发展

（13）从帐篷到充气结构

（14）做整体结合建筑结构施工的建设者

“清华大学大礼堂的结构做法”这篇文章我曾经酝酿了很久，它是我阅读了关于索菲亚大教堂历史发展的文献后决定写的。建于公元532年的索菲亚大教堂后来在历年的多次地震中不断遭受局部倒塌的损害，直到公元1847年用铁制的链条进行加固后，才基本解决了问题。而建于1917年和它建筑形式类似的清华大礼堂，由于建造时采用了钢筋混凝土材料，在1976年唐山大地震中丝毫没有遭到损害。这段漫长的1400余年的历史，生动地告诉并警示人们：土木工程的发展以及土木工程的耐久，都必然与建筑材料的发展和应用休戚相关。

写“高层建筑的历史发展”，是我在1997年翻译了美国高层建筑与城市环境学会编著的《高层建筑设计（Architecture of Tall Building）》后直觉的产物。在这篇文章里我介绍了由A.L.Huxtable提出的四个摩天楼时期高层建筑的特色，分别介绍了有代表性的第一栋钢结构办公楼（house insurance building）、第一栋混凝土结构办公楼（ingalls building）、第一栋砖石结构办公楼（monadnock building）的简况，提出高层建筑结构分析的若干特征，指出高层建筑还有大量的规划、设计、美学、材料、结构、环境、使用和应用心理问题需要研究。这篇文章和“古代砌体结构的奇葩——哥特式教堂建筑”一起分别在2005年和2003年获得《建筑技术》的优秀论文奖。

在第14篇文章里，我介绍了古代古埃及第三王朝大臣英霍泰普（Inhotap）建造金字塔的前身——墓碑、现代法国工程师埃菲尔（G.Eiffel）建造埃菲尔铁塔、近代意大利工程师奈尔维（P.L.Nervi）建造都灵大厅和西班牙工程师托罗哈（E.Torroja）建造一座贸易商场的世界闻名案例。这些作品都是建筑、结构、施工有机结合的典型。因而提出希望每一个土木工程师都能成为整体结合建筑、结构、施工的建设者。

《建筑技术》编者对这十四篇“工程史话”的评价是：“工程史话”自2007年第7期连载以来，受到了读者的欢迎。从2001年底的《读者意见调查表》的反馈来看，读者十分喜爱这类既有技术含量，又充满人文精神的文章，认为其对提高建筑从业人员的素质大有帮助。

附：清华大学大礼堂和索菲亚大教堂

清华大学大礼堂（下称清华大礼堂，见图2）作为我国科学殿堂代表性建筑之一，多次在新闻媒介中展露。那么，它的主体结构有何特色？它的蔚蓝穹顶怎样构成？它于1917年建成，在形式上模仿1400多年前建成的土耳其索菲亚大教堂（图3），二者有何重大区别？后者几经地震，多次局部塌落重建，至今裂缝依稀可见；而清华大礼堂虽受唐山大地震波及，仍矗立至今安然无恙，这又为何？这些问题，鲜为人知。现将我知晓的简叙于后。为比较起见，先说索菲亚大教堂，再说清华大礼堂。

索菲亚大教堂始建于公元532年，五年后建成，其平面呈方形，中间大厅四角有4个实心石柱墩（截面估计7m×10m），墩间为一半圆形全拱，拱顶支承着一个矢高76m、直径33m的扁圆穹顶（图4）。支承穹顶的是两对侧拱；因建筑需要，南北两拱用墙填实，上开三层窗；东西两拱下无填充墙，一端为教堂入口，另端为祭台入口。从主体结构看，顶部扁圆穹顶有水平推力，设计人当时找不到承受推力的办法，只能在东西端结合入口的使用要求，各设置一个有半圆穹顶的大空间来抵住东西拱的推力，又用拱板和辅柱墩把这些推力传给地基（图5）。但是，南北端无入口，不能用同样办法解决，只能使南北拱跨度小些，并在主拱下设置若干由填充墙支承的小拱，想以此减小主拱的推力。设计人还明白4个主柱墩和4个辅柱墩要支承大部分重力和穹顶的水平推力，故选用了重量重、强度大的花岗岩；岩块的水平面仔细磨平并灌以铅液，保证岩块间完全接触。至于穹顶、拱板则要尽量轻，采用了石灰浆砌筑的460mm见方、50mm厚的砖块。

不幸的是，该大教堂建成后不到20年，两次遭受震害，东侧拱及相邻半圆穹顶和部分主穹顶倒塌。重建时将主穹顶加高约6m，大体呈半球形穹顶状，可减少30%推力。到公元989年，西侧主拱和半圆穹顶再次倒塌。以后在教堂南北两侧各做两对巨大扶壁，破坏了原立面外貌（图3）。公元1345年在另一次强震中，东侧主拱再次被破坏。最后到公元1847年，瑞士工程师用铁链在主园穹顶的底部做了一圈圆环，使它有效地承受穹顶的水平推力，才使连续倒塌的现象根本解决。

清华大礼堂的平面同样为正方形，四角同样有4个立柱，不过用的不是石材，而是钢筋混凝土，立柱截面含外贴砖1m×1m（图6）。两两立柱间均为钢筋混凝土的半圆全拱，在每个顶上有三个不等高小柱，小柱顶设一八角形的水平钢筋混凝土圈梁，圈梁上砌5m高的八角形砖墙，墙顶支承着一个矢高为7m、直径为19.5m的钢筋混凝土扁球壳穹顶（图7）。由于穹顶的底部有一圈钢筋混凝土支承环，可以完全承受扁球壳产生的水平推力，使穹顶内力处于自平衡状态；支承穹顶的4个半圆全拱只需承受穹顶重力，故其相应的支承立柱也只承受重力而不再需要巨大的截面，也无须设置抵御水平推力的附设结构。这样就大大增加了礼堂的使用面积，减少了不必要的建筑面积。清华大礼堂中间核心部分跨度为19.5m×19.5m，东南西侧观众平台和北侧舞台前均为4.6m宽的两坡顶拱架结构；加上前厅、舞台和后厅的总尺寸为南北长约43m，东西长约29m，周边建筑两层高，总建筑面积1843m^2（图7）。1976年发生的唐山大地震，波及北京，清华大学属于6—7度震害地区，震后大礼堂无明显裂痕；后经检查仅发现北端墙体上因与小河邻近，有少许不均匀沉降引起的裂缝，现已修复。

索菲亚大教堂的穹顶结构完全外露，用40个等间距的径向肋加强，肋向设有采光窗口，使穹顶形成一圈强烈光环上的天体，异常壮丽。两边侧墙上各有三排窗口，更使大厅采光十分充足（图8）。

清华大礼堂则是另一种景色：由于东西向宽度不大，只需在两侧墙上做较大窗口，即可解决室内采光问题，不需用屋面采光。因而屋顶采用吊顶木龙骨和苇箔做成的抹灰顶棚，加上饰面层，就能形成一个半球形的蔚蓝色天体（图9）。从观众席座位仰视，一望无际，同样十分壮丽。结构穹顶和吊顶天棚间约7m高，用固定在穹顶上的9根钢筋索下吊八角形木龙骨就位，再在木龙骨和周边八角形圈梁间架设弧形苇箔，形成天体的构造底层；在此底层上抹灰喷漆后，就能做成现在的天体面层（图7）。

图2　清华大礼堂

图3　索菲亚大教堂

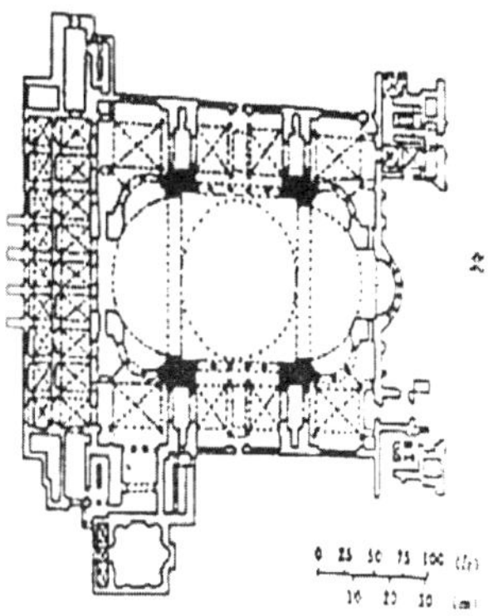

图4　索菲亚大教堂穹顶

图5　索菲亚大教堂主体结构

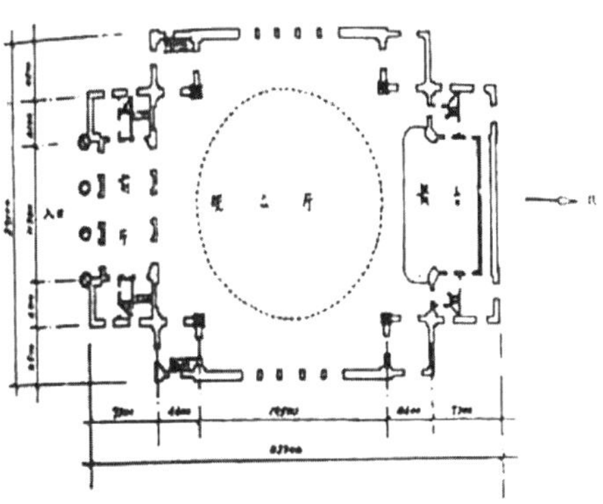

图6　清华大礼堂穹顶结构图

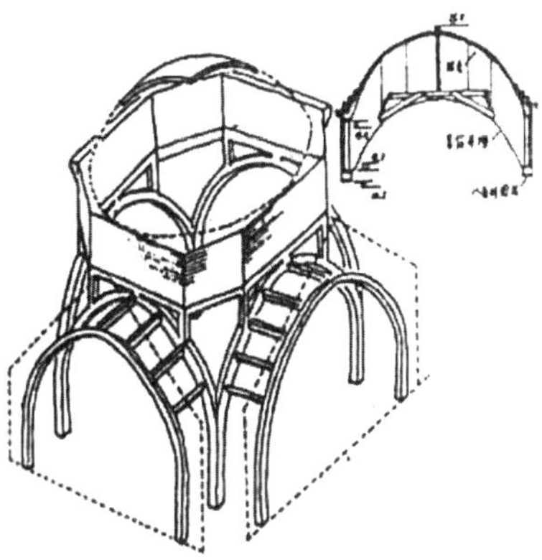

图7　清华大礼堂主体结构

图8　索菲亚大教堂内部

图9　清华大礼堂内部

表1为清华大礼堂和索菲亚大教堂各种指标的比较：

表1 清华大礼堂和索菲亚大教堂各种指标的比较

	清华大礼堂	索菲亚大教堂
穹顶直径、矢高	19.5m、7m	约33m、约13.6m
穹顶结构	钢筋混凝土扁球壳（近半球形）	砌砖扁球壳（近半球形）
穹顶至室内地面高度	25.9m	约55m
穹顶外推力解决办法	壳底设置支承环，做到自平衡	用支承拱、支承柱自身重力 外置半圆形穹顶和实心扶壁墙，均未果
穹顶支承拱	半圆形钢筋混凝土拱，拱跨19.5m 外贴灰砂砖面层	半圆形石拱（东西拱跨约30m，南北拱跨约36m）
穹顶支承柱	钢筋混凝土柱，含外贴灰砂砖， 截面1m×1m	花岗岩石块砌成石柱， 截面约7m×10m
穹顶顶棚做法	龙骨苇箔吊顶，吊顶与穹顶间有7m净空	穹顶的结构外露， 穹顶底部周围有40个采光窗口
屋面做法	包青铜防水面层	待查
建筑面积	1843m^2	待查
建成年代	公元1917年始建，1921年完成	公元532年始建，537年完成

有比较才能有鉴别，通过比较可以说明两点：一是建筑物之所以存在的根本原因是材料，也即要用适当的材料做成所需要的结构，抵御自然界和人为的作用力，才能保持建筑物的长久存在；二是土木工程的发展与材料的发展休戚相关，人类在17世纪70年代才开始大量应用生铁做建筑材料，到19世纪初才发展到用熟铁建造桥梁和房屋。索菲亚大教堂连续倒塌的历史，只有在用铁链后才彻底解决。清华大礼堂是在索菲亚大教堂长期使用后才模仿建成的，而且只有在采用钢筋混凝土材料后，才能比索菲亚大教堂建造得更加完善、简洁和坚固。

（本文曾刊载于《建筑技术》2001年第7期“工程史话”栏）

一门专业教育课

——“土木工程（专业）概论”的诞生

这是一门为大一新生开设的课程，为的是使他们在大学教育的“人之初阶段”认识到自己所选专业的培养目标、大学生应具备的素质和毕业后必须承担的责任，了解与本专业相应的工程概况、发展前景，以及大学的教育环境和大学生应该懂得的一些学习原理和方法。其目的既是消除他们在入学初期对大学学习生活的一些不适应，更是为了激发他们在校学习的积极性、自信心和具备自主学习的能力。

（一）缘起

20世纪80年代初，我在主持土建系教务科的工作时，经常到本系学生中去，了解各个专业学生的学习动态。我曾经注意到土木工程专业大一新生并不热爱自己所报考的专业。他们有的说：“清华大门进对了，二门土木系进错了”，还有人把“又土又木，×××自嘲”几个大字贴在宿舍门口……我回忆自己当初刚进清华大学学习时，也有种种对大学学习生活的不适应，其中最突出的就是对怎么学习土木工程的不了解，这需要进行比较系统的专业教育才能逐渐加以解决。为了进行这方面的专业教育，我向校教务处申请为土木工程专业试开设以调动大一新生学习积极性为目的的新课。在得到教务处的批准和土建系领导的同意后，我曾经在三年中为前后三届不同的土木工程专业大一新生做过三种不同的尝试：

◎ 介绍土建事业的发展和土木工程的基本知识。学生反映“过远，过深”，与当前学习无关。

◎ 在初步介绍土木工程概况后，主要请基础课教师（数、理、化、外语）分别讲基础课的学习方法，学生又反映“过近，过实”。

◎ 讲本专业的培养目标，土木工程师的素质要求，当前国内外土木工程建设情况，大学的学习要领……得到学生的认可。

记得在第三次讲课中，讲到对土木工程师的素质要求时，说到 engineer=engine + er 它的中文意思是“工程师要做像发动机那样领导工程的人”时，学生几乎全班鼓掌。在讲大学四年重点课程安排时，有些学生说：“这是我们四年的大课程表，心中有一些底了。”有一个学生在学习总结中写道：“这门课告诉我们‘为什么学、学什么、怎样学、为什么这样学’”；这正是我在备课时天天思考的问题，现在由学生总结出来，说明这样的讲课方式，符合学生的需求。

（二）准备

我总结前两次失败的原因，是在思想上只有“教书，教工程”的传统，缺乏“教书育人”的觉悟；在教材上又缺乏现代的、生动的与完成学习任务相关的土木工程内涵，难以引起学生学习的兴趣。在前两次失败后，我做了以下四方面的准备：

◎ 收集现代国内外生动的土木工程建设的资料，做了一大批幻灯片。

◎ 与清华大学电教中心合作赴上海宝钢建设工地，拍摄正在进行各类工种的施工纪录片，做成40分钟的适宜在课堂上放映的录像片。

◎ 梳理教学计划，并提出土木工程专业培养目标对学生的要求，作为工程师应有的高素质，并从高等教育学的“学习论”中提炼一些学习原理和方法，作为对学生今后进行“自主学习”的提示。

◎ 编写取名为《建筑工程专业概论》的教科书。在书名上增加“专业”二字，说明本书是一本专业教育的教材，在内涵中增加教育学的一些内容使本书成为一本既有土木工程学科，又有教育学学科的复合型教材。

（三）教学内容

教学的体系和内容按以下四部分为大纲组成：

（1）为什么学习——指土木工程专业的培养目标和对工程师的素质要求；

（2）学习什么——指土木工程发展史，建筑、桥梁、道路、港口和海洋工程概况，土木工程的建设、灾害和展望；（本部分为重点，约占总学时的60%—70%）

（3）怎样学习——指土木工程专业的教学安排和各个年级的重点课程；

（4）为什么这样学习——指学习过程中要注意的一些规律、原则和方法。

（四）教学方式

（1）多媒体形式讲课——课堂讲授，看幻灯片，放映录像片，组织小班课堂讨论；

（2）周末组织在校内施工工程的现场教学；

（3）提出对课外学习的基本要求——写一篇自我介绍，阅读一些课外文献，练好仿宋字（每周必须交自己写就的一二百个仿宋体字由教师审查，合格通过后可免交），参观本系举办的优秀学生作业展览，写出本课程的学习思想总结；

（4）为了及时了解学生的要求和学习动态，每学期都组织6位学生进行个别顾问性辅导，解答他们提出的问题，帮助他们报选修课，了解班里同学们的学习状况和学习要求；

（5）本课程不设考试，以学生自己的学习思想总结给予成绩和评语。

（五）教学效果

（1）自1986年至1995年，我以“建筑工程专业概论”这门课及其教材，在清华土木系讲授了9年。学生的反应是：那位写“又土又木，××× 自嘲”的学生，听了几堂课后，自动把它改成了“又土又木，××× 自豪”；有的学生在学习总结中写，“这门课是一把金钥匙，它打开了土木工程的大门，它又是一架直升机，让我们从高处看到土木工程的全貌”；有一个学生竟然告诉我，“在毕业前我一直把这本书放在枕头旁边，不时看看它对我的要求，在学习上给我以指导”。

以清华大学土木系1991级新生87人上本课程后的学习总结统计为例，学生的反应如下：

◎ 表示在思想上有收获的，占100%；

◎ 表示对专业认识有转变的，占89.7%；

◎ 表示热爱本专业的，占77.6%；

◎ 表示学习本课程后对五年学习有指导意义的，占93.1%（清华当时学制为五年）；

◎ 表示本课程使自己获得了好的学习方法的，占86.2%；

◎ 学习本课程后能提出自己今后学习计划的，占70.9%。

（2）1998年武汉工业大学出版社组织“普通高等学校土木工程专业新编教材系列”，把本书列为第一本教材，建议改名为《土木工程（专业）概论》。为了扩大影响、提高水平，我提出请南京建工学院院长（后任南京工业大学副校长）刘伟庆教授和西安建工学院院长王毅红教授、武汉理工大学王红教授等专家一起参编、改编，他们对本教材的充实、更新、改革、推广起了十分重要的作用。

（3）为了推广这门课程和这本教材，武汉工业大学出版社在四川郫县召开“土木工程概论课程研讨会”，有32个高校土木系派教师参加研讨。自此，“土木工程概论”课程在全国土木系推广。

（4）自2000年至2015年，《土木工程（专业）概论》已连续出版第一、二、三、四版，发行量近45万册。据武汉理工大学出版社（前武汉工业大学出版社）不完全统计，每年有130余所高等院校土木工程专业、给排水工程专业650余个班级使用这本教材，使用的代表性学校有湖南大学、武汉理工大学、西南科技大学、济南大学、广州大学、洛阳理工学院、重庆大学等。武汉大学出版社告知至今发行量已逾50万册。

（5）《土木工程（专业）概论》第三版于2010年经国家教育委员会批准列入“普通高等教育‘十一五’国家级规划教材”。第四版于2015年经国家教育委员会批准列入“普通高等教育‘十二五’国家级规划教材”。

（6）2004年，以应用《土木工程（专业）概论》（第二版）进行教学获得的成果为背景，我与济南大学土木系系主任于吉太教授合写了论文《以现代工程为背景，进行生动有效的工程教育》，刊登在《高等工程教育研究》2004年第2期上。该文在2005年获得中国高等教育学会工程教育专业委员会优秀高等工程教育研究成果的“优秀论文二等奖”。

（六）一点体会

在课程教学上，这门课的建立和改革，体现了教师在教学思想上“从‘教工程’到‘教人’的转变”。这正是任何一位教师都应该具备的教学思想——以引导学生怎样做人、成才为根本任务，“教书育人”是一条基本的教学原则。

在专业课的教学上，这门课应该侧重以生动的土木工程案例向学生说明本专业的培养目标，以及社会对本专业学生的素质要求；并以现代土木工程学科的发展，激发学生对相关基础课程和专业课程的兴趣，培养学生们积极地创造性学习的愿望和良好的自主学习的能力。

从教育的角度看，对人的培养要从“人之初”做起。在孩提时，教育始于家庭；在幼儿时，教育始于幼儿园；在普通教育阶段，教育始于初中；在高等教育阶段，教育始于大一新生。

这门课程和这本教材，是我在教育改革中的一次重要试验和实践。

努力搞好施工实习，培养合格的技术人才

土木系结7班学生27人在教师三人带领下于1981年暑期前在上海宝山钢铁公司建筑工地进行入学后第二次实习——施工实习[①]。这次实习，在六周时间内取得了可喜的成绩，他们所完成的十二个专题中，有一半以上受到工地的欢迎，有的还在一定程度上解决了工地施工中存在的一些问题。对这次实习，工地技术人员、工人、教师、学生普遍感到满意，也为今后怎样进行施工实习闯开了一条路子。现分三个方面进行汇报。

一、充分认识实习的重要性，必须克服一切困难坚决予以保证

对土建专业的工科学生来说，施工实习是4—5年培养中的重要教学环节。它对培养理论联系实际的学风、锻炼学生的动手和独立工作能力、扩大专业知识面以及学习工人阶级优秀品质都起着重要作用。但是当前安排实习却遇到重重困难，首先是难以找到合适的实习工地。过去的经验是选择一个规模较大、技术力量较强的工地，使学生可以在那里获得丰富的专业知识。但目前国民经济处在调整时期，这种工地极少，个别较大的工地，要求去的学校很多，实习期间吃、住、供应都成问题。其次，近年来建筑工地在技术管理、劳动组织和经济制度等方面变化很大，学生参加实习后可能对它们的工程进度和质量发生影响，有时还会影响工人和技术人员的奖金，加上国家建工总局没有给各省市建工局下达接受实习的任务，因此实习不受欢迎。最后，教学计划中实习由过去的九周减为六周。如果说用九周时间，学生可以对一项工程的技术和组织管理方面进行全面学习的话，那么六周的时间就不可能了。由于以上三个原因，

① 第一次实习为认识实习和专业工种劳动，共五周。

施工实习面临着一个从内容到方式都要改革的局面。

面临这些困难，怎么办呢？全国土建类高等学校都在摸索新做法。有的取消了施工实习，在这个时间内安排设计或专业理论课；有的改为认识实习，顾名思义就是参观；有的采取放手方式，让学生到有关工地自找实习内容；不少学校在进行其他各种尝试，以求摸索到一些经验。我们认为采用取消或改为参观的办法不好，这样做，虽然前面讲的矛盾不存在了，但学生在大学期间缺少参加工程实践的锻炼，不符合进行工程师基本训练的培养目标，因而不可取。采取放手方法，也有可能变成放任自流。经过讨论，认为应走改革的路子，虽然这样做会遇到很多困难，但只要努力实践，一定会不断前进。

在前述选择工地、制度变化和实习时间短促的三个困难中，我们认为首先要花力气去争取一个好工地，为搞好实习创造物质条件，因此一年以前就着手落实这项工作。根据全国情况，我们认为上海宝钢工地是适宜的。那里建设项目多、规模大、施工设备先进、技术力量强、遇到的问题也多，是一个理想的实习场所。一年多来我们派人去宝钢工程指挥部申请，到指挥部所属建设公司联系，不断写信给上级领导机关提出请求，找下面熟悉的领导干部争取支持，甚至做了搭活动房屋或者住帐篷的思想准备。总之，困难虽然很大，但我们只要有一线希望就锲而不舍，千方百计地争取。经过坚持不懈的努力终于得到了宝钢指挥部所属十九冶第五建筑公司的支持，取得到那里实习的机会，为搞好这次施工实习创造了一个比较好的条件。

二、教师和工地技术人员密切配合，引导学生深入专题学习，取得一定成果

进了宝钢，面对这样一个宏伟先进的大型工地，怎样安排实习，使学生能够在短短六周内有所收获呢？这是我们面临的第二个难题。

我们认识的施工实习，业务上的要求是到生产中去，通过解决一两项实际工程问题，进行独立工作能力的锻炼；在思想上的要求是培养理论联系实际的学风，培养与工人结合、为工人服务的感情。这两点应是实习中贯彻始终的基本要求。要在六周时间内，而且又在宝钢这样的大工地中落实这个基本要求，必须改变过去学生在施工实习中的岗位是工长助手的做法，而且不要在形式上追求参加大型工程。因为学生做工长助手要熟悉工人，他们在短期内根本做不到；至于大型工程，虽然规模宏伟，但进展却很缓慢，学生短期内能插手解决的问题是不多的，因而对学习很不利。

因此，我们有意识地选择了大工地中有特点的小工程。学生在这些工程里实习，不但能够完成实习大纲的要求，而且能够很快地“脱鞋下水”，进入角色。在做法上，我们先让学生用一周时间全面参观宝钢的各种工程，以开阔眼界、扩大思路，也为选

择合适的小工程打下基础。然后将学生分成十二个小组，分别下到技术科室和施工队组，在相关十多个技术人员的具体指导下，结合生产任务，进行一个工程项目的实习。学生参加的工程项目有四类：①即将开工的施工准备工作，如一些技术方案和措施的制订和实施等；②未开工的工程施工组织设计，包括参加技术问题的调研和处理等；③结合地区和工程特点的施工专题调查研究；④施工方案的经济、技术分析。这四类题目中，既有施工技术问题，也有施工组织问题；既有施工专题调查，也有经济分析问题。学生在任何一类题目中，都首先要完成学习大纲要求，然后深入解决其中一两个工程问题，并写出具有一定深度的实习报告，就能得到一定的能力方面的锻炼。实习后期，在学生间再进行技术和思想交流，就能获得更多的知识，取得更大的收益。

这样安排，虽然初步解决了实习的基本要求和基本做法问题，学生这一头似乎想周全了。但是学生是需要教师和工地技术人员花时间去指导的。对工地技术人员来说，由于指导学生实习，要占用一部分工作时间，会影响他们生产任务的完成。这个被占用的时间，怎样来弥补呢？这又是实习能否顺利进行的另一个关键。为了解决这个问题，我们一方面要求学生在工地上要有生产观点，凡对生产有好处的事都要满腔热情地尽力去完成；另一方面尽量把实习要求和生产任务密切结合。我们向学生提出每个小组要做到1+2>1，也就是说一个技术人员带两个学生所完成的生产任务，一定要大于一个技术人员本来应该完成的生产任务。因此，学生在完成自身的实习要求外，还可能要为工地做些非实习要求的生产工作，如根据施工方案配制模板、钢筋，绘制现场施工用图纸，计算施工用工程量，或者翻译一些外文图纸、操作规程等。这些都受到工人和技术人员的欢迎。对学生说来，利用这些机会，熟悉了图纸、了解了工程，对完成自身的实习题目也有促进作用。

这样，对学生的实习要求明确了，对技术人员生产上的影响也得到了弥补；再加上学生的努力工作和教师、技术人员的认真指导，就为这次实习的正常进行进一步创造了条件。下面让我们看几例学生的实习效果。

1. 引导学生理论联系实际，解决生产中的实际问题

有一个小组，实习的内容是某工程施工前准备工作。该工程的不少构筑物是圆筒形或圆锥形钢筋混凝土水池。学生在看图纸和现场调查中发现许多圆锥形构筑物都是用木材做模板的，即使圆筒形构筑物也没有充分利用宝钢工地上的定型钢模板。为什么不能把这批钢模板尽量利用到圆形构筑物上去以节约木材呢？教师也启发他们：圆形构筑物用矩形钢模板问题值得深入研究，因而更坚定了学生去研究这个问题的信心。通过分析，他们认为不同厚度、高度、角度的筒形和锥形曲面，如果用矩形钢模定型的话是有规律可循的。在认真细致地调查了工艺要求、设计意图和现场施工技术条件后，学生们运用数学工具推导出一套计算公式，提出了用定型钢模板配模的合理组合，

制订了直径从1米到30米的圆筒形构筑物配模的系列方案，给出了一套便于应用的图表。以一个30米直径的圆筒形水池为例，新方案需用木材仅占原方案的2%。对于圆锥形构筑物，则制订了钢木混合配模的系列方案，给出了一套能用于不同圆锥形构筑物的计算公式、配板单元和拼装详图，比原方案可节约木材70%以上。他们所提出的“关于圆筒形构筑物配模方案”和“关于圆锥形构筑物模板标准化问题”两篇专题报告，受到工地的重视，认为是可行的，并准备在工程中进行试验。

2. 进行系统的专题调查，让学生在实践中提高独立工作能力

宝钢地处沿海，地下水位较高。很多厂房的基础工程需要经过人工降低地下水位后才能施工。我们安排了两名学生对宝钢及上海地区的降水技术进行调查总结，作为实习的要求。教师只给了他们一个题目，要求他们独立地拟定调查提纲、收集资料、阅读文献、选定调查工程、进行现场参观和操作，并对上海和宝钢降水工程的历史和现状，各种降水方案的技术措施、设备、效果、造价以及适用条件等问题进行系统的分析，并提出自己的看法。由于上海地区对降水工程有丰富的经验，在宝钢的工程实践中又有很多发展和创新，所以这个题目的内容是丰富的。又由于学生过去没有接触过这方面问题，联系面广，调查对象多，技术问题复杂，所以这个题目的难度又是大的。这两个学生经过20多个日日夜夜，翻阅了国内外各种文献，跑了七八个工程单位，在工人师傅指导下进行劳动操作以取得第一手资料，终于完成了这个专题调查，写出了《宝钢土建工程降水问题调查报告》。这份报告内容丰富，有理论、有工程实例、有经济分析，也有技术上的革新和发展，很多内容是现有教科书上找不到的。

3. 引导学生在劳动中建立劳动人民感情，解决工人迫切需要解决的技术问题

彩色压型钢板是宝钢普遍采用的一种从日本进口的新型屋面和墙面材料。为了节约外汇，我国用国产铝合金板代替了一部分彩色钢板，因而有一些技术问题尚待解决。我们安排两名学生在这个工程项目中进行实习，学习铝合金板在屋面施工中的安装技术。起初他们不安心，认为这个题目是建筑构造问题，与结构专业不符合。教师意识到学生之所以不安心是由于他们还没有真正到生产中去，必然不会理解生产所包含的内容以及需要解决的问题。于是启发他们要参加实际操作，向工人调查访问、虚心学习。当他们一次次在工地调研、参加劳动之后，思想发生了变化。当他们看到工人趴在40多米高的屋面上、身上捆着安全带、探着半个身子在固定铝合金板上操作的情景时，看到一天天缓慢的工程进度时，心情久久不能平静下来。他们想：能不能改善一下工人的劳动条件？问题究竟出在什么地方？当他们了解到主要问题是在固定铝合金板的挂钩螺拴上时，他们便全力以赴，把精力集中在改进挂钩螺拴这一关键问题上。

原来由于屋面刚度要求，我国制造的铝合金板比进口彩色钢板要厚，但挂钩还是

采用原来的尺寸，从而造成了目前施工中挂钩不能从屋面上单面安装的问题。因此工人劳动条件很差，也大大影响了工程进度。

一个个改进方案都没有成功，他们白天做试验，吃饭时也在讨论，晚上躺在床上还在想方案。最后终于用一个简单的方法解决了这一难题。他们将原来挂钩的短头向侧面弯了一个角度，到工地进行试验。一次、二次……最后终于找到了合理的角度，使挂钩能在星面板上面顺利地通过安装孔，卡在下面的槽钢上。挂钩螺拴单面安装的改革成功了。由于解决了工地生产中的一个实际问题，改善了劳动条件，提高了工效，得到了工人和技术人员的赞扬。

4. 引导学生进行经济分析，获得正确的经济观点

宝钢工地有大量的先进施工机械和设备，但是由于体制的不合理，施工组织管理的不完善，也存在一些浪费现象。因此，长期以来在人们思想里产生一种错觉，认为机械化施工是省工、省力、不省钱。参加水渣系统沉淀池混凝土施工的学生，在实习初期，根据宝钢机械设备的条件做了整套机械化混凝土施工的方案，就是用自动化搅拌站供应的混凝土，经搅拌运输车运送到工地，通过混凝土泵车和布料杆进行现场浇灌。这样可以大大节约劳动力。但是它是不是经济呢？为了使学生全面地认识问题，我们要求学生再做一个用人工浇灌混凝土的方案，与机械化方案进行经济技术比较。他们经过调查访问，根据现行材料和劳动定额，做出了两种方案的详细经济分析。结果证明，在宝钢这类工地上，用机械化方法浇灌混凝土，不但节省劳动力，速度快，而且造价也低。工地技术人员说，他们很早就想做这项工作，现在由学生做了出来，为今后正确推广和使用机械化施工方法提供了依据，也消除了一些人的不正确看法，是很有意义的。

大家看了四例实习效果后，也许会问，学生的施工实习是不是就是搞一两项革新？不是这样。譬如，搞挂钩螺栓革新的那组学生的实习题目是“大型铝合金屋面板的安装工程”，他们写了一份60多页的实习报告。做经济分析的那组学生的主要实习内容是“制定水渣系统沉淀池的全套混凝土施工方案”。总之，他们都是在完成实习大纲要求的前提下，再解决一两项实际工程需要解决的问题的。

三、几点体会

通过这次施工实习，我们有以下三点体会：

（1）实习的确是培养学生的必不可少的环节。这一点从学生的收获中可以看得很清楚。结7学生在实习中的表现突出，学习和工作都很主动，因而取得较大收获。关于业务上的收获，在前面几个例子中已经做了说明，这里只想引一些学生的话，看看他

们思想上的收获。有的学生说："看到宝钢这么宏伟的工程场面，真是激动人心，工程实际中有这么多课题要解决，只有通过实习才能知道。"有的学生说："实习使我对一个建筑物的施工全过程有了感性认识，对先进技术有了一定了解，并且向工人和技术人员学到了实际的工作方法和严肃认真的工作态度，体会到了工业化必走的道路。"有的学生在劳动中体会到了工人需要什么，又通过自己的努力，解决了一些工人需要解决的问题，实习后颇有体会地说："这才是知识分子和工人结合的道路！"结7班班长代表全班给班主任写信说："这次实习使我们了解了对技术人才的要求，了解了施工单位工作的性质，了解了学校和工作的关系，深感过去对'学习'的理解太狭隘了，单就这一点说，对我们今后学习和成长，也会带来深远影响。"这些话说得多么深刻呀！

此外，实习对培养学生独立工作能力也是一次不可少的锻炼。几年来的学校生活都是教师给学生安排得好好的，学生只要自己个人把书念好就行。而在这次实习中，我们却有意识地锻炼学生，凡能让学生独立干的事，尽量让他们自己去做。例如由系里统一买了车票后，由学生自己从北京乘火车到上海；教师定了实习题目后，由班委会确定学生分组名单；每天清晨，学生主动打扫驻地周围的卫生；早饭前后，他们分散在田埂上念外语，白天学生自己安排实习活动，晚上尽管天气闷热，蚊子成群，他们却能坚持学习，看资料、写报告，为第二天实习做准备，在紧张的实习中，他们能自动挤出时间搞义务劳动，为公司平场地、整花坛，美化环境；实习完成后学生自己组织交流；回校后办起实习报告的展览，给低班的同学们观摩。所有这一切活动都说明，通过实习，学生们得到了锻炼和成长。

由此可见，实习在整个教学计划中所占的比例虽然不大，但所起的作用却很重要。它是别的教学环节所代替不了的。学生在校学习，如果单纯从理论到理论，从书本到书本，是完不成工程师的基本训练的。所以，今后的实习环节不但要坚持下去；还要不断加以改进和加强。

（2）必须努力提高教师水平，加强教师在实习中的指导作用。这种实习方式之所以取得一定效果，结7班学生之所以取得一定成绩，和教师以及工地技术人员的正确指导是分不开的。由于有十二个题目，类型多、范围广，教师不可能面面俱到，在题目的具体指导上必须充分依靠工地技术人员的力量。即使如此，这种实习方式对教师的要求却比过去高得多。教师在实习前就要熟悉工地，提出可能进行的实习方式和实习题目；在实习中要不断引导学生进入角色，发现问题；在学生探索问题时，要帮助学生出点子，想办法；在学生得到一些结论后，又要帮助学生总结提高。为此，教师不但要全面熟悉所实习工地的工程情况、施工条件、管理体制和技术力量，而且要熟悉一些施工、结构、材料、经济等方面的专门业务知识。

有的教师在比较长的一段时间内没有到工地接触施工，对目前飞速发展的施工技术和管理方法是比较生疏的。因此，对他们说来，有一个再学习的任务，带学生去工地实习，就是一次很好的学习机会。这对教师进一步做到理论联系实际，了解国内外建筑技术发展的动态，提高教学质量，乃至提高教师的业务水平，都是十分必要的。我们希望今后能有更多的教师，特别是年轻教师，参加施工实习这个教学环节，不但在工地能得到锻炼与学习，也能够利用自己的学识和新思维把施工实习提高到一个新水平。

（3）搞好实习的关键是加强领导，统一认识，不断总结经验。目前在施工实习的内容、方式、具体安排上还存在着许多矛盾需要去解决，因此产生各种各样的看法是很自然的。只要我们不回避矛盾，认真去研究解决矛盾的办法，大家思想是能够统一起来的。这次实习，我们在施工教研组、建筑结构工程专业和系行政会议里进行过多次讨论，对实习的内容和方式提出了各种方案，但是在基本点上是一致的。即我们在加强基本理论的同时，不能忽视实践环节，要贯彻党的“教育与生产劳动相结合”的方针，引导学生走与工人相结合的道路，而施工实习是落实上述精神的必不可少的重要一环，应该坚持在实践中探索和改革。在实习方式上，经过反复酝酿，大家认为结合宝钢的实际，以目前所做施工专题——深入一项小工程，解决其中一两个实际施工问题的方式为好。在人力安排上，各有关教研组都派教师参加实习。系里对实习加强领导，施工教研组配备了较强的教师去宝钢，其他教研组也派出教师承担另一些班级的实习任务，共同来探索各类实习的经验。施工实习以后，我们初步做了总结，认为这次宝钢实习，虽然由于领导思想明确、教师和学生的共同努力，取得了一些比较好的经验；但这只是在宝钢工地和学生勤奋好学这两个具体条件下取得的。如果换了其他城市的工地，由于工程对象、技术力量的不同，这些做法就不一定合适，还要根据当时当地的条件，再摸索新的经验。也许今后的实习还会遇到更多的困难，也许找不到类似宝钢这样的工地，我们也要坚持下去，千方百计摸索在有限时间内搞好施工实习的经验。我们相信，认真摸索几届以后，一定可以找到一些关于搞好施工实习的结论。

（本文刊载于1982年2月《清华大学第十六次教学讨论会文集》，以土木环境工程系施工教研组名义发表，由罗福午执笔本文）

土木工程中的质量问题

20世纪70年代的“文化大革命”中期，我曾带领三个班的工农兵学员“开门办学”，赴河北省石家庄参加某军区的工程建设，边教学边设计。该工程完成后，又带领他们在石家庄第一、二、三建筑工程公司分别进行施工实习。实习期间遇到大量工程质量问题，使我们几个教师不但要辅导实习，还要协助工地的甲乙双方分析和处理这些工程质量问题。这促使我回校后进一步总结这些事故的教训，进行建筑结构工程质量问题的研究。1977年我们成立了“房屋设计与施工质量问题编写小组”，编写了一本《房屋设计与施工质量问题实例》，其中收集并总结了大小案例130余个。

1995年，我虽已退休，但心里一直惦记着教学，感到土木系只开出正面的学科理论课是不够的，学生还应该接受一些反面的工程知识，遂和有关教授合编了一本《建筑结构缺陷事故的分析及防治》，作为高班本科生和研究生选修课教材。这时适逢建设部因1985年国内出现多起建筑物倒塌事故，要求全国建筑工程企业从20世纪90年代起大抓工程质量。建设部干部学院、中国建筑工程总公司人才中心和建筑科学研究院培训中心，分别约我主持他们举办的“建筑工程质量问题的继续教育活动”。于是我将上述教材改编为《建筑工程质量缺陷事故分析及处理》作为教材，为河北、贵州、广西、广州、烟台、大连、兰州、海口等省市的工程技术人员，以及中建总公司的2000名项目经理分别做了20余次这方面的培训和研讨。这本教材经过多次使用，虽然符合技术和管理干部提高对工程质量的认识，但大家还建议应该增加道路、桥梁的工程质量问题。于是，我又与西安建工学院王毅红等教授合作，将它改编为《土木工程质量缺陷事故分析及处理（第二版）》出版，推荐兄弟院校和土建工程技术和管理人员使用。至今已发行十余万册。

（本文是《土木工程质量事故分析及处理（第二版）》第一章绪论的摘要，此教材曾获教育部2002年全国高等学校优秀教材奖，2012年获得清华大学优秀教材评选一等奖）

（一）

世界标准化组织（ISO）将“质量”定义为反映产品或服务满足明确或隐含需要能力的特征和特性的总和。土木工程产品的特性，是它们的适用性、安全可靠性和耐久性的总和，以建筑产品为例，可体现在以下四方面：

（1）建筑物要满足使用者对使用需求、舒适感和美感方面的需要；

（2）建筑物中的各种结构构件要有足够的承载能力和可靠度；

（3）建筑物在正常维护条件下具有足够的耐久性；

（4）建筑物在偶然事件发生时能保持整体稳定性，不至于失效或倒塌。

与此同时，建筑物的建造过程还具有以下四方面特征：

（1）单项性和群体性。它是按照建设使用单位的设计任务书单项进行设计和施工的。由于使用的多功能需求，它的设计和施工又都是由不同专业的设计人员和不同的工种交叉作业相互协作的结果。

（2）一次性和长期性。它的实施往往要求一次成功，它的质量要长期满足规范和合同的要求，它的不合格会长期对使用者造成损害和不便。

（3）高投入性和预约性。它的建成一般都要投入巨额资金、大量物资和人工，建造时间之长是一般制造业难以比拟的。同时它又必须通过招标、投标、决标和履约过程来选择施工单位，在现场进行施工才能建成。

（4）管理特殊性和风险性。它的施工地点和位置是固定的，操作人员却先后轮流上岗，因而它的管理具有特殊规律，它在自然环境中建造，周期长，大自然对它的损害以及可能遭遇的社会风险很多，工程质量必然会面临更多挑战。

由此可见，土木工程的质量与人们的居住、生活和工作，与各行业的建设、生产和发展，与国民经济的投入、产出和规划休戚相关。它的缺陷、破坏、事故乃至倒塌带来的严重性和灾害性十分突出。

为了上述特性和特征所反映的质量问题，国家要制定设计统一标准、规范、规程和质量检验评定标准，设计单位要为建设项目制定设计任务书和图纸，建设部门要与施工单位签订合同。这些都是为了“明确的”质量需要。此外还有“隐含的”质量需要，就是使用者对建设项目功能方面的合理需求，传统的设计和施工做法等。

质量还是“发展中”的需要。随着生产力发展、科技进步以及生活水平的提高和对事物认识的深化，人们对质量的需求将会愈来愈高。所以，对土木工程质量的需要必然是动态的和不断提高的。

（二）

土木工程中出现质量问题，轻则存在种种缺陷，重则发生各种破坏，甚至出现局部或整体倒塌的重大事故。

1. 缺陷

缺陷是由人为的（勘察、设计、施工、使用）或自然的（地质、气候）原因使建筑物、道路或桥梁出现影响正常使用，承载力、耐久性、整体稳定性的种种不足的统称。它又有三种类别：

◎ 轻微缺陷：它们不影响近期使用，也不影响结构的承载力及其完整性，但却有碍观瞻或影响耐久性。例如墙面不平整、地面混凝土龟裂、钢板有划痕等。

◎ 使用缺陷：它们不影响结构的承载能力，却影响实用功能；有时还会使人有不舒适或不安全感。例如屋面、墙面渗漏，地面不平甚至下凹，装饰物受损等。

◎ 危机承载力缺陷：它们或表现为材料的强度不足，或表现为结构构件的截面尺寸不够，或表现为连接构造质量低劣。例如混凝土振捣不实、配筋欠缺，焊缝有裂纹、咬边现象，地基发生过大沉降等。这类缺陷威胁到结构的承载力和稳定性，如不及时消除，可能导致局部或整体破坏。

缺陷可能是暴露的，也可能是隐蔽的。后者更危险，因为它有良好外表的假象，一旦有所发展后果可能很严重。缺陷的发展则是破坏。

2. 破坏

破坏是指结构构件或构件截面在荷载、变形作用下承载力和使用性能失效的协议标志。例如：

◎ 截面破坏，指结构构件的某个截面由于材料达到协议规定的某个应力值或应变值所形成的破坏。这时，该截面所能承受的力不能再增加，就是该截面破坏。对静定结构构件说，截面破坏就是构件破坏；但对超静定结构构件说，某个截面破坏并不等于这个构件发生破坏。

◎ 构件破坏，指结构的某个构件由于达到某些协议检验指标所形成的破坏。例如上述钢筋混凝土梁，如果受拉主筋处的最大裂缝宽度达到1.5mm，挠度达到1/5跨度时，即认为该梁发生破坏。正因为破坏是一种人为的协议标志，要十分注意构件受力和变形达到规范允许值和协议标志之间的状态，并将它称为“临近破坏”。临近破坏是破坏的前兆，有这种临近破坏前兆的称为“延性破坏”，无这种临近破坏前兆的称为“脆性破坏”。后者在设计中时要尽量避免。

3. 倒塌

倒塌是土木工程结构在多种荷载和变形共同作用下稳定性和整体性完全丧失的表现。局部丧失的称为“局部倒塌”，整个结构物丧失的称为“整体倒塌”。倒塌具有突发性，是不可修复的；但倒塌不是不可避免的。以建筑物为例，它的倒塌一般经过以下几个阶段：

◎ 结构承载力的减弱；

◎ 结构超越所能承受的极限内力或极限变形；

◎ 结构的稳定性和整体性丧失；

◎ 结构的薄弱部位先行突然破坏、失效、移动甚至倾倒；

◎ 局部或整体结构倒塌。

4. 事故及其级别

土木工程的临近破坏、破坏和倒塌统称质量事故。也可认为由于勘察、设计、施工、实验检测等责任过失，使该土木工程在预定寿命内遭受损毁或产生不可弥补的缺陷，以致造成人员伤亡或财产损失，需要予以加固、补强、返工处理的，统称为事故。事故又按其严重程度区分为：特别重大事故、重大事故、较大事故和一般事故。国务院和有关部门对它们都有十分明确的规定。

（三）

关系土木工程质量问题的有四个要素：技术、管理、人员素质和社会环境。它们之间组成了一个息息相关的“质量链”如图1所示：

这四方面的关系如下：

（1）质量问题之所以发生，一是由于设计、施工技术水平的低下，二是因为管理中存在的弊端。而且往往是市场的无序和企（事）业单位的管理不善直接导致事故的发生。

（2）设计、施工技术水平低下和管理制度不善、不严，与从事人员的素质低下直接相关。

（3）提高从事土建业人员素质的根本途径，是在努力学好科技知识的基础上提高专业技术水平，建立工程质量意识。“意识”，是人们对现实事物有组织的反映。“建立质量意识”表现为加深对工程质量特性、特征、概念、表现和影响因素的理性认识，使自己把握工程质量的行动更有目的性、自觉性和能动性。

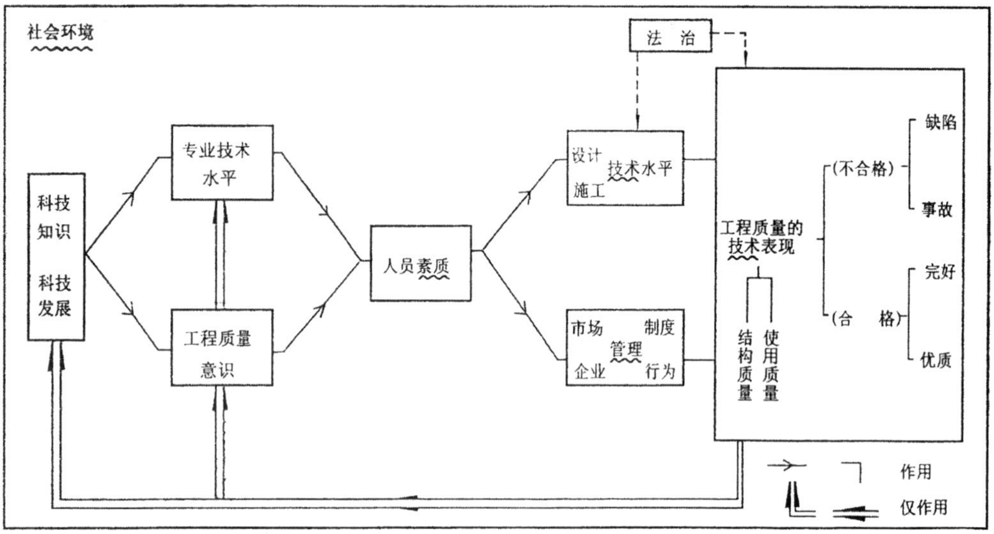

图1　技术、管理、人员素质和社会环境“质量链”

（4）社会环境对提高工程质量有很大影响。《建筑法》《公路法》《建设工程质量管理条例》等法治文件的颁布和坚定执行，科技的持续发展，社会环境的改善……无疑会使土木工程的质量逐渐得到根本性的提高。

（四）

土木工程质量事故发生后必须认真地进行分析，找出产生事故的真正原因，吸取经验教训，提出今后的防治措施，杜绝类似事故再次发生。

事故的分析过程大体要经过以下几个基本阶段：

（1）观察记录事故现场的全部实况。其中首先要保持现场原状，留下实况照片，对倒塌构件残骸进行描述、测绘、取样，对未倒塌的地段也做相应处理，以做对比；对现场地基土层（或岩层）进行补充勘察，了解实际基础持力层和下卧层及地下水的情况；了解实际的基础做法；对现场结构实际所用材料取样；对施工时提供材料、构配件的厂家进行实地调查、取样检测；对施工现场的管理人员、质监人员、工人、设计代表、抢救指挥人员和幸存者进行详尽的询问和访谈，等等。

（2）收集、调查与事故有关的全部设计和施工文件。其包括各种报建文件、招标发包文件和委托监理文件，建设单位的委托设计任务书，全部设计图纸、设计说明书和结构计算书，要求更改设计的文件，勘察报告以及作为设计和施工依据的本地区专门文件，施工记录和质量记录文件，隐蔽工程验收文件等。

（3）找出可能产生事故的所有因素。如设计方案、结构计算、构造做法，材料和半成品构配件的质量，施工技术方案，施工中各工种的实施质量，地质条件，气候条件，以及建设单位在设计或施工中的不合理干预、不正常使用，使用环境的变更等。

（4）从上述全部因素中分析导致发生破坏的主导因素，以及因其连锁破坏的其他原因。但这只是初步的分析判断。

（5）进一步还要通过现场取样的实际检测、理论分析或模拟试验对破坏现象、倒塌原因加以深入的论证。理论分析指根据实际荷载、实际支承条件、实际尺寸、实际材料强度用结构力学和各类结构原理的方法进行分析；或者根据实际成分、实际配比、实际介质环境条件用化学的方法进行分析。模拟试验宜采用足尺或缩尺（比例不能太小）的模型；其中可以做构件模型，可以做节点模型，可以做原材料模型，也可以做其他材料（如光弹性材料）的模型。

（6）解释发生质量事故的全过程（要听取设计、施工建设单位的分析报告，作为参考）。

（7）提出质量事故的分析结论和应该吸取的经验教训，对事故的责任进行仲裁。上述几个基本阶段可用下页框图表示（图2）。

一项高质量的质量事故分析必然要遵循以下六点基本原则：

◎ 信息的客观性；
◎ 原因的综合性；
◎ 方法的科学性；
◎ 过程的回顾性；
◎ 判断的准确性；
◎ 结论的教育性。

由此可见，质量事故分析具有对事物进行判别、诊断和仲裁的性质，它与一般认识事物不同。“认识”指人脑对一些明确的事物所属客观属性和联系的反映，是客观性的认识和结果。“质量事故分析”则是对一堆模糊不清的事物和现象所属客观属性和联系的反映，它的准确性和参与分析人的学识、经验和认真态度有极大的关系。所以，“质量事故分析”是一种主体性的认识和过程。

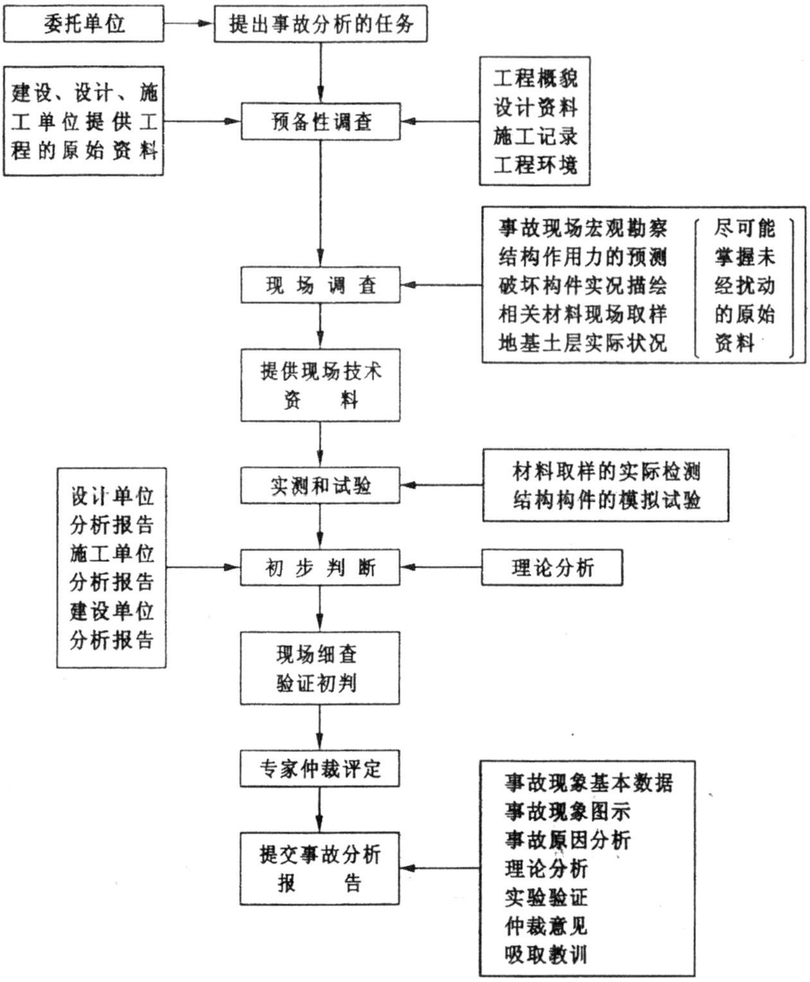

图2　事故仲裁基本流程

（本文撰写于1997年，后引入《建筑工程质量缺陷事故分析及处理》和《土木工程质量事故分析及处理（第二版）》的第一章）

土木工程师的培养和形成

当前世界正处于科学技术迅猛发展、国力竞争空前激烈、经济危机方兴未艾、气候能源受损短缺的洪流中。上海世博会更使我们看到城市飞速发展的步伐和人类生活更美好的宏愿，使我们亲身感受到以土木工程为背景的国际竞争，以及我国加快建设社会主义创新型国家和加速培养创新型科技人才的迫切性。

改革开放以来，我国以三峡工程、青藏铁路和北京奥运、上海世博为标志的土木工程建设，增强了我国的综合国力，提高了我国的国际地位。全国正面临大兴土木与社会结构改革、经济转型相应的建设高潮。在这个大好形势下，我们迫切需要一批批有创造力的土木工程师作为经济建设的中流砥柱。但是我国现有土木工程离自主创新的目标还有不少差距；现有土木工程师中不少人还缺乏创新型人才应有的素质；在一些土木工程建设过程中还存在不少质量问题和不可容忍的腐败现象；培养土木工程师的教育渠道还有待提高；对“工程教育”的认识和实践还有待加强；有些土木工程企业还有待于开展提高工程人才素质的“继续工程教育”；青年中还有不少人存在着“学习土木，又土又木”的误解……这一切，难以和当前我国建设创新型国家、实施“科教兴国”“人才强国”的迫切需要相向而行，应该引起教育、工程、企业乃至社会各界的关注。

要培养成一代代有创造力的土木工程师，需要全社会对土木工程、土木工程师的价值和伦理准则，以及土木工程师的培养和形成有明确的共识。只有具备共识，才能更有力地推动高等院校和土木工程企业多方面的改革，建立培养和形成高质量土木工程师的有效机制；才能树立起“土木工程为人人，人人关心土木工程”的社会意识。

一、对“土木工程”的认识

什么是工程？有人认为是将科学原理应用于生产建设的学科总称，有人认为是用科学知识为人类服务的技术，有人认为是一些重大事业的计划或者一些与政绩有关的社会活动如希望工程、形象工程……

显然，这是一些不完整的认识。学科的范畴是知识，工程的范畴却是实践。技术固然和工程相应，但工程还和政治、经济、法律、美学、伦理息息相关。

20世纪90年代，美国工程教育界将工程定义为“工程是关于科学知识的开发应用和关于技术的开发应用，在物质、经济、人力、政治和文化限制内满足社会需要的一种有创造力的专业”。这个定义较全面地展现了工程的内涵。若将它的最后一句改为“一种有创造力的建设实践”，可能更为确切。由此可见，工程具有四个基本属性：社会性（随社会不同历史时期发展，与时俱进），综合性（利用多种科学技术成果），技术、艺术、经济统一性（人类需求的必然）和有创造力的实践性（工程的本质）。

土木工程要解决的问题，首先表现为形成人类生活和活动所需要的功能良好并舒适美观的空间、通道、环境，这是土木工程的出发点；其次表现为能够抵御自然和人为的作用力如重力、地震力、爆炸力等，这是土木工程所以存在的原因；再次表现为利用自然资源，充分发挥所用材料的作用，尽可能地保护自然、节约能源，土地、能源和材料是土木工程的物质条件；最后表现为通过技术和管理手段把工程设施建造成功并付诸使用，这是土木工程的归宿。土木工程必须做到“安全、实用、经济、美观”；土木工程的建设过程必须“又好、又快、又省”。土木工程的要素如图1所示：

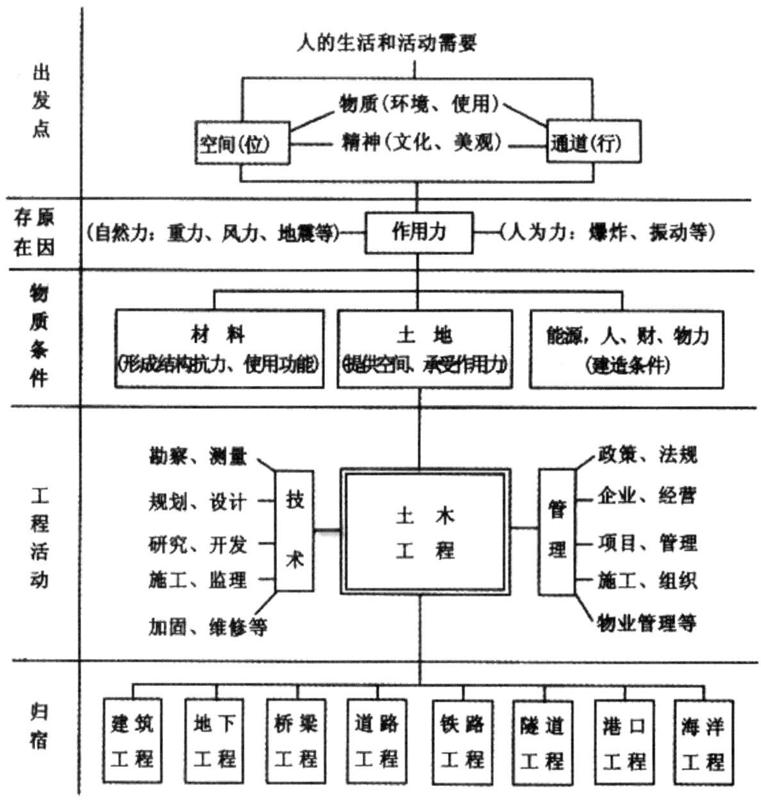

图1　土木工程的要素

由图1可知，土木工程的实践活动丰富多彩，它与天、与地、与人的需要休戚相关，这是它与其他工程有别的地方。土木工程的英文为civil engineering，civil直译为“民间的”。为什么英文将它称为民间的工程呢？原来在18世纪时只有“军事的”和“民间的”两类工程，后来科学技术发展了，机械、电机、化工类工程等先后从民间的工程中分出来，改名机械工程、电机工程、化工工程……Civil E.留给了土木工程至今（当前国内也有将水利工程从Civil E.中划出的趋向）。这个发展过程既说明土木工程的历史悠久，又是土木工程与人民生活更为密切的见证。

二、对“土木工程师”的认识

土木工程师是从事土木工程规划、设计、建造、开发、管理等方面的工程师。什么样的人才可以成为工程师呢？美国工程师专业发展委员会（ECPD）曾有四点描述，值得借鉴：

（1）工程师应有坚实的数学、基础科学原理和工程技术知识的基础（指知识理论基础）；

（2）工程师是新概念形成者、设计者、开发者、标准制定者，会规划、预测、系统化和评价（指工作能力）；

（3）工程师的工作与公众的安全、健康、福利和财产密切相关（指社会职责）；

（4）创新是工程师的核心任务（指工程的本质和时代的需求）。

对现代工程师的社会职责来说，只提“与公众安全、健康、福利、财产密切相关”是不够的。土木工程是一项改造自然、建设人工环境的实践活动，它的发展与自然环境存在着必然矛盾。以城市建设为例，据上海世博会有关资料估计，至2050年，预计世界人口的70%将成为城市人口。这一快速膨胀的城市化进程，给人类社会带来重大挑战：它一方面容纳了社会大部分经济活动，另一方面却要消耗大量能源、过度占有土地。这几年全世界气候变暖、能源短缺、环境污染的严酷现实，使我们清醒地认识到21世纪土木工程师更为重要的一项社会职责，就是“保障生态、环境和社会的可持续发展”。

土木工程师大体有以下四种类型：

（1）技术实施型——从事规划、设计、施工、检测等专业技术工作；

（2）工程管理型——以专业技术为背景，从事决策、计划、组织、控制、营销等方面工作；

（3）研究开发型——从事技术开发、基础研究、制定标准等方面工作；

（4）其他类型——从事咨询、继续工程教育等方面工作。

对一个现代土木工程师来说，不论哪种类型，都应该具备以下一些能力、意识和思想感情（表1）：

表1　土木工程需具备的能力

专业技术方面	非专业技术方面
有现代知识技能，多快好省地完成工程目标的能力	有坚定的事业心和责任感，遵守工程师的伦理准则
有充分了解、应用现有和前沿科学技术信息的能力	有社会意识，懂得公众需求，符合可持续发展的需要
有系统综合地规划协调多专业工种互相关系的能力	有政法意识，遵守国家法律法规政策，建设好工程
有独立见解，能明辨是非，具备改革和创新的能力	有市场意识，能够在人财物时空约束下合理完成任务

如果说在专业技术方面的要求，指的是工程师应有的知识和行为；那么在非专业技术方面的要求，指的是感情和意识。意识，是人对现实有组织的反映，并且是能使人的行动具有自觉性的认识。只有在“知、情、意、行”四个方面有高标准的要求，才能塑造一个高质量、有创造力的现代土木工程师。这一点，对于为建设创新型国家负有重要责任的我国土木工程师来说，尤其重要。

由于土木工程具有“单向性”和“群体性”的特征（指土木工程都是按照某个项目设计任务书的要求，由多个工种进行单项设计、单项施工的），土木工程师的岗位往往在变化中：这几年是设计工程师，过几年可能是施工工程师；今年是技术实施型工程师，明年也许成为管理型工程师……所以土木工程师的知识和能力应该既专又博。当从事某一项专业技术工作时，就要努力成为这方面的专家，对非技术方面或其他交叉知识方面要有“宽而博”的理解和认识。经过多年的历练和积累，就能够形成为一个知深识广的高级土木工程建设人才。

我国首届工程师学会成立于1912年，首任会长是詹天佑工程师（1861—1919），他在1905—1909年创造了中国独立建造铁路（京张铁路）的伟大业绩。在当时国内外政治经济巨大压力下，他在崇山峻岭的复杂地形地质上，以有限经费（仅及当时其他列强在中国建造铁路造价的1/3—1/2），建造了越过海拔2000米八达岭的京张铁路，成为驰名中外的世界奇迹。该铁路的列车能爬坡3.333%也成为世界之最。他对铁路工程的高度责任心、自信心和独立自主的决心，广博精深的学术造诣和一丝不苟的科学作风，一直是中国土木工程师的楷模。他的“必须先品行而后学问”“既需学问尤重经验”的人才观和工程实践的教育观，也是今天培养和教育土木工程师的丰富宝藏。

三、土木工程师的价值和伦理准则

价值，在日常生活中指人物或事物的功能和作用。从哲学意义上说，则是“一种客体本身具有的属性同主体需要之间的关系”。对这种关系的评价构成人们的价值观。

土木工程是涉及社会福利、人民生活和生命财产的建设实践活动。作为它的主要参加者——土木工程师，是为全社会建房、筑路、架桥的专业人才。社会把人民切身的住、行需要，以巨额的资金、庞大的人力物力托付给土木工程师，给予土木工程师高度的公众信赖。土木工程师不但应该恪守国家的法律政策、遵守行业的行为标准，更需要发扬工程人的道德良知和高标准的伦理准则，来执行人民赋予的任务、提升工程的质效、回报公众的信赖，这是土木工程师的价值所在。按照这种价值关系，构成了社会对于土木工程师的价值观和土木工程师自律的伦理观。

从另一方面说，我国现实土木工程建设过程中频频出现的腐败现象，以及时有发生的桥断路陷、房屋倒塌、质量低劣的种种事故，早已引起社会广大人民群众的不安和疑虑，也应引起土木工程界和土木工程教育界的扪心自问。我们深感需要建立和加强对土木工程人才在工程伦理观方面的教育，使受教育者认识到自己所承担的社会责任（看到汶川、玉树地震中深埋在混凝土碎块中的同胞，尤其感到这个责任的沉重），提高自己的职业素养和道德敏感性。

土木工程师伦理准则的基本点似乎应该包含以下内容：

（1）以社会人民公众的安全和福利，作为最重要的因素来执行自身的专业职务；

（2）将保障社会、资源、生态和环境的可持续发展，作为自身的社会职责和行动准则；

（3）在自己资质、能力范围内提供专业服务，恪守法律政策，遵循本行业行为标准；

（4）在提供服务中要诚实、守信、公正、客观、平等，避免欺骗、虚假、偏颇、渎职倾向；

（5）在专业职务中，对公众、业主、委托单位、合作单位负责，谨守本分，尊重他人的工作；

（6）有忠诚的使命感事业心，有执着追求新事物的风范，有不畏艰难嫉恶如仇的斗志。

工程伦理是社会伦理的延续。后者以社会与自然的和谐相处、人与人之间的互尊互动、弘扬美德、提升人格为内涵，它们是一切伦理的基础。因而土木工程师的伦理准则基本点还应覆盖这方面的种种细则：如保障福利、节能降耗、保护环境措施的应用，对工程机密的态度，与领导者、同业工程师、各类技术和管理人员等的关系和利益矛盾，在技术和管理方面的主导或咨询作用，在工程活动中遇到风险和灾难时的作为，在提出建议、制定决策、判断是非、发表研究成果方面的注意事项，等等。

建立土木工程师伦理准则是一项复杂艰巨的工作。需要土木工程界做深入的调查研究、讨论探索和试验实践，这些都是要花大力气的。此外，还需要“从娃娃抓起”，也就是在高校土木工程专业教学计划中，有意识地加设专业思想教育和工程伦理方面的课程或讲座，并尽可能地把一些工程伦理问题整合在相应课程的教学中，以便大学生在学习过程中加深对工程职业和实践中伦理特征的认识，开阔视野，提高人文素质和人格修养；这也将是保证就业及事业有成的必要条件。

四、土木工程师的培养和形成

高等院校土木工程及相应专业，是培养土木工程师的摇篮，也是培养土木工程学科方面科技创新人才的第一平台。由于高等本科教育只是专业的基础教育，对工科学生培养的实质是“进行工程师的基本训练”。学生毕业后在工程岗位上的职称只是助理工程师，经过几年在工程实践中的努力并通过相应评审，才能成为工程师或注册工程师。（工程师是职称，注册工程师才是执业工程师）他们在校和在后续工程实践中所获得的知、情、意、行，如表2所示。

表2　工程师应具备的能力

在校获得（工程师基本训练 training）	工程实践中成长（工程师形成 formation）
知：知识（科技、人文）技能和很强的获取信息能力	接受工程的实际知识（能否、可否、应否、值否）
情：爱国情、使命感、社会责任心、对新事物敏感性	完成生产任务的业绩，对工程的高度责任心和信念
意：自觉的工程意识，参与工程建设的坚定意向	具备良好的沟通、交流、创新、经营的意识和能力
行：初步的创新能力，如实践、协作、经营、创新等	掌握从事工程所需技能，积累实际工作的丰富经验

由此可见，土木工程师的培养，是高校和土木工程企业共同作用的结果。做好“工程师的基本训练”和重视“毕业生就业初期指导”是形成高质量土木工程师的基本条件。这就像种树既要有好树苗，还要在植树初期浇水，以后才能健康成长一样；本固才能枝茂。

如果以上述模式认识和培养土木工程师，为了迎接国家迫切需要创新人才的挑战，按照当前国务院通过的教改规划纲要，高校土木工程专业教育改革的方向应该是：

（1）充分认识“工程师基本训练”和“创新人才第一平台”的含义，把教育过程的重点放在“工程实践教育”和“培养学生创新的意识和能力”上。

（2）使学生扎实打好本专业主干学科的理论基础，改善专业课过细过多的课堂教学，拓宽工程技术和人文社会科学的基本知识面，注意工程历史和工程伦理方面的教育。

（3）增加文献阅读、信息收集、模型试验、现场示教、案例教学、问题讨论、小型研讨等具有自主学习的有活力的教学环节；强化和利用实验室、资料室、教学网站、模型室。

（4）大力加强工程实践环节，如进行有创意的工程设计、生产实际的见习，开设

"面向工程项目"（如 CDIO 即"构思—设计—实现—运作"）的课程教学，增加工程实践环节的学时等。

（5）聘请有工程实践经验的工程师参与教学过程和教学评价活动。

土木工程企业如工程公司、设计院、研究院等，则是国家经济建设的主力和科技创新的主体。他们的职能，在生产、科研、服务、获利以外，都还具有与高等院校一起共同参与国家培养人才和科技创新的重任。"产学研结合"是双方的共同作用面，如图2所示：

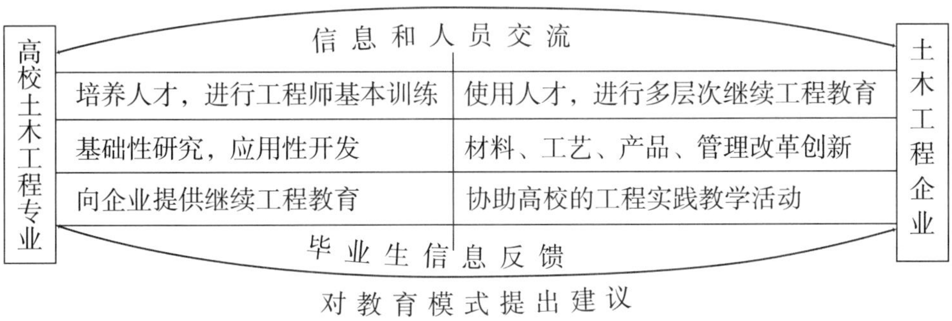

图2　"产学研结合"共同作用面

在上述共同作用面中，继续工程教育既是国家发展的战略措施和企业发展的重要保证，也是工程师形成，进而成为创新型工程科技人才的基本途径。我国土木工程界和教育界历来十分重视继续工程教育，如中国建筑工程总公司在1981年就建立了培训中心，20世纪90年代扩大为管理学院。许多高等院校更是协助各地土木工程企业举办多类培训班。它们都为提高企业技术和管理水平、更新企业就业人员的知识技能起了重要作用。在继续工程教育的系列层次中，还应增设"对新就业大学毕业生进行岗位指导和考察"的初级层次，这是从造就创新型工程科技人才的整体教育需要出发的。

教育，是培养人才的社会活动，它同社会发展和人的发展有密切关系。土木工程师是在校培养和在工程实践中形成、成长的，是一个客观存在的必然相继的教育过程。因而土木工程企业界有必要建立起"以人为本，建设育人"的教育理念，认识到优秀人才是日常生产和自主创新的重要力量，更是"科教兴国""人才强国"的保障。只有人才成长的进程与企业进步的速度相适应，才能使企业得到良好的可持续发展。所以加强企业对自身工程人员的继续工程教育，健全它的层次和体系（譬如设立对新就业人员提供初级培训、对在职工程师提供定期和交叉培训、对有成就的工程师提供创新培训的体系等），使企业的人力资源不断增值和积累，才能使企业得到持续发展的动力。其中对新就业大学毕业生进行岗位指导和考察的初级培训较为重要。它可以弥补学校在工程师基本训练中必然存在的与本企业相关的工程知识和实践能力上的不足，使企业的新生力量得以快速成长。而这正是企业发展的希望所在。

如果企业能有意识地安排这样一个继续工程教育的层次，让新就业大学毕业生分期在今后可能从事的岗位上轮训，由资深工程师以丰富的实际经验和前沿知识加以指导和考察，就像医院里的住院医师要轮换几个科室，在该科室教授或主任医师的指导下进行实际临床工作，经考察合格后才能担任主治医师一样。这样，经过一两年实际工作和考察所形成的在业工程师，应该比只经过自己努力成长的具有更快的进程和更高的水平。他们将来成为创新型工程科技人才更是指日可待。综上所述，使我们认识到：

土木工程是一个与人民美好生活和社会可持续发展唇齿相依的有创造力的实践活动；

土木工程以有创造力的土木工程师为核心，实现他们为人类和社会忠诚献身的价值；

土木工程师培养和形成具有教育整体性，高校是培养他们的摇篮，企业是他们形成的基地；

高等院校要以工程教育的理念，使受教育者有扎实理论的基础、爱国敬业的感情、开拓创新的思维和工程实践的意识；

企业要以不断创新的工程实践和多层次的继续工程教育，努力提高所使用人才在“知、情、意、行”方面的素质；

随着我国大规模经济建设的发展，“人人关心土木工程”的社会意识一定会实现，土木工程师也一定会博得社会公众的信赖和尊重。

（本文曾刊载于《中国建设教育》2010年第7—8期“共同关注”栏目）

第三篇　清华求索

——高等工程教育研究

高等工程教育是一门科学。它的特征是以技术科学和高等教育原理为主要学科基础，以培养工程师为主要目标。我国曾经有不少专家、学者对高等工程教育进行过总结、提出过建议、发表过论文，但却没有人或组织进行过系统的研究。

1982年，国家教委高教二司（高等工业教育司）领导提出，由高教二司和国家教委直属工业院校的教育研究人员一起组成“高等工程教育研究协作组”（简称协作组），就国家教育科学“六五”和“七五”规划的重点课题如“高等工程教育结构改革的研究”等进行研究，以便使研究的成果与行政的决策相吻合。同时创办学术性刊物《高等工程教育研究》。

协作组由高教二司领导，清华大学、西安交通大学、东南大学、华中工学院、上海交通大学、天津大学、重庆大学、大连工学院、华南工学院、华东化工学院、成都科技大学、同济大学12所院校的教育研究人员参加（华侨大学列席）；在1982—1992年，完成了“高等工程本科教育的研究与改革”“专业划分、设置和调整”和“高等学校教育评估”等课题。出版了《中国高等工程教育》《高等学校教育鉴定与水平评估》两本专著。1990年，协作组研究的成果“高等工程本科教育的研究与改革”，获得全国首届教育科学优秀成果评选一等奖。

清华大学副校长张光斗教授曾是协作组的第一届组长，并提出1990年在杭州由协作组主办“国际高等工程教育学术讨论会（ISHEE）”。我则曾被提名为第一届协作组的秘书长兼司库，以及国际高等工程教育学术讨论会的副秘书长，这是清华校领导和张光斗教授对我在教育领域的培养。

国家教委直属高等工业院校教育研究协作组的同事们。二排中为第二届协作组长庄理庭校长，右三为高等教育学专家潘懋元教授，左三为高教二司副司长王冀生，右一为第二届秘书长张世煌教授（1988）

国家教育科学重点课题“高等工程本科教育的研究与改革”及其专著《中国高等工程教育》鉴定会。前排右三为前教育部副部长黄辛白，右一为张光斗（第一届协作组长），前排其余四位为资深院士（1991）

《国际高等工程教育学术讨论会论文集》（左两册）
和《中国高等工程教育》（中上册）
两本《高等学校教育评估》的专著（右两册）

教育研究使我认识了教育的内涵

1982年下学期，清华大学两位党委书记艾知生、李传信找我谈话，决定调我为清华教育研究室副主任，代表学校参加国家教委高教二司（高等工业教育司）主持的“高等工程教育研究协作组”（简称协作组）开展高等工程教育的研究。党委征求我本人意见，我表示接受组织安排，但希望仅半时参加，另半时仍留在土木系授课，不脱离本学科的教学任务，还可以将它作为教育研究的实践环节。党委同意我的意见，于是我开始了自己的教育研究生涯。

协作组由高教二司具体领导，清华大学、西安交通大学、东南大学、上海交通大学、重庆大学、天津大学、大连工学院、华中工学院、华南工学院、华东化工学院、成都科技大学、同济大学12所教委直属高校的代表组成（华侨大学列席），每校三人或四人。清华的代表是副校长张光斗、教务长吕森、教务处长王森和我（王森不久因调任工作退出）。研究的主课题是“高等工程教育结构改革”（“六五”规划重点课题），其中分课题有“专业的设置和调整”“高等工程本科教育的研究和改革”“高等学校教育评估”。研究的目的是将高等工程教育的行政决策和教育的科学研究成果相结合。下面为清晰起见，按年份列出我参加教育研究的大致历程：

1982年　为准备参加教育研究阅读《高等教育学》《教学论》《教育心理学》《认识和方法论》等文献，充实自己的教育观念；并参加协作组的研究会议，讨论高等工程教育有哪些理论问题需要开展研究，如学制年限、专业设置、教学规律等。

1983年　参加“专业的设置和调整”课题研究，并收集清华各系提交的论文；在协作组首次专题研究会上做本课题的论文综述。参加国家教委和各工业部委召开的“高等工程教育专业调整会议”。

1984年　参加"教学规律和原则"的研究，提交论文；其间翻译我在1982年访美时得到的《美国高等工程教育鉴定细则》，引起国家教委和北京市高等教育局领导对高等工业院校教育评估的重视；我被选任协作组第一届秘书长，任期三年。

1985年　按照国家教委的部署，协作组启动"高等工业学校教育评估"专题研究，召开多次关于教育评估的研讨会。

国家教委在镜泊湖召开"高等工程教育评估问题专题讨论会"，全国38个高等院校和7个部委代表参加；我们代表清华大学提出"评估方案和相应指标体系"；我应《中国教育报》约，在该报发表三篇介绍美国、苏联高校评估和建立我国高等工程教育评估制度建议的文章。

1986—1989年　协作组分别在各协作组参与学校召开多次专题研究会，开展"教学规律和教学原则""本科教育的研究和改革"和"高等学校教育评估"的研究，并决定在这些研究的基础上编写《中国高等工程教育》和准备编写《高等学校教育鉴定与水平评估》两本专著；协作组委托一些学校代表赴各高校宣讲教育评估的基本概念和方法；我分工编写前本专著中的"教学原理"一章，并担任后本专著的副主编；赴各校参加宣讲"教育评估的基本概念和方法"的活动。我向协作组递交"刍议教育思想的转变"和"高等工程教育科学的若干理论问题"的报告。

1989年　受清华校党委宣传部的委托，我在清华校内为各系教师开设"教学原理"讲座。

1990年　协作组在第一任组长张光斗教授建议下举办"国际高等工程教育学术讨论会"（ISNEE）；此会在杭州召开，浙江大学教务长薛继良为秘书长，我曾作为副秘书长，负责收集国外专家的论文。教委公布"普通高等学校教育评估暂行规定"（国家教委第14号令）；我作为拟定评估指标体系小组的组长代教委拟出暂行规定中"高校教育评估指标体系"的参考方案。

《中国高等工程教育》专著中由各校代表参与编写的各章均顺利脱稿。

1991—1992年 协作组研究课题“高等工程本科教育的研究和改革”及其专著《中国高等工程教育》由国家重点教育课题鉴定会鉴定；鉴定会在清华大学甲所召开，前教育部部长黄辛白、工程院院士师昌绪等主持鉴定并通过。

1992年 我写的专著中“教学原理”章在《高等工程教育研究》刊物上连载。协作组研究的课题“高等工程本科教育的研究与改革”获得全国首届教育科学优秀成果一等奖。由北航许建钺主编协作组成员参编的《高等学校教育鉴定与水平评估》专著出版。

协作组在完成研究任务后解散。高教二司推荐我列席“高等工程专科学校教务处长联席会议”，于是我又参与一些高等工业专科院校校内评估、教改课题研究以及某些课程改革的研究。

1995年 《中国高等工程教育》专著出版。我与天津大学教务长王致和、同济大学教务长曹善华合作主编的《高等学校教育评估》同年出版。

1997年 参加北师大举办的“高等教育质量保证与评估国际研讨会”（HEQA），我提交“学生在自主学习中自我评估”的论文。

2005—2007年 为《中国建设教育》刊物撰写关于“大学工程教学原理”的论文16篇，自2005年第1期至2006年第10期连载，并于2007年合订为《大学工程教学十六讲》一书，由清华大学出版社出版。

2008年 受“中国建设教育协会”约请，为该会举办的师资培训班主讲“大学工程教学基本原理”三期。

从1982—1992年的十年间，我因高等工程教育发展的需要，参与协作组开展的高等工程教育研究，从一个普通教师成长为一名兼职的高等教育研究员，经历了一个学习、思考、探索、实践、总结的过程，深感大学教师也应该学习一些教育理论。现将几点感受列举如下。

（一）认识了高等教育研究的重要性

教育（尤其是高等教育），不仅是培养人才的社会活动，更密切联系着社会的发展

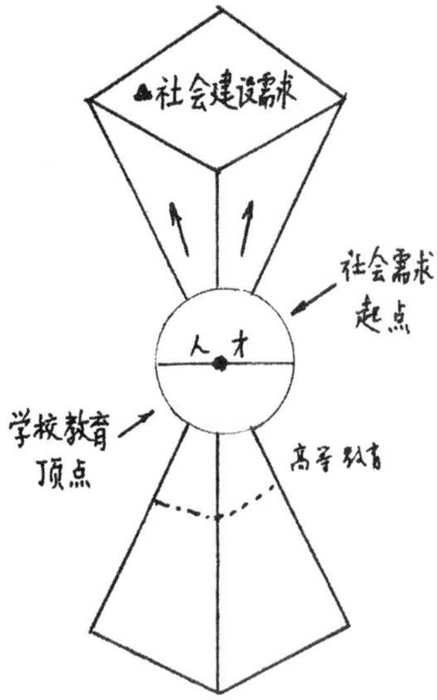

图1　人才培养图

和国家的富强。大学教师要不要知道一些教育规律和原理，是一个有争议的问题。有些教师认为："只要能够把课讲好、把科研搞好，就是一个好的大学教师。"这是一种不全面的认识。

对每一个学生来说，高等教育所培养的人才，不仅是学校教育的顶点（处于一个四边正锥体的顶部，图1），同时也是未来进入社会以后适应社会建设需求的起点（处于一个四边倒锥体的底部，见图1）。

正四锥体意味从学前教育到大学教育在德、智、体、美四方面的培养。从正四锥体顶部开始的高等教育则有两重意义：一是高等教育需要继承好中学教育，为学生今后进一步学习打下基础；二是高等教育要适应社会建设的需求。因而高等教育不仅是一个传授学术原理方法和技能的教育，而是一个组织发展大学生认知活动的复杂教学过程，和一个逐步深入地使大学生具备科学的世界观和奉献精神的复杂教育过程。为了使学校的教育和教学工作适应社会需求的这两个复杂过程，大学教师就需要：

——知道社会的需要、经济的发展、政治的方向以及本专业相关科技的现状和新进展；

——知道大学生身心发展和人才成长的客观规律；

——知道社会和科技发展引起教育观念的变化和它的新动向；

——知道一些具有特色的高等教育和教学的原理和方法。

合起来就是"教师要在学习一些教育原理的基础上，知道一些高等教育的客观规律和原则"。其实课讲得好的教师一般都是了解社会需求、懂得教育规律、讲究教学方法的，只不过没有提高到理论上来认识罢了。一个高水平的大学教师应该学习一些教育理论，按教育规律和原则执教，他取得好的教育和教学效果才是必然的。

（二）知道了一些教学的原理和方法

我在学习了高等教育学中的《教学论》以后，思想才豁然开朗：原来大学的教学过程是一个在教师指导下发挥学生独立自主性的特殊认识过程；学生在这个过程中经历认识水平的由低到高、不断进步，是相应教学方式加以引导的结果；而在这个引导过程中自始至终存在着一些规律和关系，需要教师去遵循和处理。如果教师能揭示这个过程，认识这些规律，掌握这些关系，就能使自己的教学水平提高一大步。

认识了这一点以后，我在总结了自己经历的教学过程和阅读了一些教学原理方面的著作后，提出了教学必然要经历的过程和关系。它们大体是：

◎ 五个基本阶段：形成动机阶段、组织信息阶段、学习应用阶段、重复巩固阶段、迁移综合阶段；

◎ 三种认识水平：接受感知的初水平、概括认识的中水平、形成自己观念的高水平；

◎ 处理好教学过程中的十种关系：学生和教师、理论和实际、知识和能力、具体和抽象、认识和心理、客观和主观、共同和特殊、传授和探索、讲课和指导、基本和扩展。

这样，我不仅认识了教学中客观存在的基本规律和教师应该遵守的基本原则，而且能够比较恰当地把握住教师、学生、教材和教学环境这四种教学元素之间的关系，知道从哪里去进行教学体系、内容和方法的改革。

（三）探索并初步实现了一些大学生学习的规律和原则

教师更为本质的任务是培养人才。因而教师不能满足于自己教好书，更要深入学生的学习中去。高水平的教师在于能够启迪和引导学生获得学习上的“自主和自由”。而学生要获得这些，必须明确自己在学习中的地位和作用，还要让他们懂得学习中客观存在的规律和前人总结的基本学习原则；并在这个基础上辅助他们掌握良好的学习方法。这一切必须从大一新生做起。

10年来，我为土木系大一新生开了一门新课——“土木工程（专业）概论”。在这门课里讲了四方面问题，它们也是本课程的教学体系，即“为什么学习”“学习什么”“怎样学习”“为什么这样学习”。在整个教学过程中，我反复地告诉学生：大学生要搞好“自主性学习”，也就是在教师指导下的自我识别、自我选择、自我培养、自我评估和自我调节。还要懂得一些学习规律和原则，它们是：

——学习的不可替代性规律和学习自主性的原则；

——学习受环境制约性规律和充分利用在校学习环境和条件的原则；

——学习在认识上的发展规律和学习中理论联系实际的原则；

——学习在空间上的积累规律和学习中靠已知掌握未知的原则；

——学习在时间上的终身规律，掌握好学科基本结构和良好学习方法的原则。

在这个认识基础上，我给学生推荐了一套怎样听课、记笔记、复习、作业、提问、看文献、参加科学实验和工程实践、建立自己的学识和有创新的见解，以及正确对待考试的方法。要求他们参观土木系主办的优秀学生作业展览；还向他们讲述了一些学习动机、兴趣、情感、意志和个性的作用……学生们一致反映这门课和这些教学内容，是在入学时给了他们一把金钥匙，不仅对今后四年的学习有用，而且能够在毕业后的不断学习中起指导作用。

（四）研究了一些高等教育的科学管理问题

单靠教和学来保证高等教育的质量是不够的，全面提高教育质量还必须深入教育的科学管理领域中去。我从1985年开始涉足高等教育评估这个领域，研究从管理的角度确保高等教育质量这个问题。我1982年参加“中国土木与建筑教育考察团”到美国访问时得到了一份《美国高等工程教育鉴定准则和细则》，对其进行翻译后，推荐给了国家教委高教二司，参与了高教二司制定的关于在我国高等工业学校进行评估的目的、作用、类型的探讨，以及对高等教育评估概念、实质、价值、方法、技术和心理因素等问题的研究，也参与了各种评估方案的制订、试评、复查等实际工作。从1985年至1995年这短短11年中，我国教育界为高教评估做了大量工作，大体经历了西方发达国家50—60年的高教评估历史。今天我国的高教评估已在我国的几百所高校开展起来。“评估可以保证教育质量，评估可以促进教育改革”已经为11年的教育评估实践所证实。

从1982年至今，30多年已经过去，虽然在这些岁月里的研究、实践、总结中使我认识了一些教育的内涵，也在退休前后为高等工程教育事业做了一些具体的工作，但是“教育”在发展，“工程”更在飞速进步，当前构筑“工程教育”的蓝图，建立“大工程教育”的理念，培养高素质创新型人才的需求，仍是我们高等工程教育工作者的奋斗目标。我所认识的教育内涵，不过是当前“工程教育蓝图”里的一小部分。希望更多的工科教师能够认清当前社会发展的需要，使我国的高等工程教育事业更上一层楼，迎接更加光辉的未来。

试论高等工程教育的培养目标

高等工程教育的培养目标，是高等工程教育应该培养什么样的人才的问题。它是高等工程教育活动的基本出发点和归宿，它体现在高等工科学校所培养人才的素质特征上。高等工科学校教育的一切工作，最终都是为了它所培养的人才达到培养目标而组织起来的。因此，大学生从入学的第一天起，就应该理解学校对自己的培养目标，在学习过程中按照这个目标接受教育、进行学习，在思想、知识、技能、能力、体魄等方面严格要求自己；毕业时，可以依据这个培养目标进行自我评价。

一、我国高等工程教育培养目标的内涵

任何国家高等工程教育的培养目标都是根据这个国家的教育目的和教育方针制订的。

教育目的，是指社会对教育所要培养的人才在质量标准方面的总设想或总规定，它要回答的是“教育要培养什么样的人”这样一个根本问题。教育方针，是国家根据一定社会的政治、经济要求，为实现一定时期的教育目的所规定的教育工作的总方向和教育基本政策的总概括。教育方针所概括的内容，一般有教育的性质和方向、教育的目的、实现教育目的的基本途径三个方面，即为谁培养人、培养什么样的人、怎样培养人的三个问题。至于培养目标，则是在教育目的的基础上，在教育方针指引下，各级各类教育对受教育者的思想、智能及身心发展所提出的具体标准和要求，以便使各级各类教育有明确而具体的努力方向，促进教育目的的实现。

1990年，《中共中央关于制定国民经济和社会发展十年规划和“八五”计划的建议》中提出，我国社会主义教育的目的是“培养德、智、体全面发展的社会主义事业的建设者和接班人”。我国的教育方针是“教育必须为社会主义现代化服务，必须同生产劳动相结合，培养德、智、体全面发展的建设者和接班人”。在这个教育方针里，规定了

——教育为什么服务的问题，即为社会主义现代化服务。这是教育的性质和方向。

——教育培养什么样的人的问题，即培养建设者和接班人。这是教育的目的。

——教育怎样培养人的问题，即德、智、体全面发展，教育同生产劳动相结合。这是教育的基本途径。

在这样的教育目的和教育方针前提下，根据我国高等工程教育的长期实践经验，从整体上可以把我国高等工程教育本科的培养目标规定为：培养适应社会主义现代化需要，德、智、体全面发展，获得工程师基本训练的高级工程科学技术专门人才。把我国高等工程教育专科的培养目标规定为：培养适应社会主义现代化需要，德、智、体全面发展，获得工程师初步训练的高级工程技术应用专门人才。

二、关于科学、技术、工程、工程师和专门人才的概念

上述培养目标简述为培养获得工程师基本（或初步）训练的高级工程科学技术（或技术应用）专门人才。为了认清这个培养目标，有必要进一步讨论科学、技术、工程、工程师和专门人才的概念。

1. 科学

科学是指关于事物的基本原理和事实的有组织、有系统的知识。科学的任务是研究关于事物和事实（自然界和社会）的本质和机理，以及探索它们发展的客观规律。其中，基础科学（basic science），如数学、物理、化学、天文、地学、生物等，其任务是研究自然界最基本的客观规律。近几十年来发展了技术科学（technological science），如固体力学、流体力学、机械学、电工学、电子学等，其任务是研究相邻几门工程方面共同性的自然规律。科学家（scientist）则是从事科学研究的专家，包括自然科学家和社会科学家。

2. 技术

技术是指根据生产实践经验和自然科学原理而发展成的各种生产工艺、作业方法、操作技能、设备装置的总和。技术的英文名词有两个：technology 和 technique。前者全名为技术学，是一种学术，有它的理论基础，也有实用技术；后者是单纯经验性的技术。技术的任务是利用和改造自然，以其生产的产品为人类服务。其中工程技术，如土木、机械、电机、电讯、化工、计算机等；农业技术如种植、畜牧、造林、园艺等。技术家（technologist）则是从事技术工作的专家，工程师、农艺师、医师等都称为技术家。

3. 科学和技术的区别与联系

科学和技术是两个不同的概念。它们的区别可以用表1加以概括：

表1　科学和技术的区别

	科学	技术
范畴	知识	实践
目的	解决是什么（what）和为什么（why）以发现为己任	解决怎么做（how） 以应用、革新、发明为宗旨
目标	相对确定的（图2）	相对不确定的（图3）
方法	侧重于分析，探索规律	侧重于综合，受到各种约束
评价标准	正（准）确与否	有效与否

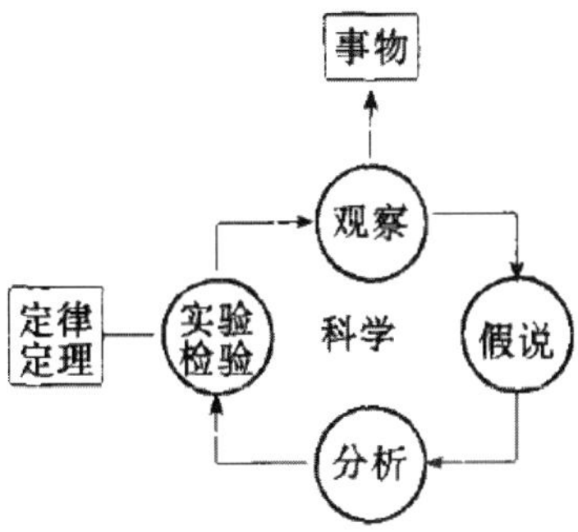

图2　科学的目标

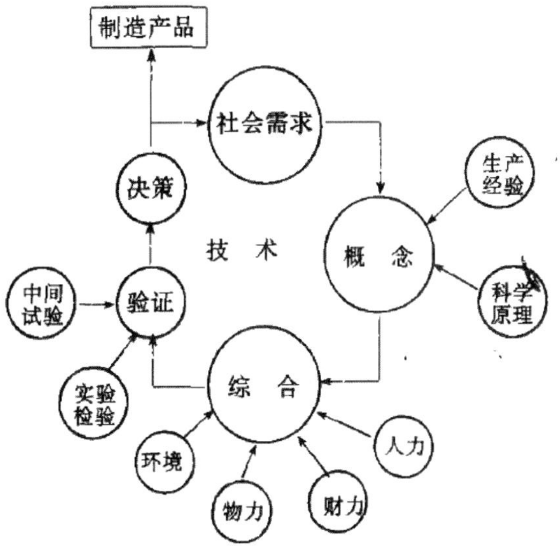

图3　技术的目标

但是，科学与技术又有联系。远古时期，生产力低下，人类凭其在生存中获得的经验形成各种技术，如种植技术、畜牧技术等。逐渐地，人类开始有目的地观察自然现象，有意识地认识物质运动状态，从而产生了科学。到了中古时期，随着封建社会的兴盛，科学和技术都得到发展：如哲学、天文学、物理学、医学等有较大发展；我国的火药、指南针、印刷术的技术发明对世界做出了贡献；各国的建筑技术、航海技术等相继兴起。但是封建制度压制科学技术的发展。在中国，古代教育中只讲儒学，很少涉及科学和生产技术知识；在欧洲，学校教育内容主要讲修辞、神学、算术、天文等，而技术指匠人传授技艺，不能进入学校。从18世纪中到19世纪末，是近代科学技术发展时期。这时，科学促进技术进步，逐渐发展了技术学；技术又推动新的科学理论不断涌现。例如，人们对热现象的科学研究促进了蒸汽机的发明和改进，也为热力学的产生准备了条件，而热力学的研究又指导了内燃机的研制。19世纪末，很多大学开设了科学和技术的课程，技术学进入大学。到了20世纪，科学与技术紧密相连，如现代物理学推动了原子能利用，电子技术产生了电子计算机带动着一切学科的发展，等等。与此同时，技术科学得到迅猛发展，它们愈来愈成为大学中的重要学科，与各种工程相应的工程技术课程也得到了应有的发展。

从上述科学技术发展简史看，科学是基础，应用科学原理可以开发技术；技术的发展，会出现新的现象和问题，人们对它们进行研究，就能进一步发展科学。所以，科学与技术相互促进、相辅相成，而且互相渗透，没有明确的界限。但是，科学与技术毕竟是两个不同的概念。

4. 工程

工程是指运用科学的原理和技术的手段去发展对人类社会有用产品的活动。现代工程具有以下特征：

（1）有明确的社会目标。一切工程活动都是为了满足社会在政治、经济、文化等方面的需要和人类在使用、美观、伦理等方面的需求。

（2）受到多方面的约束。一切工程方案的选择和实施往往要受到技术条件、经济供给、政策法律等多因素的约束和限制。

（3）讲究经济效益。成功的工程项目都要求技术上先进可行，经济上成本最低、效益最大。

（4）进行综合平衡。工程活动中存在许多不确定因素和互相矛盾的要求，只有进行系统的综合平衡，才能满足社会需要，取得经济效益。

工程和各方面的关系如图4所示。以建筑工程为例，房屋的建设和各方面的关系如图4(b)所示。

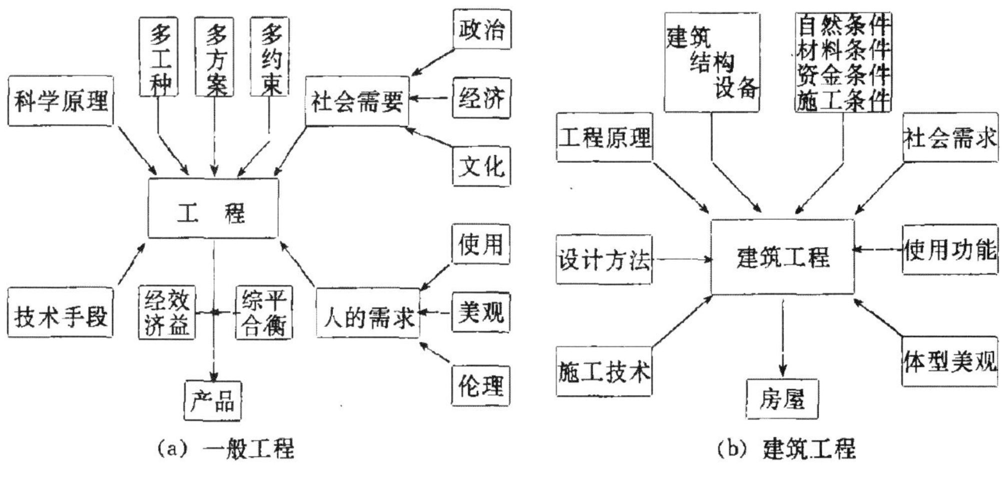

图4　工程和稳中有降方面的关系

5. 工程师

工程师是指从事工程活动的技术家。工程师具有的特征可以从其英文名词engineer=engine+er上看出来。engine指发动机，是实现一个目标的原动力；它的同义词ingenuity指创造性。可见，工程师必须具有创造性，是工程的原动力、启动人。工程师有三种类型：

（1）技术实施型。他们是在工业生产第一线从事工程设计、制造、施工、运行等技术工作的专门人才。他们应该善于解决工程实施中出现的各种复杂的技术问题。这类人才约占工程师总数的75%。

（2）研究开发型。他们是从事工程技术开发研究、工程基础研究（或称技术科学研究）的专门人才。他们应具有开发新材料、新工艺、新产品，使工业生产具有竞争力的能力。这类人才约占工程师总数的15%。

（3）工程管理型。他们是以技术背景为主的从事规划、管理、经营等工作的专门人才。他们的知识面要宽、组织能力要强，对工业生产的发展有洞察力和识别力。他们约占工程师总数的10%。

在工程实践中，这三类工程师往往因工作需要而互换。每一个成为工程师的人都应该胜任这三类工程师的工作。因而，对工程师的素质要求应该是：有较强的科学、技术理论基础（包括数学、物理、化学以及与工程有关的技术科学、工程技术）和较宽的知识面（包括政治、经济、社会学、伦理学、环境学、法律、美学、方法论等）。具备以下几方面的能力：

（1）设计能力——进行工程的设计和技术标准、法规的制定；

（2）实施能力——掌握生产工艺、技术设施，主持生产运行，解决实施中遇到的复杂问题；

（3）开发能力——具有新概念，对工程发展的预见，具备开发新技术的能力；

（4）管理能力——能够系统地进行规划、管理、经营，使工业生产获得尽可能多的社会和经济效益；

（5）评价能力——对现有工程能从政治、经济、技术、质量、效益等方面进行评价。

显然，具有本科学历的工程师和具有大专学历的工程师（可称技术工程师）所从事的工作和对人才的素质要求是不一样的。后者主要从事工业第一线的制造、施工、运行、维修、测试等方面的工艺、技术、管理工作，能解决工程实施中遇到的一般性问题。他们在理论基础方面的要求可以较低一些，但知识结构带有很强的实用性；他们在基本技能方面（如制图、测试、工艺操作等）应有较高的要求。

科学家、具有本科学历的工程师和具有大专学历的技术工程师在工作意向、工作特征、才能要求方面的区别如表2所示。

表2　科学家、工程师、技术工程师的差异

	科学家	工程师	技术工程师
工作意向	对自然或社会现象为什么会发生和怎样发生有兴趣 有志于研究和发现未知世界的事实及其规律	对工程技术问题为什么会发生和怎样发生有兴趣 有志于研究、开发新设计，即在已有社会中创造尚没有的世界	对工程技术问题怎样做，怎样解决有兴趣 有志于一般性的设计、制造、试验、检查、质量控制、工程管理，即实现、完善、改进已有的世界
工作特征	开展基础理论、应用科学或技术科学原理的研究 工作一般以个人为主完成（有助手）	发展用于未来的技术、新工艺、新材料、新方法 工作一般由集体完成 （工程师应是很好的组织者）	将已有的科技知识应用于日常生产，节约材料、节约能源，进行技术革新 工作一般也由集体完成
才能要求	探索者 开拓者 发现者 新概念创造者	设计者 能规划 开发者 能预见 新技术形成者 能系统地处理问题 标准制定者 能评价	生产技术的管理者 能设计 技术标准的执行者 能制造 技术措施的处理者 能组织 技术革新的推行者 能判断

6. 专门人才

专门人才是指在某一行业内发挥作用的“专家”。高等教育培养专门人才，是由“我国高等教育是在普通教育基础上的专业教育”这个性质决定的。专业教育就是在一定的行业门类范围内培养学生，使其掌握从事本行业工作所需的知识、技能和能力，并具有相应的适应性。大学阶段进行专业教育，既要实施比较宽的基础理论知识教育，又要进行与本行业直接相关的职业基本培训，旨在培养本行业的专门人才。

高等教育界历来有“通才教育”与“专才教育”之争。认为美国实行的是“通才教育”，主要进行基础理论知识的广泛教育，旨在培养基础扎实、知识面宽、适应性强的“通才”；而德国实行的是“专才教育”，把基础理论和相应职业基本训练都放在校内，旨在培养毕业后立即能起作用的“现成专家”。实际上任何国家的高等工程教育都是培养工程师的。培养工程师需要进行三阶段教学：

（1）基础科学课程的教学（一般称基础课）；

（2）技术科学课程的教学（一般称技术基础课）；

（3）专业工程技术课程的教学（一般称专业课）。

美国把（1）（2）放在校内，（3）放在工业企事业部门里进行。德国把三部分都放在校内进行。二者都是适应本国工业和经济体制的。所以，关键不在于是“通才教育”更优越还是“专才教育”更优越，而是高等工程教育的体制要适合国情。

鉴于当前我国的工业企事业部门的实际情况，不可能把培养工程师所必需的专业工程技术课程的教学接过去，大学本、专科必须成为一个独立的培养人才的阶段，才能培养出高质量的人才。

三、对于高等工程教育培养目标的理解

根据以上分析，对于高等工程教育的培养目标，应该有以下几点理解：

（1）高等工程教育培养人才的目的，是塑造毕业后能为社会主义祖国建设服务的各类工业、工程第一线的工程师。由于在高等学校里进行的是工程师的基本训练或初步训练，学生毕业后的初期只能是助理工程师。他们必须经过一定的实践锻炼和考核，才能成为工程师。

（2）高等工程教育所培养的未来工程师，虽属于技术家的范畴，但本科生的培养目标却是“工程科学技术人才”，这是由于现代科学与技术密切相连、相互促进的缘故。本科生在学习过程中既要重视基础科学和技术科学的知识，又要重视专业工程技术的知识。其中更为重要的是要打好扎实的技术科学理论基础。

（3）由于我国目前的工业企事业部门还不能承受学生大学毕业后的专业技术培训任务，所以在大学的教学过程和大学生的学习过程中必须既要重视基础理论的学习，又要重视与工程实践有关的技能和能力训练，还要重视工程意识的培养和形成，以便使学生毕业后能较快地担任工程任务。

（4）虽然高等工程教育培养的是专门人才，但是社会的需要与专门人才的培养之间是有矛盾的。这种矛盾主要有以下三种表现：

①工程涉及学科范围的广泛性与学校培养人才的专门性之间存在矛盾；

②社会需求的可变性与学校教学的相对稳定性之间存在矛盾；

③社会对专门人才需要的多样性与学校以往培养人才的规格过于单一之间存在矛盾。

因此，专业涉及的业务范围应当定得宽些（如以工程大类设专业，像“土木工程专业”就较宽），而不应定得过窄（如“电站工程专业”就太窄）。此外，学生自身在学好本专业规定的课程外，还应具备必要的其他知识面，以适应工程的广泛知识需要和多变、多类的社会需求。

（5）“高级工程科学技术人才”中的“高级”二字，是相应于高等工程教育，相对于中等工程教育而言的。高等教育培养的人才有4个层次：

①博士生；

②硕士生；

③本科生；

④大专生。

所培养的人才都称为“高级……人才”；只有属于中等教育的中学和中专，所培养的人才才称为“中级……人才”。必须十分清楚，培养高级工程科学技术人才绝不是说工科大学生毕业后应成为高级工程师。高级工程师的称号是取得工程师称号的人，经过较多的实践锻炼并对工程事业做出较大贡献后，才能获得的。

（本文刊载于《清华大学教育研究》1993年第1期）

专业调整要综合治理

高等学校培养的人才，是毕业后直接参加各种实际工作（生产、科研、管理、教学等）的高级专门人才。在高等教育阶段，那种广泛意义的包罗万象的“通才教育”是没有的。对于工科院校来说，学生总是要在某一技术学科或工程领域中受到专门训练，所不同的是这种专门训练在学校内能进行到什么程度。从我国社会主义制度的国情出发以及从30年来办学的实践经验来看，高等工科院校分专业有计划地培养人才的办法，大体上适应了国家社会主义建设的需要。这是基本的方面。但同时也必须承认，确实存在着某些专业口径偏窄、划分过细、名称混乱、科系比例失调、布局不够合理等比较严重的问题，亟待认真加以清理和调整。调整中一个需要重点解决的问题是放宽专业。不如此就难以适应四化建设的形势发展，就不能为20世纪90年代开始的经济振兴做好人才准备。现在从修订专业目录入手有步骤地进行专业调整工作，是非常重要的措施，它既是使高等教育适应四化建设要求所必需，也是逐步建立具有中国特色的社会主义高等教育体系所必需。

下面仅就专业调整中的一些问题提出一点不成熟的意见，和大家共同探讨。

一、专业设置中的矛盾及其表现

工科的专业设置受两个基本因素的制约：第一是社会对人才的需求规律，包括当前的和长远的、生产建设需要的和科学技术发展需要的；第二是学校中人才培养的规律。二者在总体上说应当是一致的，才能完成学校为社会培养人才的社会职能。但二者又常常是有矛盾的。当前在专业设置和调整工作中的种种问题，正是这个矛盾的表现，需要认真研究，恰当处理。这个矛盾在当前情况下，常常展开为以下几种具体矛盾：

第一，社会对人才的需求是多种多样的，并且随着生产和科学技术的发展而不断变化，学校中的人才培养却是长周期的，并且为了保证质量，必须保持相对稳定性。

第二，实际的工程对象所涉及的学科往往是综合的，对工作人员能力和知识的需要也是相当广泛的；但学校只能在有限的时间内和一定的专业领域内，以主干学科为线索，按照循序渐进的认识规律来组织教学过程。

第三，我国高等学校领导体制是多重的，但同类（学科）专业人才的培养和使用（不管这个专业的体制归属如何）应当是有通用性的。

第四，社会上需要多层次、多品种的人才，而学校的现状却是结构不够合理、层次不够清楚、培养人才的规格单一化。

以上四种矛盾中，第一、二种带有根本的性质，即只要有独立形态的学校存在它们就会存在。因而要不断地揭露矛盾，很好地研究如何使学校教育在人才预测的科学基础上增强预见性，研究如何使人才培养在符合认识规律的基础上，既有针对性，又增强适应性。第三、四种矛盾反映了我国高等教育当前工作中的突出问题，应当统筹兼顾，全面规划，通过贯彻以调整为中心的八字方针来认真加以解决。

显然，问题是相当复杂的。一些在专业设置上走极端的经验教训较易被大家认识（例如狭隘地按产品设专业，结果越分越细，专业没法办下去。前些年一度成为热门的“可控硅元件与装置”专业的起落，就是明显一例），但更多的情况则是实际问题和认识问题交织在一起，多年形成的现状也难以一下子彻底改变。因此，专业调整的工作必须全面分析，综合治理。

二、专业放宽的实质是增强适应性

对于什么是“宽”以及怎样才能“放宽”，有不同的理解。我们以为，放宽的实质在于增强培养出的人才的适应性。专业的口径放宽或业务范围扩大，为增强适应性创造了十分重要的条件，但不是唯一的条件。还要加上其他方面的努力，才能达到增强适应性的目的。

放宽有两个主要方向：一种是纵向放宽，即在本行业业务范围内加强训练，使所培养的人才对各种工作环节都能适应（例如设计、施工或制造工艺、设备、实验、开发研究、管理等）；另一种是横向放宽，即学习相邻学科或相关学科的内容以扩大知识面和服务面（包括军用兼顾民用，通用专业转为轻纺、食品工业和农业服务等）。这两种放宽都是有现实意义的，都可能起到增强适应性的作用。不同的专业可以根据具体情况向不同的方向放宽或者二者兼用。

把相同或相近学科的专业进行合并（或归类）是放宽专业的一个重要具体措施。这种合并一般应具备两个条件：一是确实具有相同的主干学科和共同的技术特征（在教学计划上反映为有共同的基础课、技术基础课以及一部分专业基础课，但在专业课上并不要求完全相同），二是合并后确实具有较大的专业覆盖面。以自动化类专业为例：尽管有名目繁多的各种各样的自动化，但大体上可概括为两类：一类以热工、化工生产过程为主要对象，以工业自动化仪表、电子技术以及电子计算机为主要手段，对这类行业生产过程中的温度、压力、流量、液位、成分、物性等过程参数进行自动检测和自动控制；另一类以机械和电气传动的生产过程为主要对象，以电力拖动控制、电子技术以及电子计算机为主要手段，对生产过程中的速度、位移、角度、功率、转矩、相位等机械量和电气量进行自动检测和自动控制。二者都有各自独特的技术特征和相当大的专业覆盖面，确实可以具有广泛的适应性。因而这种合并是适宜的。

三、全面认识科技发展的趋势，注意促进新兴学科的发展

放宽专业是主要努力方向，但并不是不问具体情况，一律越宽越好。

现代科学技术的发展，同时存在着专门化和综合化两种趋势，这两种趋势都可能导致新学科的产生。我们不能只强调综合化这一面，企图把所有有关的专业统统装进一个大口袋里。那样常常会妨碍新兴学科和技术的发展。例如，我校当年的电机系，现在已经分化成了无线电电子学、电机工程、计算机科学与工程、自动化四个系。这几个分支尽管都是搞电的，但都已逐步形成了自己独立的学科体系和技术领域。这是十分合乎逻辑的发展。今天完全没有必要再把它们合成一个大的电机系。再如，环境工程类专业是近些年新发展起来的，涉及的内容十分广泛，经验也还不成熟。把它归入土建类似乎不够确切，归入化工类似乎也不尽合宜。像这种情况，就应当单设一个环境工程类，可能更符合它的实际情况，有利于它的发展。从总体上看，经过调整，专业的数目应当大大减少，并严格加以控制，但专业大类则应适当增加，才能适应1963年以来已经发展了的形势。

四、几个需要认真解决的具体困难

为了更好地做到放宽专业，增强适应性，对一些工作中的具体困难需要有充分估计，大家一起想办法解决。就我们接触到的有以下一些：

1. 社会需求摸不准

由于当前工业生产本身还处在调整过程之中，再加上人才预测工作还没有在科学的基础上全面展开，因而对人才需求的规律还摸不准。有的人才需求的数字是靠下边上报的材料简单总计而得出的。有的只笼统地提出“目前技术人员只占本行业（部门）职工总数的百分之几，应当提高到百分之几，因而在几年内需要多少大学生”，但缺乏对技术人员队伍的结构（专业结构、知识结构、能力结构、年龄结构等）、层次（研究

生、大学生、大专生，中专生）等现状及发展趋势的具体分析。哪些专业是长线，哪些专业是短线，也不易弄得清楚。在这种情况下进行专业调整，有时感到根据不足，决心难下。

2. 宽口径的专业分配不落实

由于毕业生分配及使用制度上的某些不合理和工作不细致，增加了放宽专业的顾虑。前一时期，有些宽口径的专业被拿来做“填平补齐”之用，随意性很大。面向全国优先招生的重点院校的毕业生有时也不能保证学用一致和人尽其才。这对国家来说是极大的浪费。于是在一部分同志中造成了“谁放宽谁吃亏”的印象。有的院校甚至被迫把已经放宽了的专业重新划窄。

3.“戴帽”的专业“摘帽”有顾虑

对于“戴帽”要具体分析。有一种“戴帽”是由于确实有本行业的独特的技术特征，并且已经在较大程度上影响了主干学科，甚至已经发展成了一种新的学科。这种“戴帽”可以允许适当保留。更大量的是另一种“戴帽”，即主要是由于人事和管理体制上的原因而来的。其“帽子”并不反映多少实质性的技术特征，更构不成新的学科体系，这种情况下“帽子”理应摘掉。但主管部门可能怕丢掉人事分配权，院校怕丢掉“户口”以后经费来源少了，实习条件不保证了，因而有所顾虑。有的同志提出：是否可以“戴帽改造”（“帽子”还保留，但把专业内容扩大）与“穿靴”的办法并存（“穿靴”即帽子摘掉成了宽口径专业，但可以在培养方向上允许各校有所侧重，用括号注明或不注明都可以）。我们以为，“穿靴”与“戴帽”，一个立足于宽，一个立足于窄，二者是不一样的。继续“戴帽”，难以保证加宽。至于体制归属上的问题，应当在充分考虑继承性的基础上商量一个合理的解决办法。

4. 中年教师改行难

放宽专业或调整专业，常常要相应地向一部分教师提出扩行或改行的要求。由于十年动乱造成教师队伍青黄不接，现在各专业的骨干教师多已人过中年，要他们进行较大的专业方向上的变动是不容易的，甚至是不可能的。此外，在原来的专业设置下长期形成的教学组织和“山头”，如果没有事先取得思想上的一致和形成组织调整的妥善方案，则改动起来也不容易，勉强动了，容易貌合神离，增加内部矛盾。

5. 教学计划不好排

工科多数专业的学制由五年改为四年以后，教学计划的学时安排十分紧张。名义上学时应控制在2500左右，实际上常达到2700—2900。各个环节都希望加强，常常难以兼顾。在提出放宽专业的要求后，有的同志反映："一个专业的东西都学不完，再要学几个专业的东西怎么办得到！"显然，放宽专业不应当是简单地把几个专业学习的内容叠加起来。但如何把培养过程组织好，把教学计划安排好，确实是一个要花大力气研究解决的问题。培养过程如果不进行相应的改革，放宽专业也是难以落实的。

五、专业调整必须综合治理

综上所述，要保证实现专业调整的目标，必须从多方面采取措施，实行综合治理。我们想到的有以下几点。

（1）在专业设置和调整的指导思想上要认识一致；在专业目录的制定和专业设置的管理上要行动一致。这件事带有"书同文、车同轨"的性质，全国应当统一管起来。但在统一性之下又要有适当的灵活性，以适应历史上形成的多种多样的情况和不断发展的形势。

我们认为：工科专业划分应当把工程对象和学科两个方面结合起来考虑，有的可以按工程对象的范围划分，但应当有明确的主干学科和较大的覆盖面，有的可以按工程技术的学科划分，但应有明确的所服务的工程技术领域。

通用专业分级设立是好办法，它可以使大家明白各个专业处于什么位置上。但宜于只设一、二级，不宜再设三级专业。有些一时难以决定的专业，可以设立"暂留"一类，以观后效。此外可再设"试办"一类，以摸索新经验。这样可以大体做到统筹兼顾。

（2）认真做好人才预测，并改进毕业生的分配和使用方法。人才预测的任务难度较大，但它是进行专业调整和改进学校培养工作的基本依据，必须组织各方面力量在几年内突破这一关。

我们建议实行重点院校毕业生优先分配的制度，并逐步扩大现在毕业生分配改革试点中的"产销见面"办法，以保证学用一致，人尽其才，不要让宽口径的专业吃亏。此外，如果能实行预分配制度，也可以使人才的培养加强一点针对性。

人才的使用问题可能比培养问题更大一些。这必须把教育制度和人事制度、劳动制度、工资制度联系起来进行改革才能解决。

（3）专业调整工作要和高等教育结构、层次和学制的改革结合起来进行，甚至应当先抓结构、层次的改革。弄清了研究生、本科、专科之间的区别以及本科各种规格人才之间的区别，确定了各种学校的基本学制，将会使专业的设置和划分更加合理。建议在工作部署上精心安排一下。

（4）学校内的培养过程必须进行相应的改革，以达到真正增强适应性的目的。从许多毕业生调查的结果看，比较一致的意见是强调打好基础，注重能力培养，增强适应性。许多人认为专业课要学，但不必学那么多。这是应当采纳的意见。我们认为：专业训练不应过分强调具体知识的数量，而应把着重点放在工程方法和研究能力的初步训练上。专业课学时不必太多，内容也可以浅一些，但实践环节必须加强，以保证能力培养。此外，不要再设固定的专门化或专门组，而改为灵活搭配的选课组。这样有助于解决生产需求的多样性、变动性和学校培养过程的相对稳定性之间的矛盾。

面临教学计划学时紧张的矛盾，许多院校都在探讨解决这个问题的出路。有的采用“削枝保干”的办法，突出主干学科一条线；有的采用“全而小”的办法，各类课程和各种环节都保留，但要求都降一点；有的着重抓基础，保“后劲”……在这个问题上我们觉得应当鼓励百花齐放。是否可以设想，高等教育的管理方法也应分不同工作的性质而区别对待。第一种是做指令性规定的，如专业设置、学制、招生计划等；第二种是做指导性或参考性规定的，如培养方案、教学计划等；第三种是允许自己掌握的，如教学大纲、教材、教学法等。总的来说，应当给各校以更大的灵活性。

（5）教师队伍的建设是个战略性问题，要根据专业发展的需要做出一个全面的规划，使得大家安心，各有明确的努力方向。在专业调整中，思想工作和组织工作要尽量做得细致些，减少教师队伍中可能引起的动荡不安。教研组不要轻易地、匆忙地打乱，教师个人不要勉强地、草率地改行。一般可以先改变教学计划的课程结构，再变动人员的组织结构。操之过急有时反要误事。一些新领域的开拓，要更多地着眼于青年同志。

（本文在“协作组”第一次“专业的设置和调整”专题研究期间 [1983年] 发表，罗福午曾在本专题的研究会上做各校发表本专题论文的综述，同时由清华大学教务处长王森与罗福午合写本文，本文于1987年列入教育科学“六五”规划重点项目“高等工程教育结构改革研究”的同名文集，由张光斗主编，重庆大学出版社出版）

大学工程教学原理（提纲）

在教育研究的课题中，我的研究方向之一是“大学工程教学原理”。它的初步成果，分别刊登在《高等工程教育研究》1992年第2期和第3期上。1995年纳入由张光斗、王冀生主编的《中国高等工程教育》专著第七章“教学原理”。2005—2006年，在《中国建设教育》刊物上连载了16篇相关内容的论文；2007年我曾将这16篇论文合编为教材《大学工程教学16讲》，由清华大学出版社出版。2008年我又应“中国建设教育协会”邀请，为他们举办的“高等院校土建类师资培训班”主讲了三期“大学工程教学原理”研讨课。

下面是这三次讲课时所用教材的提纲。

（一）对大学工程教学的认识和对教师的要求

大学工程教学，是在一定的教育环境中，教师组织发展大学生认知、培养提高大学生素质的双边活动。它同时经历教学和教育的两个过程（教学过程，即进行课堂讲授和科学实验与工程实习环节的教学；教育过程，即进行人文和科学、工程理念以及伦理方面的教育），以满足学生自身发展和社会持续发展的两种需求。它们所要求教师的是：

——知道本工程专业对人才的培养目标和大学生的特征；

——掌握本学科的原理和方法，了解它的发展前沿和社会需求；

——遵循教学规律和教学原则，处理好师生关系；

——掌握好教学过程和教书育人的途径和方法；

——以充分调动学生的学习自主性和提高学生的素质为自己的主要职责。

（二）大学工程教育的培养目标

对本科说，学生是未来的工程师 engine+er，是具有开发能力的技术和管理人才；对高专说，学生是未来的技术师 technolog+ist，是具有应用能力的技术和管理人才。工程师是善于构思的专家，是设计者、开发者、新技术形成者、标准规范的制定者。他们必须会规划和预测、评估，能对公众健康、安全、福利做出判断。他们的核心任务是创新。（工程师也可从上述英文字 engine [发动机] +er [者] 看出，即工程师是一个像发动机那样的人物，应该是一个具有开创性的创新型工程活动家）

表1提出的要求，不仅是未来工程师和未来技术师在校的培养目标，也是他们毕业后在工程实践中成长的目标：

表1　工程师和技术师应具备的能力

在校获得 （未来工程、技术师的形成　formation）	在工程实践中发展 （工程、技术师的成长　growth）
知：知识、技能、方法；智力的增长 情：爱国情、事业感、责任心 意：工程意识（实践、创新、协作、经济、法律、管理、信息等） 行：健康的体质和参与工程建设的志愿和能力	接受工程实际知识（能否、可否、值否、应否） 掌握进行工程建设所需要的技能 完成生产任务的业绩（工程师尚应具备开发的业绩） 具备沟通、管理、协作、革新的能力 积累工作的实际经验，接受工程继续教育

（三）知识、智力、能力、素质

知识：包含明确的知识，指自然，人文和技术科学，以及工程技术（材料、生产和产品技术）中的学科知识；隐含的知识，指教学和工程实践中得到的实际经验和习惯做法，以及在实践中了解到的有关环境、法规、伦理、历史等方面的人文社会知识。

智力：指人们对知识、事物以及社会现象的观察力、想象力、记忆力、思维力和判断力。

能力：能力＝知识＋智力＋行动。工科大学生毕业时一般应该具备的能力是：

——很强的自主学习能力（自我识别、自我选择、自我培养、自我评价、自我调整）；

——甚强的提出、分析、解决、评价问题的能力；

——潜在并不断发扬的革新和创造能力；

——初步的组织、管理和沟通交流的能力。

素质：指人在先天生理基础上，受后天环境和教育的影响，通过自身认识和实践，养成的较稳定的基本品质。它一般包含以下四个方面：

——品德（素质的根本），指人生观、价值观、世界观、情感、品格、人际关系等；

——学识（素质的核心），指对知识的理解（学问）和对事物的洞察（见识）；

——才能（素质的实体），指获取信息、实践操作、探索、创新、交流、合作的才能；

——身心（素质的基础），指体魄、心理、学风、意志、气质、兴趣等方面。

智力、能力、素质之间的关系如表2所示：

表2　智力、能力、素质的关系

智力intelligence	能力ability	素质quality
人在学习、认知方面的各种能力和智慧	人成功完成任务的特征	人较为稳定的基本品质
在识别实物中表现	在进行实际活动中表现	在识事、行动、为人中表现
形式上内隐	形式上外显	形式上内在和整体
以思维为核心	以表现身心力量为核心	以内在的品德和学识为核心
在学习、认知中形成和发展	在实践活动中形成和发展	通过自身认识、实践形成并发展
能力的基础，素质的某一个方面	智力的物化延伸，素质的重要体现	当前智力和能力水平的基础，更是今后发展的重要起点

（四）教学与学习的基本规律和基本原则

规律是客观存在的，反映各个教学因素的本质和必然。原则是根据规律和长期教学经验，人们所制订的主观要求和对各种矛盾的处理方式。这些规律和原则制约着教学过程的各个方面。

教学的基本规律和基本原则各有四条：

基本规律	基本原则
教和学互相依存	充分调动学生学习主动性（学习主动性原则）
教学始终具有教育性	寓思想教育于教学过程中（教书育人原则）
间接经验和直接经验相结合	理论教学和实践训练融合（理论联系实际原则）
掌握知识和提高素质统一	注重发展智能和素质（发展素质原则）

学习的基本规律和基本原则也有四条：

基本规律	基本原则
学习的不可替代性	学习自主性原则
学习的受环境制约性	充分利用学校和社会教育环境原则
知识的积累、认知的发展性	靠已知掌握未知、理论联系实际原则
学习的终身性	学习的不断进取、讲究学习方法的原则

（五）教学过程

教学过程一般有以下三个层次：

（1）第一层次的教学过程是从入学到毕业的整个过程，也是学生由一个高中毕业生成长为工程科技人才的全面发展过程，如表3所示：

表3　工科大学生的发展

	特　征	存在问题	需　要
入学初	完成高中学业 身心发展正趋成熟	对大学学习有诸多不适应 对专业方向缺乏思想准备 缺乏生活自理经验 高职生可能有一定自卑感	了解本专业对学习的要求， 形成学习的动机 适应大学的学习生活 学会大学的学习方法
一、二年级	初有自学体验 逐渐适应大学生活 开始关心人生	对专业缺乏感性认识 非智力因素逐渐形成 自身发展需求尚朦胧	掌握所学课程的基本概念、 基本原理、基本方法 习惯自主学习，渐成学风 分析综合思维能力逐渐定式 密切师生感情争取教师指导
三、四年级	有自己的学习方法 兴趣意向初步形成 工程意识略有端倪 世界观、人生观和价值观 基本形成	知识尚待拓宽 实践创新能力尚待加强提高 价值观与工程实践尚待结合 即将步入社会，但却知之甚少	养成独立钻研探索的心态 参加实践，形成横向思维 参加学术活动，了解前沿 观察社会，形成职业倾向
毕业时	符合本专业培养目标	了解社会需要	检阅业务实力和社会观念

（2）第二层次的教学过程是从一门课程开始到结束的过程，它从属于第一层次的教学过程。在这个教学过程中学生要经历三种认知水平，如表4所示：

表4　工科大学生认知水平的发展

	第一认知水平	第二认知水平	第三认知水平
学生的认知	延伸已有知识	概括感性认识	将知识用于解决实际问题 探讨理论问题
		将概念原理系统化	
	理解概念原理	发展自我认识系统	对现有知识体系形成观念，给与评价
教学的方式	听课，看演示，练习，实验	听课，课堂交流讨论，自学参考文献，小结	听讲座，参加学术交流 做综合作业、课程设计 科技活动、生产实习、专题研究

续表

	第一认知水平	第二认知水平	第三认知水平
对教师的要求	激励学习动机 了解学习背景 组织教学材料 选择教学方式	指导学生学习 创造研讨情境 因材施教	指导学生实际应用 指导学生扩大知识面，了解前沿 与学生共同探讨遇到的学术和人生问题

（3）第三层次的教学过程是从一门课的某一章开始到结束，它从属于第二层次的教学过程，并受其认识水平发展阶段的约束。它的重要作用在于：

①在每一个第三层次的过程中，教师都要讲概念、原理、方法，引导学生分析解决一些实际问题。学生都要大体经历上述“三个认知水平”的小循环；众多的往复循环，能使学生的学习水平得到螺旋式提升；

②每一章的内涵往往和前几章相衔接、相联系，有一定的共性。学生掌握了这些联系、共性以后，就可以在较短时间内获得基本的学习能力。

（4）教和学都是一个循环过程，它们的基本结构都是经历以下五个阶段（见图1和图2），即“形成动机→组织信息→作业练习→重复巩固→迁移综合”是依次循环存在的五个阶段。前一个阶段对后一个阶段起促进、认识、获得成效的作用；后一阶段也会对前一阶段起反作用。

（六）教学中的几个对应关系

（1）教师和学生——明确定位（教师是教育和科技工作者、工程活动家，学生是学习的主体、青年的中期、社会的公民）。师生关系应注意的六句话：

接受现实、相互关怀、施加影响、因材施教、思想交流、教学相长。

（2）理论和实践——理论是基础，实践是根本；做好理论和实践的紧密结合和协调是教学过程和教学改革的主要途径（理论和实践的关系参见图3）。

（3）知识和方法——认清“方法”在讲授和学习知识中的重要作用；学习，更为重要的是“学会学习的方法”，包括听课、复习、阅读、做题、设计、实验、专题研究等方面的方法。

（4）具体和抽象——认清“直接具体（事物本身）”和“间接具体（抽象概念）”，要重视事物的前因后果，更要重视“间接具体”在教和学中的概括、本质和推理等重要作用。

（5）传授和探索——教学过程就是一个教师向学生传授怎样探索“未知”的过程，学生则要不断加强自己接受“传授”和探索“未知”的能力。

（6）认识和心理——教学必须重视学生学习认识过程中的心理特征，符合他们的认识规律。

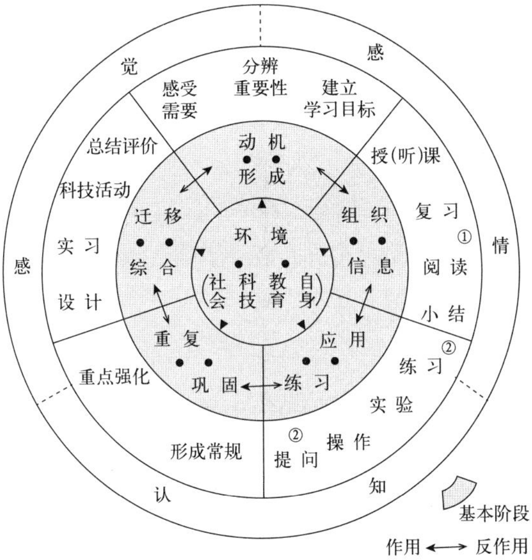

图1　教学（教和学）过程的基本结构（从形成动机阶段开始至迁移综合阶段）

①阅读资源：教科书，电子课件，参考文献，教育资源库，教学网站……；

②练习、提问资源：题库，论坛在线，质答疑

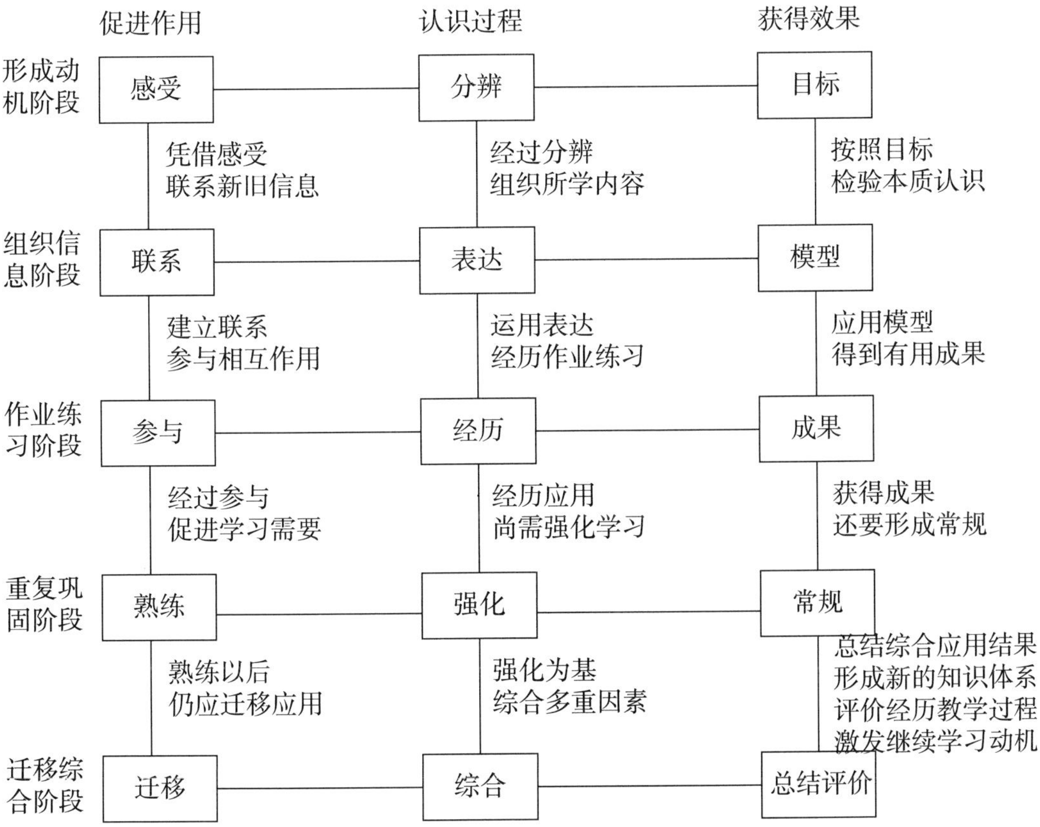

图2　教学（教和学）过程基本结构之间的关系

（7）共同和特殊——教学是在共同的培养目标、教育环境和教学大纲下进行的，但提倡教师要有自己的特色和品牌，尽最大可能做到因材施教，因身授业；教师在教学过程中的特色，往往会永远持留在学生的记忆中。

（8）课内和课外——教师在完成课内的讲授任务外，还应该重视课外对学生的引导，实践和创新的能力往往滋生在课外活动中。

（9）继承和创新——认清继承和创新的关系，重要的是培养学生的创新见解、意志和潜在的创造力。继承是创新的前提，没有继承，无从创新；没有创新，继承则是重复的。

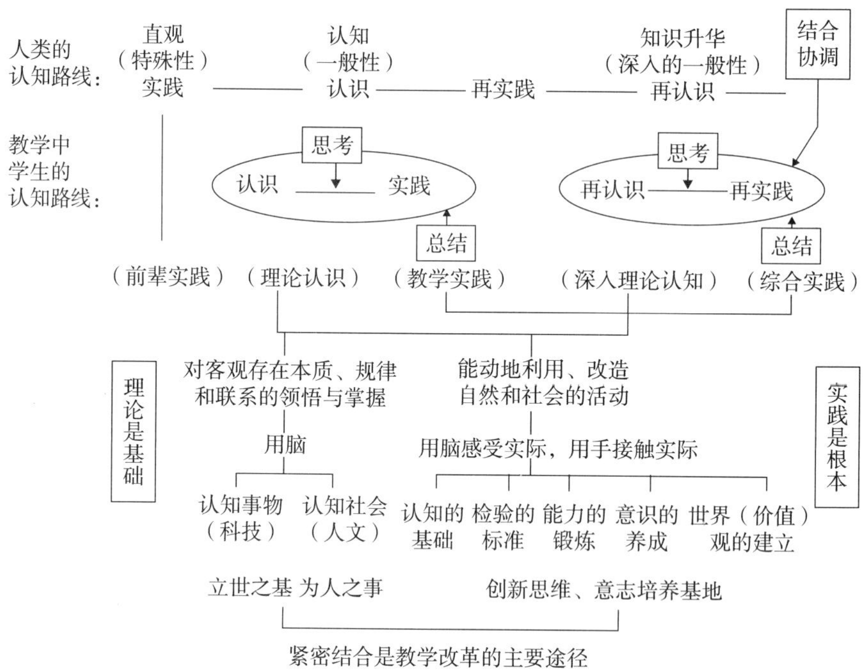

图3 理论和实践的关系

（图中“综合实践”即下述［八］中的科技活动、工程实践、社会实践）

（七）教师授课要领——“教为了学，教师最重要的任务是调动学生学习的主动性”

（1）讲好绪言——明确学习的目标，建立和学生已学知识、已知信息的联系，讲清对学习的要求和成效，引发学生学习的动力。

（2）选好授课内容和表达手段——遵循“整体—局部—整体”“具体—抽象—具体”“引论—推论—引论”的法则，利用“实物、模拟、图形等直观的”和“概念、定理、公式等间接的”符合学生认识规律的等效物，激发学生学习的兴趣。

（3）讲清思路，联系实际——以自己经历的或知晓的生动实际案例，为学生做“提出、分析、解决问题的示范”。

（4）表明自己的见解——为学生树立独立思考的榜样，使他们能够感受不同教师的学识和教学风格。

（5）鼓励提问，照顾差异——活跃课堂学习空气，调动学生参与课堂讨论的积极主动性；并注意要向不同类学生提出不同类问题和要求，使教学过程尽量符合所有学生的需要。

（6）进入前沿，留有缺口——适当引入一些前沿的信息，启动学生求新的意识和愿望；而对本课程的内涵却不要讲全求满，为学生创造通过探索获得知识，梳理自己思路的空间（考虑能否做到讲一、学二、考三，要记住：如果讲课讲得过细过繁，反而有时会引起学生的反感）。

（7）重在收口——为学生做归纳、综合、总结的示范（这是培养学生学习能力的一个重要方面）。

（8）注入感情、姿态幽默、注重仪容——做到这些，可以激发学生的学习热情、兴趣，使学生感到听课是一种享受；教师的衣着、容貌、风度、气质、举止都会成为学生学习的榜样。

（9）倾注爱心——倾心关怀听课全体学生的精神面貌、学习风气、学习态度、学习方法。要以“有爱心”的感情注意每一个学生，尤其对学生中的优、差生要予以特殊的关怀。

（八）四类实践环节，重视理论与实践的紧密结合

四类实践环节如表5所示。

表5　四类实践环节

	教学实践	科技活动	工程实践	社会实践
内涵	大作业 课程设计 教学实验 工艺操作	项目实验 项目研究	生产实习 现场教学 毕业设计	军事训练 社会调查 科技服务 公益劳动
特征	模拟 可控性	研究 开创性	生产 综合性	社会 思想 灵活性
作用	理论与练习结合 学习与应用结合 知识和能力的培养结合	讲授与探索结合 学习与发现结合 创造力的锻炼	理论与实际结合 学习与生产结合 知识分子与工人结合	教育与生产劳动结合 学习与思想教育结合 学生与社会阶层结合
结果	自己的方案和总结	专题报告	实习报告 参观小结 专题研究论文	思想收获 调查报告 劳动总结
课外活动	课外阅读文献和调查研究	知识竞赛 创意作业 科技服务	工程参观 实物观察 现场教学	勤工俭学

（九）教师要引导学生懂得怎样“学习”

工科大学生应该懂得自己认知水平发展的10个方面如表6所示。

表6　工科大学生应该懂得自己认知水平发展的10个方面

1.目的	2.目标	3.动力	4.内容	5.方式
适应需要，增强素质	工程建设，核心人才	追求发展，实现理想	认识三基，做人做事	师授为导，自主为本
6.方法	**7.方向**	**8.时间**	**9.空间**	**10.学风**
博学审问，慎思笃行	建设前景，学科前沿	随时学习，永远进取	利用空闲，超越学校	严谨勤奋，求实创新

（十）教学改革的依托、趋势、内涵、思维

（1）依托：

学科的建设和发展、社会的发展和需求、教育观念的转变、政策的导向和鼓励。

（2）趋势：

◎ 工程教育要“回归工程”的趋势；

◎ 整合的“大工程需要”的趋势和“复合型”人才需求的趋势；

◎“信息技术”带来传授、接受、认知、储存、传播、应用方式的趋势；

◎ 教学改革成为在教师指导下“学生自主学习”的趋势。

（3）内涵：

教学手段、方法、内容、模式、体系、环境的改革。

（4）思维：

重要的是从“科学范式”的思维转向“工程范式”的思维。

纵向思维→横向思维

强调还原→更强调集成

追求确定→更需处事调和

重研究→更重设计 / 制造

重开发想法→更重实现想法

强调科技基地→更强调社会背景

重视书本→更重视实践

发展有序→更要发展无序

重分析→更重综合

重问题求解→更重问题形成

重独立探索→更重团队协作

重工程科学→更重工程实践

从“人之初”做起

——关怀大一新生的精神和学习需求

2012年，北大“首都高校学生发展监测与研究项目”公布了对近4万名大学生的跟踪调查结果，指出有20%的大一新生对大学学习生活不适应。这是一个很有意义的调研课题，它提醒我们应该重视高中教育和大学教育“人之初”阶段的有机衔接。既要正视和明白高中后期为应付高考采取填鸭式教育方式的不正常，更要重视和改进大一新生入学后遇到的种种不适应，调动他们热情投入大学学习生活的自主性和积极性。前者只有通过高考的改革才有可能得到全面的改善，后者则是我们高等教育工作者当前应该充分认识和有所作为的。应该通过工作使我们的新生能够有效地运用入学之初这段好时光，在他们的第一印象（first impression）中通过学习逐渐认识大学的教育环境、大学生应该具备的素质和对国家对社会所必须承担的责任，以便于他们在第一时间里逐渐形成自己的学习动力和目标。

学习，固然是学生自主的事，但怎样做好自主学习却需要引导，尤其需要在他们刚踏入大学门槛时，对大学教育、大学教师、大学生等有一个正确的认识。

大学是知识的殿堂、探索的故乡，是为青年提供精神能源、培养青年高品位素质的摇篮；在这里遵循的逻辑是正义和知识，不是权力和金钱，在这里度过的一段岁月，是人生中最值得怀念的时光。

大学教育既是“专业成才”的教育，更是“精神成人”的教育，以提高人才的思想格调、智力修养、服务意识，使大学生建立为社会发展奋斗毕生的目标。至于专业教育，则要认识到大学往往是理、工、文、法、医、农等多类专业的组合体，科学技术往往是专业复合的产物。某个专业的大学生不但应该打下本专业基本原理、技能、方法的坚实基础，成为“卓越的专业人才”，而且应该利用大学环境获得多方面知识，成为“复合型人才”。大学存在的理由，是各个专业对学科进行富有想象的研究，保持知识和现实存在的联系，为现实存在的科学发展做出贡献。大学的活力在于富有想象力的思考和知识的更新，社会赋予大学的教育职责则是：富有想象力地传授知识，培育富有想象力的人才。

大学教师有三重任务：传授知识、科学研究、为社会服务，他们理应成为大学生品格和学习的表率。他们最基本的任务是向学生传授科学的真理、培养学生科学的思维、训练学生科学的技能，尤其要致力于激发学生学习的主动性和积极性，建立高尚的品格和科学的学风。教师的教学过程，实质上是一个组织和发展大学生有想象力的自主学习，提高大学生积极进步、成人成才的自我意识的过程。教师的科研成果和社会实践活动，都是提高教学质量必需的宝贵财富。大学生理想的实现，是靠学生自己和教师的行为实践来完成的。大学生从入学起，总是在潜心寻觅自己的理想，并在各类教学过程中接受教师知识、技能、思想方面的引导；教师则应该引导学生自我实现、自我完善，树立更新更前瞻的志愿。教师不必讳言所传授知识和所引导思想的局限性，应让更多更新的知识和思维，更高的理想，由学生自己去获得、探索、建立和创造。

大学生是社会的一分子，更是未来的学者和从事开发、研究的人才。即使他们在校就读于应用型的专业，毕业后从事应用型的职业，在他们一生中也永远会保持着科学的思维方式和科学的学风、作风。所以大学生应该在大学接受教育期间，努力建立以下的学习观念和责任心，以期获得丰硕的学习成果：

（1）树立崇高的思想境界——借用冯友兰先生的说法，一个人的人生有可能涉及4种境界，要摒弃“在校混日子，但求及格拿文凭”的自然境界，轻视“为未来谋功名、求私利”的功利境界，树立“为人民服务、为社会服务、为信念和理想服务”的道德境界和天地境界。

（2）具备远大的成才目标——心理学家告诉我们，人脑潜力只开发了1/10（一说1/100），这些数字固然不准确，但人脑有大潜力已经为很多研究所证实。大学生应该相信自己已经具备了比现在掌握更多知识、更好技能的生理、心理和智力基础，应该树立更为远大的成才目标。

（3）构建自主的学习机制——学习的不可替代性是客观规律，学习要从自己的实际出发建立自我识别（对自己知识能力和意向特长的识别）、自我选择（学好本专业的基础上自主地扩展知识面）、自我培养（以严谨勤奋求实的自学为主要手段）、自我评价（经常有计划地客观地反省自己的学习成果）、自我调节（发扬优点纠正不足）的学习机制。

（4）提高敏锐的智力修养——大学生不但要严谨地学习知识，理论联系实际，建立良好学风，更要有对于知识的自我意识和见解（学识），有对事物进行思考、推理、辨别、分析、判断的科学思维，学会对事物进行调查、探索、研究的方式方法。

（5）发扬自我实现的创新精神——创造力不是发明家的专利，它可以在日常学习和工作中显示出来。它是具有扎实基础、广阔视野、丰富想象力和勇于探索实践的结果。大学生应该在自己的作业、实验、设计、专题研究和社会工作中努力以新思路和新面貌出现，不断锻炼和发扬自我实现的创新精神。这是形成创新型人才的基础。

（6）认清负有责任的学习生涯——大学生从入学起就负有两重责任：一是对自己成才负责，学习的动力目标、内容取舍、方法良莠、效果优劣，都是自己的事情，自己要主动适应教育环境，主动争取教师指导，主动优质地完成学习任务，自主地形成高品位的修养和素质；二是对社会负责，有一句名言："得诸社会，还诸社会"，你获得的知识来自社会，你作为人才是社会委托学校所培养的，你学到的知识和才能理应奉还给社会。社会的发展需要你，你在学习生涯中承担着未来为社会发展应该负有的责任。

以上关于大学教育环境、大学教师和大学生学习观三方面的论述，是每个大学生（不论什么专业）首先应该具有的认识和品质。正如先辈们所云：

士先器识而后文艺（李叔同）
必先品行而后学问（詹天佑）

这些论述所形成的观念，对于大一新生尤其重要。大一是高等教育的"人之初"阶段，从18岁入学到21岁、22岁毕业，是青年特有的精神发育季节；"人之初"正是这个季节里的春天。大一学生有权在第一印象中和第一时间里，得到并形成这些观念；学校更有责任在这个第一时间里给予学生宝贵的就读和人生启示方面的关怀。现在回到为什么有20%（甚至有可能更多一些）大一新生不适应大学学习生活的问题。本人刚进清华大学学习时也遇到这些"不适应"。表面上看是大一所学的课程目的性不明确，师生关系生疏，课堂不固定，学生自理能力差，不会安排自己的学习秩序……深层些的原因却是大一的教学安排，满足不了他们入学后迫切需要了解大学教育环境和自身价值行止的诉求。也就是说，大一新生从入学的第一天起就渴望知道大学是怎样的学习场所，他们崇拜的教授会怎样指导他们，自己怎样从一个 freshman（新生）成长为一个合格的 undergraduate（大学生）。而学校告诉他们的只是各种课程的安排；教师上课来下课走，只注重学生知识技能的获得，不关心他们的思想面貌和精神发育需求；即使做学生工作的班主任，也往往只偏重于生活安排、政治导向和课余活动……缺乏一些为大一新生的诉求给予温馨解答的教育环节。这不是一种疏忽，不能不说是一种结构性的缺失。

我在清华大学有多年的教学实践，对这方面的缺失感觉是深刻的。我们平时注重的是传授知识、工程实践和学科建设，要求学生的也只是"专业成才"，无力也无计从人文教育和"精神成人"的高度满足大学生的人文诉求。企事业单位对高等学校的期待，往往也停留在毕业生业务能力的高低，以及能为生产利润做出多大贡献上。看不到人才的精神修养对社会发展的重要作用，更很少看到高等教育所培养的人才是提高社会文明建设的重要力量。

我粗浅地认识到，关怀大一新生的精神和学习需求，如果从以下几方面做起，可能比较有成效：

一是在大一上学期设置“专业概论”课程——当前各校的新生入学教育，是由本专业领导就专业内涵和学习要求亲自向新生讲解。这个引导环节十分重要，但由于时间短、系统性差、缺乏考核要求，效果往往不甚理想。有些专业为新生开设“专业概论”课程（如许多土木工程系开设了“土木工程概论”课程），介绍本行业的现代化现状和前沿发展，社会对人才的需求，大学生应该具有的高品位素质，以及大学的教育环境、大学的学习观和学习的基本原理。课程的体系是：“为何学习，学习什么，怎样学习，为什么这样学习。”这类课程并不需要多少学时，但必须由有实践经验的资深教师进行生动活泼的讲授和小班讨论，鼓励学生提出各种与大学生涯有关的问题，并有课后的思想总结作为考核。这样的引导和教育的效果就好得多，这个经验值得推广。

二是在大一期间开设一些广博优雅的人文讲座——如大学观念、人生哲理、青春升华、学习观、事业观、恋爱观等，作为辅助性的引导。聘请这方面的专家、本校毕业在社会上有成就的学者，甚至本专业或本校的高班学长主讲或者进行沙龙式的座谈。这类讲座可以在课余时间、周末或者在假期举行，鼓励学生自由参加。它们不仅为大一学生所需要，对各个年级的大学生都很必要。

三是充分发挥各种教师的引导作用——可以从以下几方面入手：

（1）提高任课教师对教学原理的认识，深化教学内容和方式的改革，课程可以讲得少一些，课堂或小班讨论安排得多一些，使学生自主学习的机制得以实现。北京大学试点的“本科生小班教学”就是一个很好的案例。

（2）研究能否设置对口的顾问教师（faculty adviser）制，如一个教师面对10个左右学生，每学期见面两次，分别对所面向学生在学期末的学习效果和学期初的选修课加以引导和谈心。这样势必要改革一些教师的工作量制度，但却增加了教师培养人才的责任感，密切了师生的联系。

（3）班主任应该参加上述专业概论课的辅导，主持这门课程的小班讨论，这样更能使他们成为大一新生的知心朋友。

（4）进行必要的专业调整。大一新生在学习上的不适应，还可能是所报考的专业并不是他们的理想，应该允许他们在第一学期末或第一学年末，有改变专业的可能，或者允许他们读双学位。这对于各专业来说，它们收取想要转来的学生当然应该是有选择的。

总之，从大一新生“人之初”的学习阶段开始，从加强人文和专业教育入手，在知识、思想、感情、意志和具体措施（知、情、意、行）上引导和帮助大一新生的人生起步，是大面积提高大学生品位素质的重要手段。作为高等教育工作者，应该十分重视这些教育环节。

（本文曾刊载于《中国建设教育》2013年第2期“共同关注”栏目）

专业思想教育是高等学校德育的一个重要组成部分

“建筑工程专业概论”课是一门面向大一学生的专业思想教育课。通过9年的教学实践，它使我们认识到在整个大学的教学过程中，需要有目的、有计划、有组织地进行一系列的专业思想教育，使学生认识所学专业、热爱专业，从而具有建设社会主义祖国的主人翁思想和献身精神。这是高等学校德育的一个重要组成部分，是为社会培养高质量专门人才的需要，也是激发学生学习的主动性和积极性，促使他们自觉地发展成长的需要。

一、专业思想教育的重要意义和作用

专业思想教育在高等工科学校教育中占有重要的地位，这是由高等工程教育和德育的性质决定的。

（1）从高等工程教育的性质看，我国高等工程教育培养的是高级工程科学技术人才，属于专业教育的范畴，这取决于我国国情的需要。一般说来，高等工程教育由三个阶段组成：基础教育阶段、技术基础教育阶段和工程技术教育阶段。有些国家，如美、英，将基础教育和技术基础教育放在校内进行，而将工程技术教育放到工业企事业部门里进行；学生由大学毕业后，必须经过工业企事业部门组织的工程技术培训才能正式工作。而另一些国家，如苏联和德国，将这三阶段教育都放在校内进行；学生毕业后即可独立地担任工作。它们之所以不同，与各国国情有关，也与各国长期形成的经济和教育体制有关。我国当前的工业企事业部门，就技术条件和指导力量来说，尚不具备对工科大学毕业生进行工程技术培训的基础。社会必然要求高等工科学校的本科教育成为一个完整的独立培养专门人才的阶段。高等工科学校必然成为进行专业教育的主要阵地。

由于高等工程教育是一种专业教育，从教育学的观点看，它的教育目标应该由三部分组成：认知目标、情感目标和意志目标。认知目标指的是学生通过高等工程教育所获得的基础和专业知识、技能，它主要取决于在高等工程教育中所传授的各种学科的课程以及所进行的各种实践环节的训练。但这些并不是高等工程教育的全部内容。还有两个重要方面应该引起我们教育工作者的高度重视：那就是要教育学生具有对将来所从事专业工作的情感和意志。这种情感方面的教育目标指的是建立高层次的情感，包括事业感、责任感、道德感。这种意志方面的教育目标指的是为完成工程事业所需要的工程意识及其能动作用的培养和发展，包括实践和科学意识、信息和创新意识、经济和竞争意识、协作和管理意识、工程伦理意识，以及形成这些意识的自觉性、坚持性和对工程事业的献身精神。如果说，提高学生的知识和技能水平是高等工程教育教学的主要任务，那么，培养和发展这种高层次的情感和意志则是专业思想教育的主要任务。情感和意志目标在高等工程教育中有着重要意义，因为工科大学生是未来的工程师。作为一个工程师，如果不具备强烈的事业心、责任感和工程意识、献身精神，他就不能正确对待工程实际，即使他有一定的理论知识和实践能力，也不能有效地发挥出来。

（2）专业思想教育是德育的一个重要组成部分。在把革命理想、政治方向、情感意志、道德品质转化为学生的理想、方向、品质和行动的过程中，也需要有目的、有计划、有组织地进行专业思想教育，把社会对专业发展的需求和对专门人才的需要系统地转化为学生对专业的认识、情感和意志，才能使革命的理想变成行动。

我们认为，大学生在德育方面应达到以下6条标准：

①理想——热爱祖国，具有为实现我国社会主义现代化奋斗的理想；

②立场——拥护中国共产党的领导，坚持社会主义的方向和国家的改革开放政策；

③理论——懂得马克思主义、毛泽东思想的基本原理，了解国内外形势，对社会思潮有一定辨别力；

④道路——积极参加社会实践，做到同工农相结合、同实际相结合；

⑤道德——懂得社会主义民主和法制，遵纪守法，有良好的道德品质；

⑥学风——具有勤奋、严谨、求实、创新的学风，树立独立思考、勇于探索的科学精神。

这些标准体现在每个学生的行动上，就是要在未来从事的事业中具有艰苦的创业精神、坚强的事业心和责任感，认真地钻研和贯彻党的方针政策，走知识分子与工农相结合、理论与实际相结合的道路，遵守本行业的职业道德和行为规范。这些正是专业思想教育的目标和主要内容。

由此可见，在德育工作中重视专业思想教育是一个在德育领域里理论联系实际的问题。德育中的马克思主义理论教育、政治形势教育、党团教育、集体主义教育和劳动教育必然会给专业思想教育以指导和武器，而专业思想教育又在很大程度上丰富和充实了德育的内涵。

（3）除了在德育方面起重要作用外，专业思想教育还是促进学生全面发展的保证。关于这方面的作用，可以从以下5个方面加以认识：

①专业思想教育帮助学生了解我国社会主义建设的总任务、总目标和本专业的关系，启迪学生把祖国的前途、民族的兴盛、专业的发展与自己的历史责任紧紧地联系起来，从而激发学生学习和成才的积极性。

②专业思想教育向学生揭示本专业对人才的全面素质要求，使学生清晰而具体地体会到社会发展对新一代社会成员在知识、能力、思维、道德、观念和心理品质方面的要求，从而把大学生的学习、成才积极性引导到自觉主动地全面成长的道路上来。正是在这个意义上，专业思想教育起着“塑造专业人才的灵魂”的作用。

③专业思想教育在很大程度上可以帮助学生学好各门课程。因为专业思想教育不但在总体上使学生认识学习的目的、方向、任务和规律，极大地提高了学生学习的主动性、自觉性和责任感，而且在各类学科的课程上使学生认识到它们各自在专业发展中的作用。这就使得学生在学习每门课程前都有一个明确的学习目标。这是学好每门课程的关键。

④专业思想教育根据科技迅猛发展的形势培养学生的创造、革新和开拓精神，鼓励学生敢于探索、勇于进取、立足实践、大胆创新。同时在探索和进取中，专业思想教育又给予他们科学的思想方法。

⑤专业思想教育提高了学生自我教育的能力。因为正是专业思想教育打开了学校的门扉，把学生个人和社会紧紧相连，提高了他们运用理论武器去寻求社会和人生问题的正确答案的能力。同时，专业思想教育还给予学生以“猎枪”和“钥匙”，使学生在结束大学生活后能继续从专业实践中吸取营养，在改造世界的过程中改造自己。

二、专业思想教育的系列

专业思想教育应该配合大学的整个教学过程，结合学生思想中存在的问题，有针对性地进行。一般说来，一年级刚入学时，学生迫切地想要知道自己报考的专业对自己将是怎样培养的，以及自己在大学中的学习任务是什么；同时，又表现出对大学学习环境和学习生活的种种不适应，这就要求进行专业的培养目标教育。二年级时，学生通过一年的基础课学习大体上适应了大学生活，进入技术基础课后迫切要求了解技术基础课程和本专业有关工程的关系，这就要求进行专业的认识教育。三年级是学生开始学习专业知识的阶段，也是巩固并进一步发展已初步建立的专业意识、对科学技术有浓厚兴趣的阶段，这时迫切需要对学生进行方法论的引导，以便学生能够相对独立地进行以后的自主学习，这就要求进行专业的方法论教育。四年级是学生即将毕业的阶段，也是逐步形成对未来职业的明确目标的阶段。在这个阶段里学生出现了与前途、理想、职业等有关的许多新的思考因素，而且对专业的未来发展产生浓厚兴趣。这时，需要进行的是专业的前景教育。

这4种专业思想教育的目的、主要内容、方式分述如下。

1. 专业的培养目标教育

目的——引导学生理解专业的培养目标和工程对象，帮助学生适应大学学习生活，激发学生的学习动力，启发学生初步获得正确的学习方法。

主要内容——①本专业培养目标和基本规格的系统讲解；②本专业有关工程和工程概念的简要介绍；③本专业教学安排的系统分析；④大学教与学所具有特点的描述；⑤大学学习论（包括学习任务、规律、过程和学习观等）的介绍等。

其中，①是解决“为什么学”的问题，②、③是解决“学什么”的问题，④是解决“怎样学”的问题，⑤是解决“为什么这样学”的问题。

方式——开设大学一年级新生必修的专业概论课，进行上述主要内容的讲授与学习。需要注意的是：由于本课程面向刚入学的新生，所以必须以生动的形象教学为主；又由于是设课讲授，所以必须有一定的课程体系，在讲授中又要贯穿大量生动的工程事例。

2. 专业的认识教育

目的——初步认识本专业的有关工程，了解这些工程中的基本要素，为学好技术基础课和进一步了解专业课做好认识上的准备。

主要内容——①认识与本专业有关的各种类型工程；②认识这些类型工程中的基本要素（如原材料、工程系统、结构体系、工程造型等）；③认识这些类型工程中的主要技术和经济问题（如材料性能、技术功能、制造工艺、技术经济指标等）；④认识工程建设中国家的方针政策。

方式——采用进行与本专业有关的各类工程的系列讲座与参观若干工程的认识实习相结合的方式。其中讲座应由本专业在某些方面有实践工程经验的教师分别承担，认识实习需选择本专业有代表性的工程对象。

3. 专业的方法论和伦理教育

目的——提高学生在科学、技术、工程问题上的方法论水平，使学生具有高质量的学好本专业有关课程的方法论基础，并使学生获得解决工程实际问题、进行技术经济分析和进入新科技领域的能力。同时，还要提高工程人员的伦理观，遵守工程人员的“工程伦理守则”。

主要内容——在方法论方面：①解决问题的普遍原理；②观察和实验的方法；③工程设计的方法；④模型和模拟的方法；⑤科技情报检索的方法；⑥技术报告与科学论文写作的方法。在伦理观方面提倡：①公众第一；②谨守本分；③客观诚实；④忠诚可信；⑤避却欺骗。

方式——开设方法论及工程伦理方面的课程或讲座，由本专业在教学实验、工程设计、计算机应用、科技实验和伦理教育等方面有丰富实践经验的教师主讲。讲授内容既要有理论概括，更要有生动的实例。

4. 专业的发展教育

目的——开阔学生的视野，激发学生对未来的向往，使学生树立对专业发展的荣誉感和责任感。

主要内容——①本专业各有关领域在国内和国际上最新的成就；②本专业各有关领域未来发展的趋势；③国家对本专业有关行业的发展规划；④本专业有重大科技成就的人物成长过程的介绍。

方式——请校外著名的专家、学者和工程科技人员开设讲座。

上述专业思想教育系列是指设置专业教育课程或讲座的系列。在这个系列中，我们经过多次实践的是专业概论课和专业认识实习；也曾试点开展过几次专业认识课和专业发展讲座。至于专业方法论课程和有目的、有计划、有组织并系统地设置专业思想教育的系列只是一种构思，尚待进行试验。应该看到，专业思想教育实际上应该贯穿在整个大学教学过程之中。教师，特别是专业课和技术基础课教师所上的每一堂课，每一次实验课，每一个课程设计，每一期生产实习，尤其是毕业设计，都是进行专业思想教育的课堂。广大专业教师、参与指导生产实习的现场工程技术人员、技术工人都是开展专业思想教育的教师。设置专业教育课程或讲座，不过是相对集中地设置一些进行专业思想教育的教学环境，使学生比较集中地建立某些专业意识，以助他们在后续的课程或实践环节的教学过程中加以消化、吸收、提炼和升华。

可以认为，采取集中与分散相结合、个别教师主持和广大教师参与相结合的方式，是专业思想教育的必然途径。由教师设置相应的教育环境对学生进行长期的熏陶和施加持久的影响，而不是毕其功于一役，是专业思想教育应坚持的道路。

三、专业思想教育课的教学方法基础

专业思想教育课的教学过程，是一个引导学生认知、情感、意志活动的过程。它在教学上的主要特色，不是知识本身的传授，而是知识的概述以及运用这些概述的知识去分析人才的成长、科技的发展和社会的进步。教师高质量的讲授，并不是把与专业有关的方面都讲得面面俱到，而是引导学生去领会社会的需求和本行业的发展，专业的基本内涵和特点，以及学生全面成长的规律和方法。大学生不仅要学习专业思想教育有关课程所讲授的内容，而且要善于思考、探索，并善于运用所学概念去发展自己的认知、情感和意志。

专业思想教育课的教学方法取决于以下3个基本因素：

1. 教师

教师，作为整个专业思想教育的教育者和组织者，应该具备以下条件：

（1）作一个学识渊博的专家和具有高深造诣的教师，为教师在这个系列的课程中面临的主要任务不是某一学科的教学，而是一个高级工程科技人员的成长；不是传授具体的学科知识，而是全面而深入地叙述社会对专业的需求和专业所设各门课程之间的关联。此外，他还应熟谙有关学科的方法及其实际应用。所以，这里所指教师的造诣包括：广博的知识面、实际的工程实践基础、高度的文化素质、正确的哲学观点和政治信念。

（2）要有志于从事教育活动。教育志向，指的是热爱培养人才的教育事业、热爱所培育的广大学生，不倦地努力探索本专业人才成长的规律，不断地努力完善自己的教学技艺，教师要具有教学论、心理学、学习论等方面的知识，并在教学实践中不断加以补充，善于把这些知识作为教学手段加以利用。

（3）要尽可能多地接触学生，了解他们的入学背景、兴趣爱好、性格特长、理想信念、未来的职业意向以及当前的学习动机、学习方法、学习效果，以便在教学过程中对症下药，有的放矢。

专业思想教育课的讲授要有各种教师参加，尤其需要专业教师、班主任和校外的本专业专家参加。全系的有关人员也都要关心本专业学生的成长，在各自的岗位上结合工作对学生进行思想教育，形成一个全方位进行思想教育的局面。

2. 教学内容的选择

专业思想教育课的教学内容有两个基础：①本专业有关学科和工程的基础；②教育学、方法论的基础。可以认为，全部专业思想教育系列课程的内容，就是这两个基础的结合。在具体选择教学内容时，要注意以下几点：

（1）形象的具体和抽象的理论相结合。一方面要注意的是应该尽量选择形象化的教学内容。因为在本系列课程中，主要讲解的是概论性的东西，学生听课时基本上没有这方面的学科知识，通过幻灯、录像、看展览、讲故事、进行工程现场教学等形式所传授的内容，容易给学生以深刻的印象。但是，另一方面，还要注意教学内容又必须有一定的理论高度，因为受教育者毕竟都是大学生，智力发展已达到相当高度，求知欲旺盛，不满足于形象化的浏览和一般性的叙述。在专业概论课中，我们讲了关于科学、技术、工程、工程师的概念和任务，分析了大学生的学习规律，阐述了关于思维和自主学习的一般性理论，受到学生的普遍欢迎。

（2）远期的引导和近期的指导相结合。专业思想教育课，是一门主要讲宏观知识的课程。所以，一方面通过这门课要让学生了解社会的需求、科技的发展、工程的进步、工程师的作用这样一些宏观知识，其目的是使学生看到自己的未来，从而激发学生学习的动力；另一方面，让学生懂得怎样在学校进行工程师的基本训练，知道基础课、技术基础课、专业课以及这些课程的特色和学习方法，则更为迫切。因为后者涉及学生个人成长的道路、当前学习的方法、能否取得较好的学习成绩等一系列关系学生切身利益的问题。两者有机结合，是讲好专业思想教育课、调动学生学习积极性的关键。

（3）正面知识和反面知识相结合。我们培养的人才是科学技术人才。在科学发现中，既有成功的典型，也有失败的案例；在工程技术中，既有成功的经验，也有失败的教训；在人才成长中，既有顺境，也有逆境。这些都是客观世界中的必然。既要有正面的知识也要有反面的知识，才是完整的知识。在专业思想教育课程中，揭示这方面的规律，阐述正反两方面的案例，不但能在较大程度上引起学生的兴趣，而且能够起到潜移默化的教育作用。这条经验，在专业概论课中得到了证实。我们在课上讲了许多成功和失败的工程实例，引起了学生极大的兴趣。有些同学对此深有感触："老师讲的这些工程故事，将使我一辈子警觉。"

（4）课程内容的安排要符合学生的思想状况和认识规律。以专业概论课为例，它是围绕"为何学""学什么""怎样学""为什么这样学"4个方面组织教学内容的。这样的安排符合学生的心理状态和认识规律。学生学完这门课在学习总结中写道："老师好像知道我们的心似的。我们想到什么问题，往往就会在下一堂课中得到圆满的回答。"我们深感针对学生的思想组织教学，容易为学生所接受，容易收到较好的教学效果。从整个专业思想教育的系列课程来看，"培养目标教育—认识教育—方法和伦理教育—前景教育"，这是一条逐渐深化的引导过程。它与四年的教学过程相匹配，既能指导学生一步步深化专业思想境界、一步步建立较高的专业意识，而且能够起到帮助学生依次学好有关课程的作用。

（本文于1992年提交清华大学第十九次教学讨论会并列入该讨论会的文集；现在列入本册，增加了伦理教育问题）

学习的概念和工科大学生的学习观

学习是人生的一件大事。婴儿从胎盘中出生，第一件事就是本能地吸取母亲的奶水，维持生命、健康成长。孩提时，人是在玩耍中度过的，其实是在玩耍中学习事物、养成习惯。青少年阶段是学习每个人一生必须具备的“怎样做人”和“了解事物基础知识和技能”的关键时期。成人后进入社会、参与事业，更需要首先了解社会现状，学习继承前人对事业的奉献，同时在自己的岗位上不断学习新鲜事物，推动社会和事业的发展。到了退休以至耄耋之年，还应该学会怎样“回味自己的人生，享受安乐的晚年”，以愉快的心情回归自然。这就是“活到老，学到老”这个哲理告诉人们应该具备的人生观。其中最重要的是青少年“人之初”阶段的学习。

我们教师，在完成教学任务的同时，应该致力于在教学安排和学习指导上，引导学生认知学习的概念、作用、学习中所肩负的任务和应该具备的学习观。下面就我认识到的这些方面对工科大学生进行简述。

（一）学习的概念

“学”是仿效，“习”从翼字，翼即鸟的翅膀。学习，顾名思义指小鸟反复振翼学飞。学校教育中的学习，则意味着通过听课、读书、作业、操作、参加集体和社会活动，将“已知”和“新知”在头脑中加以组合，并反复进行练习、实习、试验或应用，做到巩固提高，从而获得真正的新的知识和技能。这是从功能上理解学习的含义。它的过程如表1：

表1　学习的过程

时 间	知识、技能的状况与事件
0	“已知”知识、技能、事件的状况；
1	由某事件（S）得到“新知”的知识、技能，同时回忆起与（S）相关的“已知”；

续表

时 间	知识、技能的状况与事件
2	将“新知”与“已知”进行联系、组合、应用，形成一个“新知识、技能体系”
⋮	⋮对这个“新知识技能体系”反复练习、应用，产生思想和行为的变化
n	形成巩固提高的“新知识、技能体系”
n+1	对已巩固提高的“新知识、技能体系”加以迁移应用和检验

在教育心理学上，学习指经验获得和行为变化的过程。它可具体理解为“人在一定环境中，对某些具体经验、知识和技能的获得，引起的知识的积累、智力的发展、能力的提高、情感意志行为的变化的过程”，也是“感觉和认知（知）、感情（情）、意志（意）、行为（行）的相互依存、促进、组织，并获得效果的过程”。

根据对这些概念的理解，学习具有以下属性（参见图1）：

（1）学习由学习的主体（人）和学习的客体（学习对象）两个方面组成；

（2）学习总是在一定的环境中进行的，学习是学习的主体、客体和环境相互作用的结果；

（3）学习主体通过学习必定在“知、情、意、行”四个方面产生某些变化，这些变化在时间上往往是持久的。

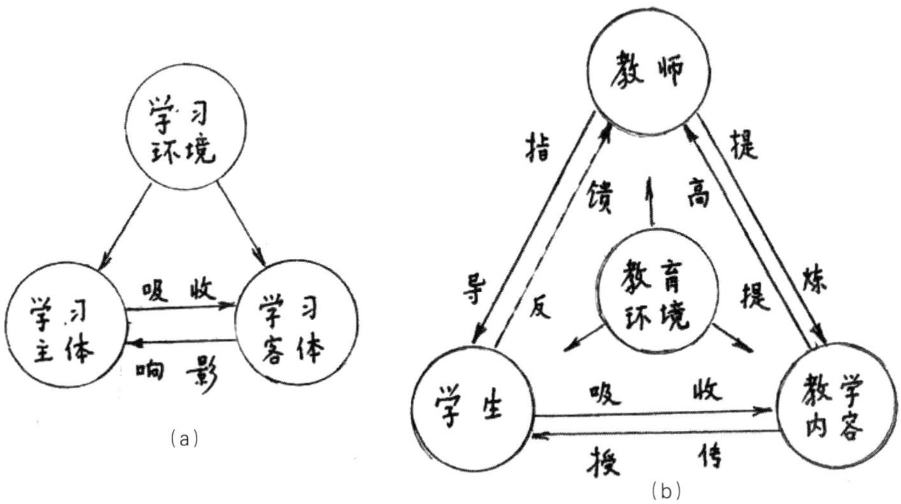

图1 学习的属性

（a）学习主、客体和学习环境的相互作用；（b）教师、学生、教学内容在学校教育环境中的相互作用

在学校教育环境中，学生的学习除上述属性外，还具有以下特性：

（1）目的性——为满足社会发展的需要和自身发展的需求而学习。

（2）间接性——主要通过书本、文献、作业和试验、实习接受前人积累下来的知识技能，不是通过自己的直接实践获得。

（3）系统性和集中性——在学校制订的教学计划安排下系统地组织进行；学生在

校的全部时间基本上都要集中到与学习有关的活动上。

（4）指导性——在教师指导下进行学习；即使强调要做到自主性学习，也应在教师的指导和引导下进行。

在校大学生的学习内容和类型，大体有以下五种：

——知识的学习，指学校教学计划规定的各类学科知识系统，以及它们间的关系和联系，尤其它们在实际社会生产和发展中的作用。

——技能的学习，指心智技能和动作技能两方面，前者系运用知识通过练习形成的智力技能，如运算、绘图、写作、设计、实验等，后者如体育运动动作和实验、制作、施工生产实践环节学习中的操作。

——信息的学习，指课堂教学外通过网络、图书馆、资料库、科技活动等多种渠道获得的新知识、数据、情报、文献等。

——语言的学习，指语言（外国语，也包括汉语）的特定系统和规则，以及语言知识所产生的言语行为（实际话语和口述能力）。

——社会生活规范学习，指通过集体生活、社会活动获得的道德信念、语言和动作习惯、行为准则等。

一般人都认为前三类的学习是主要的，但通过在校学习获得的道德信念和行为准则，对一个人的人生更为重要。

对在校大学生学习有影响的主、客观环境因素主要有以下几点。属于客观环境的是：①社会因素和群体特征（如国家政策和制度、社会风尚和思潮、家庭状况、教育体制、校园环境、班集体风气、个人交往等）；②教师特征（如教师的学术水平、教学水平和特色、组织能力、人格品质、学风等）；③课程安排（如课程的类别、教量、难度、教学手段、作业安排以及课外教学活动等）。

属于主观环境的是：自身认知结构（如个人的“已知”在内容和认识上的特征、个人认知的策略和方法、个人智力发展水平）；学习动机和态度（如自身发展需求、求知欲、情感、兴趣、学风）；人格因素（性格、习惯、意志、行为等）。

（二）学习的作用和工科大学生的学习任务

由于学习是联系主客观世界的一种活动，是把社会和个人联系起来的纽带，学习的作用可以从以下几方面加以阐述：

（1）从人类的生存和社会的发展看，学习是人类认识、适应和改造环境的重要手段，也是社会培育和造就人才的主要途径。当前人类正处在一个科学技术的发展愈来愈迅猛、社会生活的变革愈来愈快速的新时代；从物理学上的重大发现与应用之间的间隔时间表上就可以充分看到这个趋势（见图2）。在这个高速前进的时代，无论社会的生存与发展，还是个人的生存与发展，都需要依靠坚持不懈的学习。只有依靠学习才能延续继承历史上的物资和精神文明，也只有依靠学习才能不断造就新一代的人才。这个发展社会的重任，无疑在很大程度上落在在校学习的青年一代身上。青年学生只有在最美好的青年时期，以最充沛的精力把人类千百年积累下来的科技文化的精华学到手，才能对今后社会的发展做出应有贡献。

1727—1839	112年	摄影术	1925—1940	15年	雷达
1821—1886	65年	电动机	1922—1934	12年	电视
1820—1870	50年	电 话	1937—1942	5年	核反应
1867—1902	35年	无线电	1939—1945	6年	原子弹
1884—1915	31年	真空管	1948—1951	3年	晶体管
1895—1913	18年	X光管	1953—1955	2年	太阳电池

图2　物理科学上的发现与应用间隔

资料来源：摘自《技术与社会变革》哥伦比亚大学出版社1964年。

（2）从个人的需求看，学习是“形成自己的思维和学识、个人全面均衡的发展、个人建立良好的品德和个性、个人实现自身的理想”这四个方面的原动力。

思维，是每个人通过学习对现实事物进行分析与综合、抽象与概括，形成概念，并应用概念进行判断和推理，认识事物的本质、特性及其今后的发展。学识，则是指对所学事物和知识的见解，自己通过学习在学术上的修养和成就。思维力求严谨、学识力求深厚。

工科大学生的全面发展过程，应该理解为一个“工程师的形成（formation）过程”，因而必须把影响人的发展的三个基本因素（遗传、环境、活动）和工程教育的特征联系起来。在全面发展中，每个人都有自己的个性，包括：

①心理活动的特征，指气质；

②行为方面的特征，指性格；

③活动倾向的特征，指兴趣；

④知识技能的特征，指特长；

⑤活动潜能的特征，指能力。

这些个性的形成，虽然受到社会、家庭和历史条件的制约，但却是学生在学校环境中长期经历“学习”生活的结果。

另外，每个学生都有自己未来的理想，其中最高理想是为社会和国家做出应有的奉献。有句名言：“科学家研究已有的世界，工程师创造未有的世界。”作为未来工程师的工科大学生，今后在事业中要有所发现、有所革新、有所创造，都无不依赖于有严谨的思维、深厚的学识、广阔的思路、丰富的想象和开拓的意识。所有这些品质，都是以当前在校学习时的勤奋态度、严谨学风、开拓精神和深厚知识技能为根基的。

因此，工科大学生的学习任务可以用以下五个方面加以概括：

（1）学好基础理论知识、钻研专业和相关工程技术知识、在当前网络时代中广泛地了解相应的科技发展和人文社会科学知识，并逐渐形成自己的学识。

（2）积极参与各种科学实践、工程实践和社会实践活动，如实验、设计、实习、课外科技活动、生产活动中的改革和创新、社会调查、毕业（论文）设计、勤工俭学等，勇于探索实践中的未知领域。

（3）在学习知识技能的过程中，发展智力、培养能力、掌握技能、增添兴趣。

（4）培养良好的道德情操（具有社会主义的荣辱观、工程师的道德观）、科学的世界观、高级的情感（爱国感、责任感、美感等）、严谨的学风、坚实的工程意识、健全的心理和体魄，以及振兴我中华民族的坚定意志。

（5）实现德、智、体、美全面素质的均衡提高和良好个性特征的充分发展。

这五个方面的学习任务，包含了工科大学生培养目标的三个侧面：学识能力方面的目标、情感方面的目标和意志行为方面的目标。

（三）工科大学生应该具备的学习观

在了解了大学生的学习任务后，工程专业的教师有必要对工科大学生应该具备的学习观有一个总体认识，以便在教学过程中加以引导。工科大学生的学习观可以包括以下内涵：

1. 以具备敏锐丰富的智力为学习的基础

学生的学习水平和学生认识事物的智力密切相关，而智力是人认识事物各种能力的总和。它们包括：

（1）观察力——指直接、全面、深入、准确认识事物的心理过程，它是智力的门户。工科大学生在学习期间对知识技能的钻研，以及毕业后对社会的认识、融入和对事业的发展、创新，都首先要以敏锐深刻的观察力为基础。

（2）记忆力——指识别、联系、储存、再现事物的心理过程，它是智力的仓库。它对工科大学生尤其重要，因为工程是一个综合决断的过程，要随时识别对比和联系兼容科技、经济、政策、社会、人文的各个方面，就需要有良好的记忆力。

（3）想象力——指在直觉、感性、形象认识事物的基础上构成新形象的心理过程，它是智力的翅膀。工科大学生赋有在社会建设和科技进步中开拓创新的重任，没有丰富的想象力是难以高质量完成任务的。

（4）思维力——指人脑对事物进行分析与综合、抽象与概括、判断与推理的心理过程，它是智力的核心。工科大学生必须发展自己的逻辑思维、辩证思维和创新思维，才能在错综复杂的社会形态和与时俱进的科技发展中，找到自己前进的方向。

大学生的智力水平，不是这些力的简单相加，而是它们的有机结合。例如，某人在观察事物的同时，进行记忆和判断，并在理解的基础上推理和想象；观察愈深刻，记忆愈清晰，判断愈准确，理解愈透彻，想象愈丰富，他的智力水平就愈高，其中的核心是思维力。

2. 以养成高质量的素质为学习目标（见下表2）

表2　工科大学生的人才素质要求

素质的方面	在素质中的地位	素质的主要内涵
品质 （思想、政治、道德品质）	根本	世界观、人生观、价值观； 个人与自然、社会、他人的关系；信仰和信念； 对事业的情感和责任心
学识 （科学、技术、文化）	核心	对知识的深刻理解——学问； 对事物的洞察见解——见识； 宽广的知识面，不断追求新知； 严谨、勤奋、求实、创新的学风
才能 （信息方面、应用方面、心智方面、组织方面）	实体	娴熟的写、说、算、绘、计算机应用、实验技能； 很强的自主性学习、获取信息的能力； 成熟的提出问题、分析问题、解决问题的能力； 敢于实践、勇于创新，具有创造的能力； 宣传群众、组织群众、处理好公共关系的能力
身心 （体质、心理意志、精神）	基础	健康的体魄；　稳定的心理； 坚毅的意志；　活泼的精神

3. 建立自主性学习机制为学习模式

大学生的学习区别于中学生的地方主要在学习的自主性方面，原因是大学生的知、情、意、行水平使他们有条件在教师的指导下发挥自己的学习主动性，把学习调整到自己的最佳状态。自主性学习不仅是“自学”，它包括：

（1）自我识别：指在经常解剖、鉴别自己学习状态的基础上，建立学习目标。

（2）自我选择：指在完成教学计划规定的基本学习任务的基础上，有选择地扩充知识技能。

（3）自我培养：指“自学”，包括端正动机、充实内容、改进方法、提高效率等方面。

（4）自我评价：指对自己的学习目标、过程、方法、效果、态度等方面进行判断和评价。

（5）自我调整：指在自我评价的基础上，调整自己学习目标、内容、方法和心态。

大学生的自主性学习是在教师指导下进行的。学校或专业应该为学生建立导师制，大体上一个导师指导10个左右的学生，一学期见面1—2次进行指导，对学生选什么课、看哪些参考文献、怎样利用教学资源、应该参加哪些课外科技活动，以及学生的学习方法和自我评价进行有针对性的指导。如果能做到这些，就能推动学生自主性学习的全面开展。

4. 以严谨、勤奋的治学态度为学习风格

学风，就是长期在学习实践中形成的在治学方面的综合特征。它具有常规的性质和效力，是学习行为的准则。优秀的学风通常指：

（1）勤奋和进取的精神；

（2）严谨和求实的态度；

（3）活泼和开阔的视野；

（4）科学和实效的方法；

（5）创新的信念和意志。

大学生良好学风的形成，受到教育环境的强烈影响，也与本人在学习过程中能否自觉地接受这些影响有关。这些教育环境的影响主要来自学校的校风，教师的教风、学风和作风，以及班集体的班风；其中以教师对学生的影响最大。

5. 具有大潜力、科学学习、劳逸结合的学习观念

心理学家告诉我们：人脑的潜力只开发了1/10（一说1/100）；它虽不准确，但人脑有很大的潜力，已被很多研究所证实。因此，大学生应该相信自己有能力掌握比现在更多的知识，可以建立的比现在的学习目标更远大的成才目标。这是一个有朝气的青年的学习观念。

要具有下述科学的学习观念：

（1）要努力学习“科学的知识技能和方法”，对于学习中遇到的“经验”成分，要善于将它提升到科学理论的高度上来。

（2）要不断“向实践学习”，课堂教学以外的科技活动、工程活动、社会活动、公益劳动以及生活中遇到的事物……都是学习的好材料，善于在实践中学到知识，永远是重要的学习观念。

（3）要树立“创造性学习”的观念，譬如在学习过程中善于发表自己的见解，创造性地完成设计和实验作业，阅读参考文献、参加科技活动、形成观点并写出和发表自己的论文……都是有效的方法。

（4）要讲究学习方法，一个好的学习方法为学习铺平道路、找到捷径，能收到事半功倍的效果，为学习增添了翅膀。

（5）要“全面地学习”，既要在学习过程中增长知识，更要通过学习学会为人处世，建立高级感情，培养工程意识，锻炼强健体魄。

劳逸结合、生动活泼是学习的润滑剂。记住只有具备健康的体魄和愉快的心情，才能有效地学习。要提倡毕业后“为祖国健康工作50年”（由清华大学前校长蒋南翔提出）的学习观念。

6. 建立未来工程师必须具备的工程意识

意识，是人对现实有组织的反映，是使人的行动具有自觉能动性的认识。学生通过多门课程的学习，在获得了对工程有组织的认识和反映的同时，应该在下列8个方面的意识上，有自觉的能动性：

（1）实践意识：指在思考和处理任何工程问题和任务时，都要从实际出发，所提出的措施要切实可行，要到实践中去面对实际出现的情况，直到问题得到解决，任务得以完成。

（2）科技意识：指要采用科学的、技术的或科学和技术相结合的方法，去解决所有的工程问题，而不是单单凭想象、概念或者依靠以往的经验。

（3）社会意识：指要认识到任何工程问题都会受到多种社会因素（需求、政策、法律、环境、人文、伦理……）的制约和检验，因而要具备处理这些因素的知识和能力。

（4）经济意识：指要认识到处理任何工程问题时，都要注重技术和经济两方面效益，既要完成任务，提高质量和生产率，又要降低成本，节约能源、材料和劳动力，考虑耐久性。

（5）协作意识：指要认识到任何工程活动都是集体和多学科、多工种协作的结果，要善于和各方面人员合作，有团队精神和人际交往的能力；在交往中要“以诚待人、以信为本”，认识到“只有集思才能广益”。

（6）管理意识：任何工程活动都有人和事的组织和管理问题，现代工业生产尤其要进行科学管理；懂得一些科学管理理论，重视管理能力的自我培养，是对未来工程师的基本要求。

（7）信息意识：指有密切注视和了解国内外及相关行业科技、生产、经济等信息的意识，并以收集、整理、处理、吸收、消化这些信息作为工程决策的依据。

（8）创新意识：指要认识到工程的实质是“在已有的社会中创造尚没有的世界”“工程的核心是创新”，并且只有在工程实践的基础上才能不断地创造出新思想、新方法、新理论、新材料、新技术、新工艺、新产品，才能在激烈的竞争中处于优势。

以上几个方面相互作用、相互促进，是在任何工程活动中都必然存在和必须具有的。认识了这些，有利于教师和学生自觉地在教学和学习活动中去培植正确的学习方法，促进工科大学生的健康成长。应该意识到建立工程意识是现代化建设对工科大学生最本质的要求，也是工科大学生学习观中最根本的内涵和要努力实现的重要目标。

（本文是研究“教学原理”的一个主要侧面，完成于2003年编著《与理工科大学生谈自主性学习》时，今摘录了其中的部分内容）

对建立高等工程教育评估制度的几点意见

当前，教育正处于重要变革时期，“三个面向”指明了教育工作的广度和深度，使我们开阔了思路。“迎接世界新技术革命挑战”的根本对策是智力开发和人才培养。中央关于经济、科研体制改革的决定，将进一步改善生产关系，解放生产力。在这种前所未有的形势下，教育需要有一个能衡量其水平和效益的标准；教育改革需要有一个引导前进的方向和动力；教育管理需要有一个能适应体制改革的制度。因而，教育评估是教育事业和教育科学兴旺发展的必然要求，是不断促进高等工程教育繁荣进步的驱动力。

诚然，教育评估是一件极其复杂的工程。因为教育工作是培养人才的社会活动，教育成果是精神产品，各种教育现象都受到诸多社会因素的制约，反映教育的各种指标是上层建筑活动的记录，是千百万人在不同时间、空间内的经验产物，目前我们尚无一套严谨而系统的要求和方法。正因为如此，许多教育工作者对教育评估正在开展研究，如对教学质量的评估、对毕业设计的评估、对课堂教学效果的评估，乃至对一个系的同行专业评估，等等。尽管如此，这些工作还是零星的，而不是系统的。要全面开展评估，还要做大量的调查和实验，还要开展深入的理论探讨和细致的组织工作。

一、教育评估的目的和方法

从我国高等工程教育实际出发，开展评估的目的在于：①评估学校各方面的教育工作是否符合基本标准要求，客观评价其教育水平、学术水平和管理水平，推动各项教育改革工作，加快教育管理制度科学化，并对高等工程教育的发展起指导作用；②促使校际以及校内系统乃至课程间开展友好竞赛，互相学习，取长补短，并鼓励各校、各系办出特色；③加强高等工科学校与社会知识界的联系，并促进教育面向建设需要，吸引社会各界对教育的关注。

围绕评估的目的性，有以下问题值得探讨：

评教育采用什么方式？由于其目的性及教育工作的特点，评教育不宜采用工农业中的评比方式，即排名次的办法；而应采用评议、估价、鉴定的方式。譬如对一般学校，应该通过评议来鉴定并保证其基本教育水准，对有较好基础的学校来说，应该通过评议来确认它的社会声誉和地位，促进其进一步发展。相反，如果在评教育中过多强调排名次、争高低，则容易产生种种假象和副作用，滋长“追求名次，不计其余”的歪风。

由谁评教育？自我评估、领导评估、培养对象评估、校际评估、社会同行评估等办法都是可行的，应视评估目的而定。这里要强调一下评估的社会性问题。由于教育是社会活动，因此必须加强学校和社会的联系，其办法之一是工程界、科技界、企业界热心于教育的人士参加评估，让更多的专家、学者、工程技术人员积极而有效地参与办好教育。

评教育的对象都有哪些？按教育层次，有评学校、评系、评专业、评课程、评教师、评学生……按教育内容，包括教学、科研、思想教育、学术水平、教育设施、管理、师资、学生素质、经济教益……可以预见，无论以什么为评估对象，都意味着存在竞赛和竞争。如果处理得当，都能激发人们办好教育的积极性。但是，当前评估仍属初创阶段，一方面要提倡百花齐放，要充分利用评估来调动各种人的积极性，鼓励各校办出水平，办出特色；另一方面要避免出现面面俱到，搞烦琐哲学的偏向，努力使评估首先服务于当前亟待解决的问题，如提高思想教育和业务教学质量，注重能力培养，促使教师既重视教学又开展科研，促进各种设施发挥效益等。

怎样评估？统考、抽检、评议打分……它们都被实践过；但从效果看，既有一定成效，又都有一定副作用。现在看来，正确开展评估，应该从全面认识教育评估的意义和目的出发，研究精神产品生产的规律性，探讨评估的理论与方法，形成适宜的指标体系，建立一整套评估的制度和队伍。正确开展评估还应有步骤地由点到面，由局部到整体，由校内到校际，逐步推广和扩大。

二、教育评估指标体系的作用和形成的原则

不同的评估对象有不同的指标体系。教育评估的重要问题之一是形成科学的评估指标体系。从长期教育实践来看，教育指标可以起以下作用：它是认识教育现象的基础，因而也是评估的基础，根据它能认识教育本质，揭示教育规律，判断教育发展趋势；它也是教育管理的依据，既能为前期教育工作提供数量和质量资料，又能作为各级教育管理部门拟定今后计划的参考；它还是刺激（或阻碍）教育发展的因素，选用反映教育本质的指标能促进教育发展，反之，会阻碍教育进程。

为了通过教育指标达到评估目的，充分发挥上述作用，教育指标体系的建立必须以对教育现象的深刻分析和占有事实根据为基础。在从分析现象到形成符合客观实际的指标体系的过程中，要遵循以下原则：

（1）相互联系的原则——教育的各种指标都是相互联系和制约的。

（2）发展的原则——教育随社会需要在不断发展，因而反映教育的指标亦必须及时反映发展中的教育现实。

（3）对立统一的原则——教育现象同客观世界任何现象一样具有其内在的矛盾着的对立面。

（4）由量转化为质的原则——一般说指标可分为个别指标（反映个别教育过程）、局部指标（反映个别部门的教育情况）和综合指标（反映一个教育系统的面貌）。由低一级指标转化为高一级指标，是积累和概括低一级教育情况中的丰富材料后得到的。这种概括是从个别到一般，从感性到理性，从量转化为质的飞跃。

确定教育指标体系还必须有客观的事实根据和科学的原始资料。对这些事实和资料，应要求具有完整性、可比性、真实性。

三、处理好教育评估的几对关系

1. 教育的科学性和中国国情

教育是科学，有自身的原理、规律和法则。它又与一个国家的历史、传统、制度、价值观念等密切联系。我们需要参考国外教育评估的某些做法，但更重要的是总结我国自己的教育经验，包括点滴的教育评估经验。譬如，根据我国高等教育的理论和实践，应该把思想教育质量置于指标体系中的重要地位。当然，思想教育评估无论在方法上还是在量标上都很困难，这只能促进我们在这方面进行更富有开创性的研究。

2. 统一规格和各具特色

教育评估的第一目的是鉴定评估对象是否达到应有职能的基本水准，为此，必须有一个以共同尺度衡量的客观标准。按照形式逻辑原理，统一规格应符合同一规律，它应该明确而肯定，内容无论重复多少次都具有同一含义。譬如，在评估教学工作时，认定“教学资料建设”是评估体系中的一项指标，就要对“教学资料”和“建设”进行明确定义。

教育评估不但要遵从形式逻辑，还要遵从辩证逻辑。在规定统一规格的同时还要鼓励评估对象具有特色。因为教育总是在发展和运动中，当前处于改革中的高等教育更是如此。对于不同教育层次（校、系、专业）都应促进其办出特色；对于精心实施的教育改革，都应在评估中予以充分肯定。

3. 评估教育成果和评估教育过程

教育评估是否只要评估成果？不然。因为教育是长周期的精神生产活动，它的社会效果要在该周期完成后的若干年才能全面而真实地反馈回来。从这特点考虑，如果评估只重结果不重过程，很容易总是滞后于现实，不利于教育的改革与发展。因此，教育评估既要看成果，还要看效率；既要看现状，还要看历史；既要看目的，还要看手段。所有这些，都要求既进行目标评估，又进行过程评估。

4. 比例量标和间距量标

使教育从经验上升到理论和科学，计量分析是手段之一。而量化是有不同级别的，它反映在不同的量标类型中，最精密的量标是比例量标。但在教育活动中，更多的现象是不能用比例量标计量的，如教师的教学态度和方法，学生的思想水平和能力等。目前，评估这类现象多采用间距量标，即以一定间距，按属性或质量的强度顺序排列被测项目。典型而广泛应用的间距量标是评分（级）法。另一种是序列量标，如“多—少”“先—后”“好—差”等。它虽也按属性强度排列，但没有计量原点和单位。对它提供的信息，难以进行算术处理。教育评估力求把序列量标的概念通过较科学的分析、划界，折换成间距量标；但目前也不排斥有时还会采用序列量标。

5. 用评估鉴别和对评估鉴别

教育质量应受评估鉴别，而评估本身的质量也应鉴别。检验、改善和提高评估质量，一是要提高评估界限的区分能力，这既涉及所订界限是否恰当，也涉及所订标准能否把总体分布拉开到合适幅度。二是要注重评估结果的有效性，指评估结果与评估对象相符的程度。三要保证评估尺度的可靠性，这需要建立客观、明确、稳定的标准作为评估尺度。

四、教育评估实践的当前任务

教育评估是一件实践性很强的工作。评估的各种问题只有在实践中才能不断发现和改善。为了做好这项工作，应该制定一个教育评估工作的准则。这个准则宜有以下内容：

（1）制定高等工程教育的基本标准。它应把人才的培养目标和基本规格，教学计划的基本规定，科研工作的基本要求，教师和管理人员的基本素质，主要设施的基本规模以及资金来源、教育效益等作为主要内容。这应该是“教育立法”的一个组成部分。

（2）确定高等工程教育的评估层次、评估范围和评估对象。

（3）建立高等工程教育评估的指标体系。

（4）形成高等工程教育评估的工作方法，包括设立应有的组织系统和机构、确定参加评估的各界人士、建立初步的工作程序和方法等。

（5）制定相应的评估政策。例如评估应鼓励教育改革和办学特色，促成解决带有倾向性的问题，对优秀的单位应给予奖励，评估不足的地方应限期纠正，等等。

总之，教育评估需要实践。从进行评估理论和方法研究，开展各种类型的评估试点，制定评估工作准则这三个方面开始实践也许是适宜的。

（本文曾发表于《中国教育报》1985年5月14日第三版）

高等学校教育评估的几个基本概念

1982年我随“中国土木与建筑教育考察团”赴美国考察时，曾经访问了“美国工程与教育鉴定委员会（ABET）”，他们向我团介绍了美国高等学校的教育鉴定简况，并赠送我团一份1980年制定的“工程与教育鉴定委员会鉴定程序细则”。

我回国译出后，呈交国家教委高教二司。此时正值国家教委需要在全国试行开展高等院校教育评估的时机，我参加的“国家教委直属高等工业院校教育研究协作组”当即将重点转向高等学校教育评估的研究。

我曾在协作组召开的“高教评估专题研究会”上，提交了多篇关于国际上一些国家进行高教评估的信息，也提出了一些有关评估基本概念方面的论文，以及在我国开展高等学校教育评估的建议；并和几位兄弟院校的同行一起，代表“协作组”赴华中工学院、北京师范大学管理学院、西南政法学院、中南政法学院、镇江师专等高等院校做关于“高教评估基本概念和做法”的学术报告；还应上海市和吉林省教委的邀请，赴上海和长春分别对进行教育评估的试点高校进行评估工作的鉴定。在1989年和1994年两年中，我还作为副主编先后参与了《高等学校教育鉴定与水平评估》和《高等学校教育评估》两本专著的编写。

下面是我对“高等学校教育评估”几个主要方面的认识提要。

（一）关于价值、教育评价和教育评估的概念

讨论教育评估必然涉及“价值”的概念。马克思曾经提出：“人在把成为满足他们需要的资料的外界物，……进行估价，赋予它们以价值，或使它们有‘价值’属性。”因而从哲学的观点看，人的需要是价值的前提，没有主体的需要，或者说不同主体的需要联系起来，也就不是“价值”。

现代的教育评价，起源于20世纪20年代初西方形成的对学生学力测验的客观化和标准化，那时称之为教育测量（education measurement），但它无法衡量教育质量满足社

会和人自身发展的需求，因而教育测量被逐步过渡到教育评价（education evaluation）。西方人士对教育评价有不同的理解，例如：

——在本质上，教育评价过程乃是一种测量课程和教学方案在多大程度上达到教育目标的过程。（泰勒 Tayler R.W. 美国俄亥俄大学教授）

——教育评价是为了满足教育决策和教育效能核定的需要，进行描述，以便获得有关教育客体的目的、计划、执行情况和成果价值的过程。（斯塔弗尔比姆 Stufflebeam D.L.）

——教育评价是系统地收集教育信息和解释证据的过程，在此基础上做出评价，目的在于行动。（比贝 Beeby C.E.）

我们认为评价和认识不同。认识只是人脑反映客体（人和事）属性和联系的一种心理活动，而评价则是对有一定价值的人物和事物可能产生后果的预见和判断。没有判断的描述不能成为评价。所以，教育评价的实质是对教育活动中事物和人物的价值的判断，目的在于行动。

教育评价一般有四种类型：

（1）"教育评定"，是一种对教育参与人员个性特征的评价，如学生的学习成绩、教师个人的教学科研才能等；

（2）"教育鉴定"，是对学校教育工作是否符合基本的或最低标准的评价；

（3）"教育评比"，是一种由教育主管部门对学校教育质量、教育活动或教育参与人员进行排列名次或进行表扬奖励的评价。

（4）"教育评估"，是一种对教育活动表现形态的价值判断，目的在于提高教育质量和进行教育改革。例如，对学校办学水平、教育计划、教师胜任教育任务的要求、课程的质量等进行价值判断的评估，目的就在于提高它们的质量、进行相应的改革。它与前述几种教育评价相比较，被评对象往往是事物而不是人物，影响评价的因素相对复杂一些，评估中定性、估量的成分相对多一些。

（二）高等学校教育工作的价值

（1）其政治价值大体指：

◎ 办学方针、办学思想、教育内容符合政治方向、满足经济建设需要的程度；

◎ 所培养的人才在政治态度和思想意识上为巩固和发展政治经济服务的程度；

◎ 全部教育活动对发展科学文化和精神文明建设起到弘扬和促进作

用的程度。

（2）其教育价值表现为：

◎ 所培养的人才在为社会服务中，“知、情、意、行”等各方面的总体表现；

◎ 培养人才的教育、教学和管理工作，在促进高等教育建设和改革方面有值得总结和借鉴的经验；

◎ 培养人才的教育、教学和管理，在揭示高等教育规律、发展高等教育学科方面的贡献。

（3）其经济价值反映在：

◎ 学生总体的教育质量愈高，对社会发展生产力愈有利，则经济价值愈高；

◎ 开展基础、应用和开发研究愈多，对推动科技发展、提高社会生产力愈有利；

◎ 以尽量少的“投入”，取得尽量多的符合社会需要的“产出”，经济价值愈大。

（4）其社会价值的检验是：

◎ 所培养人才在数量和质量上，满足和适应社会发展需要的程度；

◎ 学校毕业生参加工作后在实际工作岗位上的表现，以及社会用人部门对学校输送人才的满意程度；

◎ 学校为社会服务方面（如参加社会活动，为社会提供资助等）的贡献。

（三）高等学校教育评估的目的作用和类型

高等学校教育评估的目的和作用主要体现为：

1. 鉴定与诊断作用

它要求根据国家规定的办学标准和人才培养的基本规格，通过学校自身系统的自我评估，并在主管部门主持的合格评估中，肯定优点与成绩、发现缺点与不足，从而提高教育质量、改善办学条件、改进教育管理的方法与途径。

2. 反馈与沟通作用

它要求通过收集对毕业生的反馈信息和社会对学校办学水平的评价意见，调节教育现状，满足社会需求，建立学校与社会的联系，调动社会和学校办好教育的两个积极性。

3. 监督和决策作用

它具有使上级教育主管部门对被评对象进行检查和督促的作用，也有使上级主管部门能够对被评估对象的未来行为确定目标和决策的功能。

4. 导向和激励作用

它最终的目的和作用是引导和激励高等教育事业的改革和进步。

高等学校教育评估的类型因评估的组织者（主体）、评估功能、评估目的和评估对象（客体）的不同而不同。如图1所示：

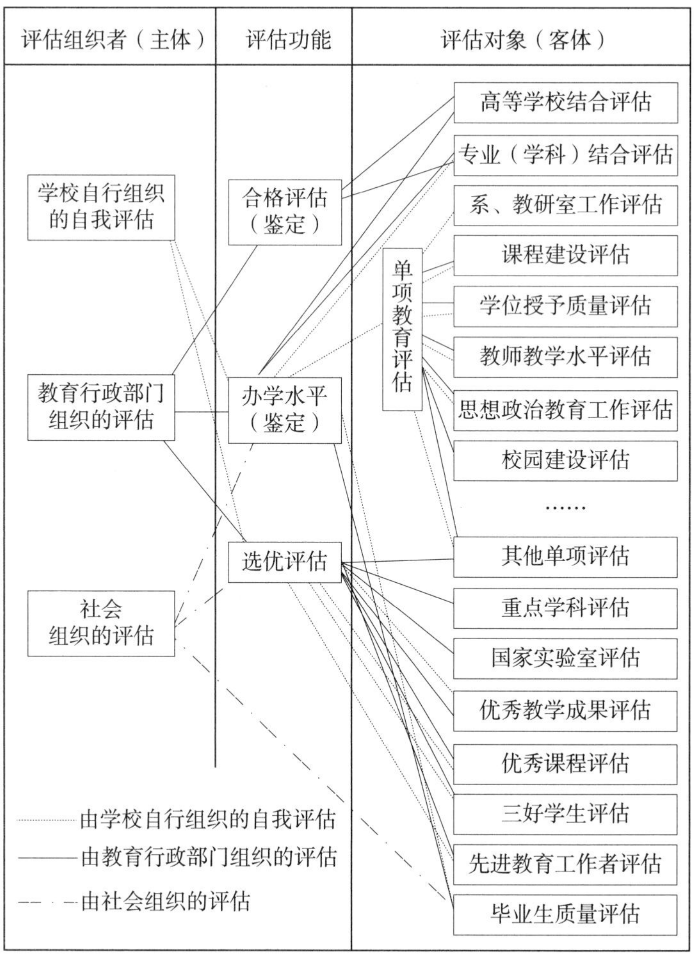

图1　高等学校教育评估的类型

(四)与高等学校教育评估方案设计有关的几个概念

高等教育是一种综合性的社会活动，它有着多个方面。高等学校教育评估作为对教育工作中的事物或人物做出的价值判断，是在有限的时间内对它的某些方面（不是所有方面）进行的价值判断。因此，在开展一项教育评估以前，必须预先对这项评估活动做出设计，其主要内涵是：

（1）为何评估？

（2）由谁评估？

（3）评估依据？

（4）评估什么？

（5）怎样评估？

（6）将得出什么样的评估结论？

根据这些内涵，确定以下评估的做法：

（1）确定教育评估的目的，认清被评客体应该达到的目标；

（2）根据上述目的和目标，设计评估指标体系并按评估项目的重要性赋以权重；

（3）制定评估的准则，包括进行评估的基本原则和确定评估标准的原则；

（4）确定测量各项指标的量表和统计方法；

（5）设计收集各种信息、资料所必需的表格；

（6）组织评估的专家组；

（7）规定评估的实施程序。

1. 教育目标

任何一项高等学校的教育工作（如培养目标、教学计划、课程设置和教学方法，教师开展的科学研究，学生进行的课外科技和实践活动，师资队伍建设，教学设施和教育手段的建设，后勤服务等）都有预期的教育成果，它们就是不同层次的教育目标。它们是由高等教育的决策者按照社会发展的需求和受教育者身心发展的需要，并在总结长期教育实践经验的基础上制定的；也可以是根据教育发展的需求和教育评估的目的，由人们设想的期望评估客体所要达到的境界。

2. 评估指标系统和权重系数

教育评估是一个由分解后的众多评估项目构成的相互作用的综合整体。当前使用比较普遍的表示方法是“评估指标系统”。其中每一条指标，就是一个评估项目；多级多条指标形成一个系统化的具有联系的指标群。以师资队伍建设中对大学教师的水平评估为例，它的评估指标体系如图2所示。其中1级指标有5项，2级指标有18项，3（末）

级指标有23项。末级指标是可操作、可测量的指标。

与末级指标相关的数字称为权重系数 w。它指的是某一评估项目在各级指标系统中的重要性系数。每一级指标系统的权重系数之和均为1，如在1级指标中

$0.238+0.572+0.091+0.060+0.039=1.0$

在研究成果创造性的3级指标中

$0.419+0.072+0.187+0.322=1.0$

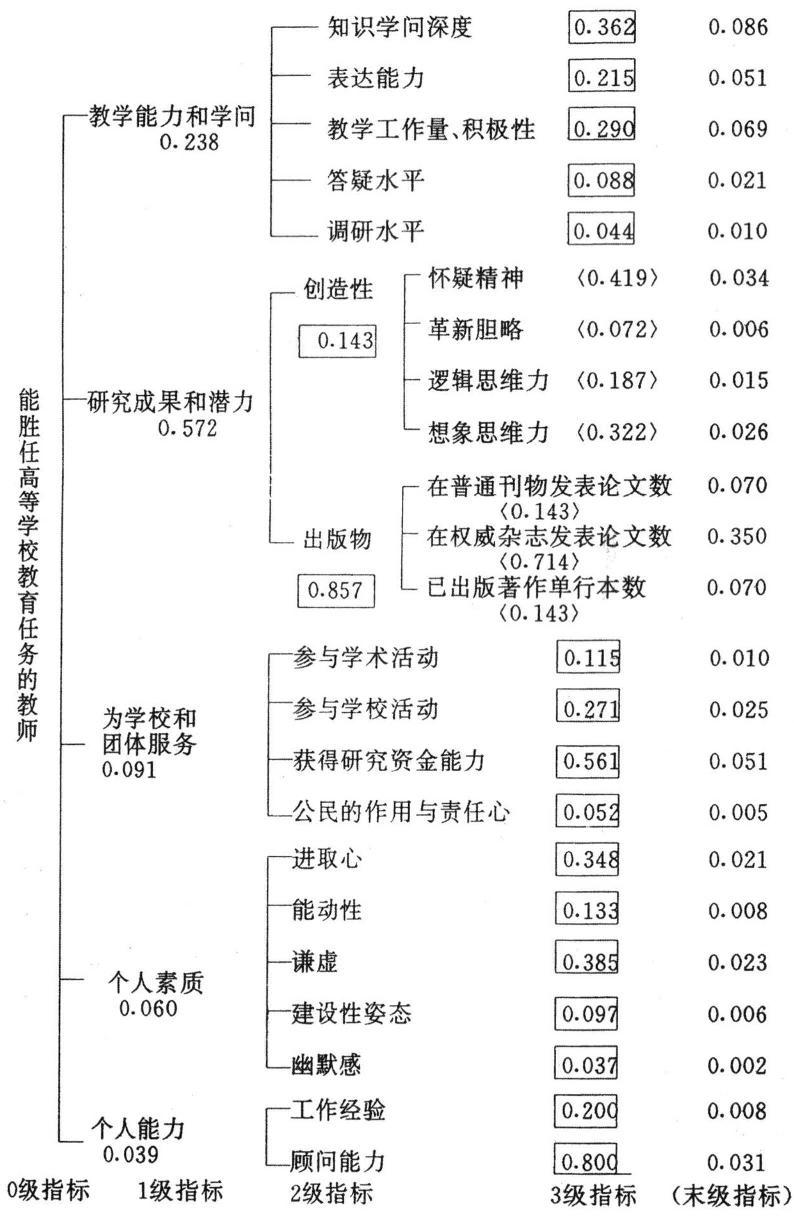

图2　评估指标系统举例

本评估项目“能胜任高等学校教育任务的教师”最后一列末级指标的权重系数之和就是1.0。指标系统建立的过程，就是对评估客体进行深入分析和认识的过程，也是将总体的认识转化为对一些局部方面认识的过程。对每一项指标给予相应的权重系数，就是把人们的价值认识客观化、标准化、数字化，使人们的价值认识凝结在指标系统及其相应的集合中。有了一致的价值认识，才有可能获得统一的评估结论标准。

3. 教育评估标准及其量表

教育评估标准是指教育活动中事物或人物（上述各评估项目）在质量和数量上要求的具体规定，是对评估主体价值判断的依据。由于教育评估是一种社会现象的评估，所以它应该是按照教育目标对教育客体的总体认识所制定的相应标准，或者是教育客体经过努力可以达到的程度。

教育评估标准按照不同的评估内涵具有不同的分类，如人物素质（品德、学识、技能等）的优差，工作效能的高低，职责任务完成的认真程度……它们又不能制定得过死，以一种标准、一个模式要求所有被评客体。又由于要鼓励新思维、新设想、新做法，评估标准还要有一定的灵活性。教育评估标准要以一定的量表得到该属性的评估分值。量表是测量教育客体的尺度，它可以是名义量表（只有“正确”和“错误”两项）、数字量表（5、4、3、2、1）、字母量表（A、B、C、D、E）或形容词量表（见表1形容词量表示意）。

表1　形容词量表示意

	很认真	认真	一般	不认真	很不认真
教学 态度 …					

量表宜划分为单数的几个等级，如三个、五个或七个等级。这样做的好处是有一个中间值。许多事物或人物的状态是处于中间状态的。

4. 另一种教育评估方式——评估考察提纲

以美国高等教育鉴定协会（COPA）规定的高等教育鉴定提纲为例，它的评估考察提纲为：

①学校的任务和目标；②财政；③设备、材料和仪器；④图书馆和学习资料；⑤教学计划；⑥继续教育和专门教育活动；⑦教学人员；⑧行政管理；⑨学生；⑩科学研究；⑪研究生计划。

其中每个纲目都附有“标准”“描述”和“分析与评价”（细节从略）。

（五）高等学校教育评估的一般程序

1. 学校自测自评

（1）思想发动；

（2）组织落实，成立校评估领导小组和评估办公室；

（3）材料准备（若以新建学校合格评估为例，材料准备大体有6个方面：办学指导思想和办学目标；办学人力物力条件；思想政治工作的三风[校风、学风和教风]；教学、科研管理和有关规章制度；学生的教育质量；学校的管理和效益）；

（4）写出自评报告，并提供评估实测表；

（5）准备向评估专家组提供材料（基本材料、背景材料、备查材料）。

2. 专家组实地考察

（1）由被评学校的上级领导部门组织评估专家队伍；

（2）进校前准备：组织学习有关文件和评估准则，了解并讨论本次评估的目的、程序和方法，阅读学校的自评材料；

（3）提出实地考察提纲和考察工作程序；

（4）进校实地考察：进行“听”“看”“查”“评”“议”；

（5）在专家组成员充分发表意见的基础上，根据民主集中制的原则提出总体评价（包括肯定成绩、提出不足），改进措施和评估结论的建议；

（6）在规定时间内完成评估报告，上报相关领导部门。

3. 上级领导部门审批

上级领导部门审批专家组的评估报告和评估结论，正式通知被评学校，或予以公布。

第四篇　清华缘情

——“叔蘋奖学金”轶事

清华大学和叔蘋奖学金有着很深的缘分。叔蘋奖学金创办于上海，近80年来培养了9000余名品学兼优的学生。从1946年、1947年起就有一批批20世纪40年代的叔蘋得奖学生北上到清华大学求学，而且在清华继续得到叔蘋奖学金的资助。他们有的曾在清华担任重要工作，如叔蘋第10期（叔蘋得奖每一学期为一期）的杨朝傲同学就曾经担任过清华大学的党委副书记，第15期的王震寰同学曾担任过清华地下党教师党支部书记等。也有许多叔蘋同学在清华毕业后不久就承担起国家的重要任务，如第10期宣祥鎏同学曾担任过首都规划委员会的副主任，第14期杨昌琪同学曾担任中国科学院电工所所长等。1985年，叔蘋奖学金创办人顾乾麟先生曾经到清华大学进行访问，在清华主楼接待厅受到清华大学副校长张孝文的热情接待。他们一起欢叙了彼此的缘谊和友情，共同志愿为祖国培养高质量的人才而努力。1986年，叔蘋奖学金在北京续办，从那时起至今的30多年间，新的叔蘋得奖学生已有近600名在清华大学学习过。从1987年起建立的“北京叔蘋奖学金得奖同学会”，前后已有八届；这八届的同学会会长都曾经是清华大学的教师和学生。

下面回忆我自己经历过的“叔蘋奖学金”得奖、续办和参加北京叔蘋奖学金得奖同学会工作的一些感受。这些感受所体现的缘由和收益、深情和厚谊将永远铭记在我的心间。

叔蘋奖学金创办人顾乾麟先生
（美国圣罗士学院荣誉文学博士）

顾乾麟先生和师母
在清华大学（1985）

清華園
清华大学叔蘋同学迎新会后留念（左一）为罗福午

在清华大学学习的叔
蘋同学合影（1994）

20世纪40年代时的叔蘋奖学金招生广告

叔蘋图书馆外景

20世纪40年代时的叔蘋奖学金

叔蘋奖学金对申请者组织统一考试，图为考场内景，监考的都是已得奖学生

1947年叔蘋图书馆全体值班人员合影

全国政协副主席吕正操在人民大会堂会见顾乾麟先生（1986年5月16日）

北京叔蘋得奖同学会于1988年成立

叔蘋奖学金建立六十周年纪念大会后集体留影（1999年10月16日在清华大学）

顾乾麟先生和夫人和20世纪40年代的老得奖学生在一起（1994）

北京新老得奖同学献给顾乾麟先生86寿辰的中堂（由985个得奖同学姓名组成的“寿”字）（1996）

广播剧：“叔蘋桃李情”制作人员（1991）
导演：蔡淑文、胡培奋（前左三、二）
顾乾麟扮演者：高慧彬（后左一）
顾师母扮演者：吕中（中右四）

大文豪徐迟（后排左三）在清华大学近春园向新老得奖学生做调查研究写出报告文学“得诸社会，还诸社会”（1991）

顾乾麟先生和夫人在福午、存彦家作客（1985）

叔蘋奖学金上海授奖典礼（1986）

叔蘋奖学金获奖证书

叔蘋奖学金北京授奖典礼（1988）

得奖学生每年组织夏令营（2017）

得奖学生参加学术活动

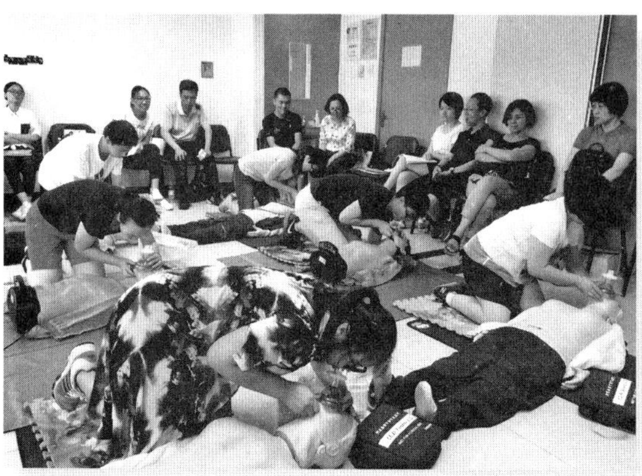

得奖学生进行急救培训

得奖学生每年参加植树活动（2017）

叔蘋奖学金的续办和早期的北京叔蘋同学会

（一）早期的叔蘋奖学金

20世纪40年代在上海创办的叔蘋奖学金（简称“叔蘋”），全名称为“纪念叔蘋公高初中学生奖学金”。她为家境清寒、品学兼优的初高中学生提供奖学金；学期末成绩优秀的还可以连续得奖，直至大学毕业。叔蘋不但在国难深重时期，使千余名濒临失学的优秀青年获得继续学习深造的机会，而且使他们得以生活在比当时所有学校都更加优越的教育环境里。例如：

◎ 叔蘋的创办人顾乾麟先生（尊称“顾先生”）为得奖学生（简称“学生”）确立培养目标（要求得奖学生做到“得诸社会，还诸社会”），提出学习要求（得奖学生的学习成绩总平均在85分以上，品行甲等），设立图书馆、理化实验室，组织足球队和乒乓球队、聘任拳师教拳术，举办打字、速记、缝纫等职业培训以备毕业后谋职……这就使叔蘋类似一所学校。

◎ 顾先生又使学生可以免费求医、配眼镜、理发，节假日在他自己的家里组织学生们的联欢，春假期间组织大家去野外春游；平时还关怀每一个学生的健康；当得知一批学生要到清华北大求学时更设家宴欢送……这又使叔蘋类似一个家庭。

◎ 顾先生还要学生成立“叔蘋得奖同学会”，建立不同学校学生之间的联络网；要已得奖的学生参加叔蘋奖学金招生、考核、录取、发奖等管理活动；在图书馆里值班、做实验室里的“教员”；同学会还经常在学生间开展学术交流、体育运动，深入社会底层参与社会实践，使学生不但锻炼了组织和工作能力，还在彼此间建立起深厚的友谊……这更使叔蘋类似一个社会精英的团队。

……

这一切都深深地铭刻在每一个得奖学生的内心深处，永远不会遗忘。正如得奖学生马玫丽（前《国际商报》总编辑）回忆："我有三个家，自己的家，大家心中叔蘋的家和顾乾麟先生、师母的家。"得奖学生张雪玲（前中美友协秘书长）回忆："叔蘋同学会就像一个青少年宫。"

1949年全国解放，中华人民共和国诞生。顾先生考虑自己曾经是上海英商怡和有限公司的部门经理，去了香港，叔蘋奖学金不得不停办了。但他还寄来一笔款项作为奖学金。在香港，他日夜思念得奖学生，期盼有朝一日还以他的余力把叔蘋奖学金继续办下去。而使他欣慰的是，经过"叔蘋"资助、教育、培养的得奖学生，不仅都能顺利地完成学业，更能以"得诸社会，还诸社会"和"为人民服务"的理念投入中国的建设事业。以钱其琛（前国务院副总理、外交部长）、李淑铮（曾任中共中央联络部部长）、郑明（前海军装备部长）、陈荣（前大连船舶工业集团董事长）、宣祥鎏（前首都规划委副主任）、高伯龙（国防科技大学教授，工程院士）、戴玉华（前协和医院心内科教授，主任医师）等为代表的一大批叔蘋得奖学生（在20世纪40年代获得奖学金的学生有1065人，80年代初，上海、北京两地叔蘋同学会联系到的各地得奖学生有400余人）为中国的各项建设事业发挥了重要作用。

（二）迎接顾先生和师母的到来，在北京续办叔蘋奖学金的建议

1981年顾先生向20余位学生寄贺年卡片和合家欢照片，1982年初顾先生又向一批学生写信，其中王存彦（前某军工厂卫生科长）就收到一封，内容是："三十多年未见，常在我纪念中，希能知你情况，祝你身体健康——存彦同学，乾麟手书。"信中亲情，溢于言表。

同年3月，顾先生携夫人应邀到上海参加龙柏饭店揭幕典礼。他向上海市委领导提出访问叔蘋同学的要求，得到同意。他们先在上海与10位叔蘋同学相聚。接着，先生和师母同年9月又到北京。倪子俭、李翰荪、罗福午、张雪玲4人相约首先在建国饭店大堂里与顾先生和师母相见。先生还是那么和蔼高大，师母还是那么慈祥可亲，33年相思情顿时化作幸福泪。翌日，先生和师母在建国饭店宴请当时找到的12位叔蘋同学，他（她）们是汪雪瑛、李瑞华、王存彦、王积康、倪子俭、李瀚荪、李沐荪、杨昌琪、顾求琳、赵师愈、罗福午和时任中共中央联络部副部长的李淑铮。

1984年和1985年顾先生和师母都专程前后到上海和北京看望叔蘋同学。1984年在

北京饭店白云厅会见的有宣祥鎏、左羽（黄羽钟）、刘义立、顾瑞金、沈国裕、姜季炎等35位同学。先生在亲切地了解大家工作、事业和家庭情况后兴奋地说："你们事业有成，为国家做了许多好事，我很欣慰。"他听见大家议论要扩大联络时，郑重地说："别忘了算我一份。"

1985年，顾先生、师母在北京欧美同学会会见叔蘋同学。那天又增加了卢成锹、宗必泽、邬瑞锋、马玫丽、戴玉华、陈康德、陈宜焜、李镇敌、李守中、顾瑞金、顾小凤、徐乃安、刘翔声、吴宝琨等20多位同学，共50余人欢聚一堂。先生向每人赠送了一本镶有叔蘋会徽的纪念册和一支刻有每人英文名字的金笔（他事先让秘书向我们了解了可以联系到的每一个同学的姓名）。次日，在清华大学工作的叔蘋同学在清华园里宴请先生和师母，并陪同他们参观清华大学。清华大学副校长张孝文在主楼接待厅亲切会见了先生和师母。接着，先生和师母到罗福午家探望，福午母亲向先生师母深深地鞠了一个躬，感谢顾先生、顾师母和叔蘋奖学金对福午、存彦的培养（福午和存彦于1953年结为伉俪）。

在罗福午家里，顾先生说："北京叔蘋同学要有个活动中心，里面摆两张床，供到北京的叔蘋同学留宿用。你们去租房，我出租金。"还说要联系更多叔蘋同学，今后他每年都会来京看望我们。大家知道这个消息后奔走相告，一致拥护先生的倡议，并推举暂由罗福午、宣祥鎏、倪子俭、王积康组成"北方叔蘋同学联络组"。由于联络组刚启动，先设置在清华大学的罗福午家中，确定首要的任务是联系长江以北，包括在东北、华北、西北各地工作的叔蘋同学，以及虽在南方但愿意和北京联系的同学（如清华大学的毕业生），长江以南的同学建议由上海叔蘋同学会联系。联络组将上述做法向先生禀报，得到先生同意。先生即让秘书周家文从香港寄来小型复印机一台，作为联络组的办公用品。

在这期间，先生已决定在上海续办叔蘋奖学金，并得到上海市政府的批准。在北京市政府工作的宣祥鎏、赵师愈同学，在得知顾先生续办并欲扩大叔蘋奖学金规模的意图后，向先生建议：北京是首都，也是全国的政治文化中心，如能在北京设立叔蘋奖学金，对社会的影响是很大的。先生立即予以首肯。左羽同学建议今后先生来北京时，应提请中央或全国政协领导人会见先生，以建立政治和社会影响。罗福午同学提议已联络到的叔蘋同学一起来撰写回忆录，把"回忆"变成大家共同的精神财富。罗福午、左羽、刘义立同学还建议设法将"顾乾麟"的名字列入正在编辑的《中国人名大词典》，为此，罗福午、刘义立等分别向国家教委和该大词典的主编胡绳写信提出申请，他们还和陈康德同学一起参与该词典关于顾乾麟先生业绩的文字稿的起草和校对。

1987年11月，北京市政府批准成立北京叔蘋同学会，挂靠在北京市人民政府文教办公室；同时同意设立北京叔蘋奖学金，由北京市教工委成立叔蘋奖学金领导小组，教工委的史文炳同志担任组长，叔蘋同学、市政府工作人员赵师愈和北京市教育局的领导同志担任组员。

（三）中央和省市领导人会见顾乾麟先生

顾先生自1982年起几度回上海、北京后，同学们深感有必要提请中央领导人会见顾先生，为顾先生准备续办叔蘋奖学金创造有利的政治和社会影响。这件重大的举措首先是由左羽（原名黄羽钟，第7期叔蘋同学）想到的。左羽和中国人民政治协商会议副秘书长沙里是北京大学经济系的同班同学，他将顾先生创办叔蘋奖学金的历史和成就向沙里做了介绍，使沙里同志深感应由全国政协的领导人会见顾先生，并建议由一些在北京的叔蘋同学联合向全国政协和中共中央统战部提交申请。于是由罗福午、宣祥鎏、赵师愈、倪子俭、左羽、李瀚荪、刘义立、王积康、张雪玲、王存彦、曹小先11人联名向全国政协和中央统战部提交请求中央领导人会见顾先生的申请书。1986年5月11日晚，全国政协副主席吕正操将军在人民大会堂会见并宴请了先生和夫人，全国政协副秘书长沙里参加会见；随同先生参加的有罗福午、倪子俭和宗必泽3位叔蘋同学。当天中午，中共中央统战部副部长李定在中央统战部也会见并宴请了先生和夫人。会见时，先生向吕副主席和李副部长分别介绍了他自己过去在上海创办叔蘋奖学金的经过，以及现在他了解到的叔蘋得奖学生为祖国服务的情况。吕副主席盛赞先生创办叔蘋奖学金对社会所做的贡献，动情地说："你是办教育的人，在中国，办教育的人都是桃李满天下，他们都会名垂青史的。"还说："你抓的教育，是关系到人民和政府命根子的事，我要感谢你！"李定副部长同样对先生创办叔蘋奖学金表示钦佩。自此，吕副主席、李副部长和先生都成为挚友；以后先生数度来京，多次与吕副主席、李副部长相聚。

1987年5月，全国政协副主席杨成武将军在北京市政协会见先生。李定副部长、全国政协提案委员会主任彭友今和副秘书长沙里陪同会见。叔蘋同学中共中央联络部部长李淑铮、海军装备部部长郑明、防化兵研究所所长熊承栋，以及宣祥鎏、罗福午、赵师愈、陈康德、陈宜焜等随同参加。先生同样向杨成武将军介绍了叔蘋奖学金的历史和将在北京建立叔蘋奖学金的情况。杨成武将军对先生说："你为国家培养了好多人才，一个人做点好事，人们一辈子也忘不了他；我们要向你学习，你的事业万世流芳！"杨将军当场用宣纸挥毫写下"云海松涛"四个苍劲的大字赠与先生。李副部长和彭主任也相继题词："叔蘋精神代代相传。"以后，每次先生来京，杨成武将军都是座上贵宾。1989年，杨成武将军亲自参加了我们在师大附中举办的"叔蘋奖学金成就展览会"；还和先生一起参加全国妇联在北京政协礼堂举行的金婚佳侣颁奖典礼。

在辽宁省建设厅工作的宗必泽同学曾提请辽宁省委领导会见顾先生。于是顾先生和师母于1987年5月19日从北京飞赴沈阳，在5月20日早晨接受了辽宁省国际人才交流协会的聘书，担任该协会的名誉顾问。省委书记全树仁和常委副省长朱家甄、副省长林声、人大常委会副主任张知远等领导同志当天会见并宴请了顾先生和师母，还赠送了顾先生和师母一座以“乾麟－世明”命名的玛瑙精雕刻品。

1988年4月14日，在顾先生、师母再次到北京的当天下午，全国政协副主席谷牧在人民大会堂会见并宴请先生和夫人。罗福午、宣祥鎏、马玫丽等叔蘋同学随同参加。谷副主席听了先生关于叔蘋奖学金的介绍后，诚挚地说：“我要感谢你在教育事业上所做的贡献。”1989年，谷牧副主席参观了“叔蘋奖学金成就展览会”，并为《叔蘋奖学金建立五十周年纪念册》题书名。谷牧副主席写的“叔蘋”二字，至今已成为叔蘋夏令营和一些集会中的标志。

更值得回忆的是先生在1989年5月来京看望叔蘋同学时，受到中共中央政治局常委胡启立在中央统战部的接见。我们在5月4日将有关先生和叔蘋奖学金的材料送到中央统战部，提请党中央领导接见先生（后来陈康德的夫人告诉我们，是她自己将提请接见的申请书和有关叔蘋奖学金的材料放在胡启立办公桌上的）。5月5日早晨就接到通知：中央政治局胡启立常委要在当天下午接见先生，同学会可派三个人随同参加。接见时胡启立对先生创办叔蘋奖学金50年来所做的贡献给予了高度评价。他对先生说：“您的一生是奋斗的一生，服务的一生，奉献的一生，您的伟大人格感人至深。在半个世纪的风风雨雨中，您为中国人民和中国建设培养了大量人才，而且多已成为今天建设祖国的重要领导干部，您智力投资的收益是不可估量的。”在交谈中，先生提到中国的教育工作者待遇太低，应该提高他们的待遇，使他们能够安心于教育工作。胡启立表示很感谢先生提出的这个宝贵意见，并说这个意见代表了广大群众的共同心声。这次接见时，中央统战部副部长李定和全国政协副秘书长沙里在座；叔蘋同学罗福午、宣祥鎏、倪子俭三人参加。

国务院副总理兼外交部长钱其琛偕夫人周寒琼女士于1994年2月在钓鱼台国宾馆宴会大厅会见并宴请先生和师母。钱其琛是叔蘋第6期的得奖同学，这次师生久别重逢，倍感亲切。作为得奖学生的钱副总理对老师的敬爱之情溢于言表，他亲切地为先生宽衣、让座。他称赞顾老师远在50多年前就用个人的财产资助和培养了千余名清寒人才，是第一个了不起的“希望工程”，为我国的教育事业立了功；继而又于20世纪80年代在北京、上海和湖州三地续办叔蘋奖学金，为国家和民族再立新功。席间，先生将两枚精致的叔蘋徽章赠给钱副总理和夫人，欢迎他们成为叔蘋同学会的会员。钱副总理则赠送先生一本《北京钓鱼台诗汇》，并在书的扉页上亲手题写了“顾乾麟老师 钱其琛 一九九四年二月十四日”。

教育部部长陈至立20世纪80年代在上海任市委宣传部长时就十分关心叔蘋奖学金，90年代末到北京任教育部党组书记和教育部部长后，更加关怀叔蘋奖学金的发展。因此时先生已在香港仙逝，每次先生的继承人顾家麒先生到北京邀请她指导叔蘋奖学金的工作时，她都热情地参加，并和我们亲切地交流办好奖学金的想法。她为我们编辑的《叔蘋奖学金建立六十周年纪念册》写了序言。在序言中她真挚地指出："顾乾麟先生爱国之心，令人敬佩；顾乾麟先生对我国教育事业的感人业绩，值得赞扬。愿叔蘋奖学金事业按照顾乾麟先生的遗愿办下去，愈办愈好，成为我国教育界的一株挺拔的青松。"

北京市委、市政府得知先生创办叔蘋奖学金的事迹后十分钦佩。先由北京市委统战部部长李伯康、副部长任宁芬于1986年5月在市委统战部会见并宴请先生和夫人。接着，北京市政协主席白介夫于1987年5月在北京市政协会见先生，市委统战部正、副部长陪同会见。1988年，北京市政协主席白介夫又亲自出席了在北京八中举行的首期（叔蘋第25期）北京叔蘋奖学金发奖典礼，并讲了话。他热情地指出："顾老先生从事举办叔蘋奖学金的事业是一件了不起的伟大事业。"1989年，北京市副市长陆宇澄出席我们在师大附中举行的"庆祝叔蘋奖学金建立五十周年"盛典。在这个隆重的纪念大会上，陆副市长向先生颁发了"北京市教育顾问（第一号）"的荣誉证书。他在授予先生荣誉证书时说："顾老先生几十年来一贯关心祖国的教育事业，关心青少年的成长，这种精神是非常难能可贵的。"

在1989年、1990年两年内，先生分别接受北京市政府的邀请，先后参加国庆40周年盛典和第11届亚运会的开幕式。在这两年的活动中，先生都作为北京市邀请港澳台和海外侨胞的"第一贵宾"受到特殊款待。在各种宴会后的摄影时，先生都作为第一贵宾坐在第一、二位主人的中间（40周年国庆时坐在市委第一书记和市长的中间，第11届亚运会时坐在市政协主席和市委第一副书记的中间），这是一种极为高贵的礼遇。

中央和北京市领导人和先生、师母的多次会见，极大地鼓舞了每一个新老叔蘋同学，也为社会（尤其是北京的教育界）了解、尊重和发展叔蘋奖学金的事业提供了重要依据。这是北京叔蘋同学会成立后所做的第一件大事。

在中央和北京市领导人多次会见以后，众多的新闻媒体都进行了及时的报道。其中在北京市较为重要的有：

◎《人民政协报》，"吕正操会见香港爱国老人顾乾麟"（1986-05-16）；

◎《中国教育报》，"投资育智力开发启人才——顾乾麟先生及其叔蘋奖学金"（1986-05-17）；

◎《光明日报》，"爱国人士顾乾麟先生重办'叔蘋奖学金'"（1986-07-27）；

◎《北京晚报》，"'叔蘋'当垂青史"（1987-05-19）；

◎《人民日报》（海外版），"乐在桃李芬芳时——访香港怡和有限公司董事局顾问顾乾麟先生”（1987-09-20）；

◎《国际商报》，“经商重育才拳拳报国心”（1987-05-23）；

◎《北京日报》《中国青年报》，“叔蘋奖学金在京首次颁奖”，（1988-04-18；1988-05-03）；

◎《瞭望》周刊（海外版），“顾乾麟奖学树人受到赞扬”，（1987-02-05）；

◎《人物》，“终身之计，在于树人——顾乾麟先生和叔蘋奖学金”，（1987）。

（四）叔蘋奖学金在北京续办的起步

1986年5月，经上海市政府同意，叔蘋奖学金在上海开始续办；并在上海市立第三女子中学举行续办后第一期（总第21期）发奖大会。

在北京，经过中央和北京市委领导人的会见以及他们对叔蘋的赞扬，北京市政府文教办对在京设立叔蘋奖学金表示支持，顾先生认为在北京创办，也就是在北京续办叔蘋奖学金的时机已经成熟，要求“北方联络组”直接和北京市教育局联系，委托陈康德、赵师愈、汪雪瑛三位同学组成“北京叔蘋奖学金管理处”。经联系，北京教育局推荐北京八中（西城区）、北京八十中（朝阳区）和牛栏山一中（北京市郊区）三校为第一批设叔蘋奖学金的学校，每校约20个名额。

叔蘋奖学金受到三校领导、教师和学生的热烈欢迎。北京八中的陶祖伟校长表示：“叔蘋奖学金有两大特点：一是爱国人士办的‘爱国奖学金’，二是它具有连续性。北京八中曾有十种对学生的奖励：特优奖、希望之星、三好奖、雷锋奖、智慧奖、百花奖、振兴奖、开拓奖、博览奖、勤劳奖。叔蘋奖将成为我校的最高奖励。”

北京八十中于1987年11月25日举行“叔蘋奖学金报告会”，邀请陈康德和罗福午参加。罗福午在报告会上向全校师生介绍了叔蘋奖学金和顾乾麟先生在20世纪40年代时创办叔蘋奖学金的业绩，受到热烈的欢迎。北京八十中高玉琛校长在报告会上公布了获得叔蘋奖的六条标准：“热爱祖国、有进取心、有创造意识、学习工作身体三好、劳动技能好、文体鉴赏能力强。”

牛栏山一中校领导寄来一份在全国和北京市各项竞赛中获奖的150余名学生名单，还召集报名申请的学生座谈，一名高一女生表示：要争取做到自己是全校第一个得到叔蘋奖学金的学生，将来争取成为一名物理学家。

北京的第一期（总第25期，以后均以总期称）叔蘋奖学金发奖大会于1988年4月17日在北京八中举行。顾先生、顾师母、北京市政协主席白介夫（受北京副市长陆宇澄委托）、市教育局副局长杨玉民、市文教办代表和北京八中、北京八十中、牛栏山一中校长等领导人参加。大会由北京叔蘋同学会宣祥鎏主持，罗福午介绍叔蘋奖学金，陈康德宣布得奖学生名单。顾先生热情回顾了自己创办叔蘋奖学金、上海市民急病助金社、资助上海难童教养所的经过。白介夫、杨玉民等领导人赞扬顾先生热爱祖国、无私奉献的高尚品德，“育人”着眼于未来、“培养”着眼于现在。一位八中得奖学生发言说：“我毕业踏上工作岗位后，第一件事是写信给顾爷爷，我要为祖国做奉献，请您放心！”戴玉华代表老同学鼓励新同学努力学习，将来超越叔蘋老同学的成就，更好地为祖国做出贡献。大会最欢快和激动的场面是63名得奖同学上台接受奖励——叔蘋学生证、叔蘋徽章、奖金和一本由老同学对新同学寄予希望而编写的《希望集》。

发奖大会会场设在北京八中可容纳200人的阶梯教室里。全场座无虚席，主席台上高挂“得诸社会，还诸社会”八个大字。两侧63名新得奖学生的照片和介绍，显示了新的青春活力。大会在身穿红制服的北京八中乐队的迎新曲中闭幕。

顾先生在北京续办叔蘋奖学金的夙愿和历史，从此开始了。

（五）早期的北京叔蘋奖学金得奖同学会

1988年，北方联络组已联系到以往得奖的同学（简称老同学）118人。老同学纷纷以感恩怀旧的心情，表示愿意贡献自己的力量为续办奖学金做一些工作。考虑到承办奖学金以及新老同学之间联系的需要，在顾先生指导下成立了“北京叔蘋奖学金得奖同学会”（以下简称“同学会”），并得到了北京市民政局的批准。

同年4月，在北京芳园宾馆，72名北方老同学聚会，通过同学会章程，选出罗福午、宣祥鎏、倪子俭、李瀚荪、赵师愈、陈康德、王积康、宗必泽、陈荣九人为理事；罗、宣、倪为正副会长，赵师愈、左羽为正副秘书长。同学会成立后，众多老同学如汪雪瑛、刘鸿祯、邱敏珠、石敏、汪薏瑛、郑动、蒋美音、王祖德、谢葆珍、沈国裕、于冰、姚善法、诸葛殷同等热情地参加日常管理工作；卢成锹更捐献了办公用的多类家具；宣祥鎏、赵师愈为同学会租到了在北京市中心附近宗帽胡同的一处办公用房，净使用面积有约30平方米。就这样，同学会开始运作了。

刚开始，同学会做的几件主要的工作有：

◎ 经顾先生同意，继续在北京二中、北大附中、师大附中、北京十五中、北京第三师范、朝阳师范、北京幼儿师范、北京戏曲艺术职业学院、中国戏院附中等校设立叔蘋奖学金。

◎ 在老同学间建立联系，按照在北京的相近居住区建立联络小组。组织大家参加每年顾先生来京后的联谊、旅游和参观活动；举办老年健康讲座；还曾两度组织大家到协和医院进行体检。

◎ 陪同顾先生与国家领导人的会见，在国庆40周年（1989年）和第11届亚运会开幕（1990年）时，顾先生受北京市政府邀请来京参加国宴、焰火晚会、亚运会开幕仪式、第一届金婚佳侣颁奖等多项活动。

◎ 由宣祥鎏、赵师愈提请北京市政府聘请顾先生为“北京市教育顾问”，陆宇澄副市长向顾先生颁发证书。

◎ 李沐荪（第6期叔蘋同学）向美国圣罗士学院推荐顾先生接受该学院的荣誉学位活动；当该学院院长L.C.Vaccaro博士途经北京回美国时，顾先生指定罗福午代表北京叔蘋同学会，向院长本人全面介绍顾先生创办叔蘋奖学金和上海急病助金社的事迹和成就。当顾先生从美国接受该校的学位回香港后，组织新老叔蘋同学集会，热烈庆祝顾先生荣获荣誉文学博士学位。

◎ 在北京举办纪念叔蘋奖学金创办50周年活动，并庆祝顾先生八十寿辰。

◎ 由李瀚荪、袁曾凤负责组织“叔蘋奖学金成就展览会”，在师大附中展出。

◎ 顾先生亲自撰写的《我之一生回忆录》出版；其附录为刘义立同学写的“读顾乾麟先生《我的一生回忆录》”，归纳顾先生一生的“十大奇迹”。

◎ 由庄似旭、罗福午与中央电视台联系，由中央电视台派出拍摄组，收集顾先生创办叔蘋奖学金的过程和当前叔蘋得奖同学的一些成就，拍摄成专题片，在中央电视台1990年4月27日晚间的黄金时段播出。专题片定名为《奖学育人》，长达18分钟。

◎ 由郑明和海军政治部联系，请作家林荫吾编制广播剧《叔蘋桃李情》；并由中央人民广播电台名导演蔡淑文、胡培奋执导，著名演员吕中、高慧彬等配音，在1991年10月3日中午开始的黄金时段播出，长达100分钟，当晚9：30重播。这个广播剧曾在同样的时间连续播放四次直至10月6日中午。

◎ 由罗福午、陈炳福提请并陪同著名报告文学作家徐迟访问顾先生和叔蘋新老同学，了解叔蘋奖学金历年来的颁奖和奖学育人活动；徐迟写作的报告文学作品《得诸社会，还诸社会——访企业家教育家顾乾麟先生》，于1992年8月4日在上海文汇报发表。

◎ 自1986年11月起，开辟报道叔蘋奖学金和叔蘋同学会活动的《叔蘋简讯》。《叔蘋简讯》为不定期刊物，其第一期只是一张手写文字的9条

"一句话信息"，后来内容逐渐丰富；由罗福午负责编辑、顾小凤负责出版，至1999年交由新同学主编出版时，已近一百期。

…………

同学会经历的这些重要活动，虽然是续办奖学金的外部条件，但对新得奖同学却起到了重要的教育作用，如顾先生的《我之一生回忆录》使他们看到先生的"十大奇迹"是"得诸社会，还诸社会"的表率；"叔蘋奖学金成就展览会"使他们看到老同学在自己的事业和工作中怎样贯彻叔蘋精神，自己"不能给叔蘋抹黑"，将来要超过老同学对社会的奉献。但同学会清醒地认识到，应该像顾先生在20世纪40年代那样把叔蘋奖学金办成一个"奖学育人"的教育事业，就要在日常奖学金管理工作中令"激励新同学努力提高自己的学识水平，培养高尚的品格和情操"成为我们的主要任务。早期同学会竭力继承早期叔蘋"奖学育人"的优良传统，结合当前在校的学习环境和社会条件，做了以下工作：

◎ 隆重举行每一年的"叔蘋奖学金发奖大会"。由顾先生和北京市领导和嘉宾对新同学进行嘱咐、老同学宣讲"得诸社会，还诸社会"的叔蘋传统，传达顾先生在上海针对当前情况提出的对叔蘋同学的四点要求："四不，四好"，即不抽烟、不酗酒、不赌博、不自私；学习好、身体好、做好公民、有好思想。

◎ 组织老同学写获得叔蘋奖学金后的《回忆录》和对新同学的《希望集》，作为给新同学的纪念品，并向新同学提出成才的期望。

◎ 聘请老同学李镇敌、施增琦、刘翔声、李守中等和奖学金管理组的陈康德、汪雪瑛一起分别联系各设奖学校的新同学，要求他们努力学习，在本校开展的活动中起模范作用，并办有关叔蘋奖学金的壁报，每学年还要写一份思想总结。

◎ 许多老同学直接对新同学施加思想影响，如在科研岗位的萧成基、徐简为十五中学生做怎样提高科学水平的报告；时任北京首钢总经理的赵长白组织新同学参观首钢；在高校工作的李瀚荪、李守中、袁曾凤、曹小先和高中毕业生座谈；音乐系教授宋承宪在新同学中组织音乐小组，等等。

◎ 组织新老同学间的专业交流（工程、经济、医学、文科等），并组织新同学对老同学的专访。

◎ 不定期出版《叔蘋简讯》，在新老同学间进行思想和信息交流，并通过《叔蘋简讯》开展"对'得诸社会，还诸社会'叔蘋宗旨的认识"文稿的评比活动。

◎ 吸收新同学中的代表王晓峰参加“奖学金管理组”；聘请新同学张涛、林澎组织“新同学活动小组”和“大学生联谊活动”等。

…………

顾先生1989年10月在北京倡议为新同学中的高中生举办“急救培训班”，由老同学中的医务工作者为他们讲授急救知识和技能。这个倡议得到北京市教育局和北京市红十字会的支持。第一期由北京市教育局和同学会合办的急救培训学习班于1990年2月5日至10日在北京八十中举行。参加学习的有八十中、二中、八中、北大附中等六校的新同学36人，老同学戴玉华、顾瑞金、王存彦进行讲授。经过六天的学习，新同学们获得了外伤止血、包扎、骨折固定、心肺复苏及休克昏迷、中毒、溺水等常见急救的知识和技能，并通过考核，取得了红十字会会员证。大家反映：不但学会了急救知识和老同学悉心执教的精神，而且领会了“得诸社会，还诸社会”的深远意义。急救培训学习班开展的情况，由《中国妇女报》和《中国少年报》进行了报道。

1991年暑期，在老同学赵师愈的倡议和许多老同学的努力下，同学会为新同学举行了一次爱国主义和叔蘋精神相结合的夏令营，地点在牛栏山一中。参加的新同学有大学生8人、中学生49人、师范生18人、老同学8人。内容是参观焦庄户地道战遗址、国营和乡镇企业、访问改革后的龙王头乡、爬慕田峪长城、举行老同学事迹报告会（杨炳月、卢成锹、宋承宪结合自己人生道路的学习、工作，做了充满激情的报告，原定三小时，竟延长到五个半小时）。夏令营结束的前一天晚上，新同学自己组织的晚会更是丰富多彩：舞蹈、对唱、独唱、朗诵、猜谜、游戏……节目丰富，歌声不断，笑声不绝，整个营地充满着热情和活力。晚会几乎通宵达旦，直到清晨同学们还不愿休息。

从这次第一期开始，暑期的夏令营和急救培训班就成为续办叔蘋奖学金后，“奖学育人”的一种经常的教育方式。每年暑期同学会都要举办一次，在夏令营里进行叔蘋奖学金的传统教育，参观工厂、农村、老革命根据地，举行学术交流、座谈、报告会等活动。曾经担任过各届夏令营的营长和营干部，几乎后来都成为续办叔蘋奖学金和开展各种奖学育人活动的骨干力量。

（六）顾乾麟先生决心将叔蘋奖学金长期办下去

1991年4月26日，顾先生在上海锦江饭店向宗必泽同学口述关于“叔蘋奖学金事业继承人”“叔蘋奖学金要长期办下去”的遗言。宗必泽遵嘱做了记录。

1995年顾先生来北京后，于2月9日在北京饭店会见张涛、何龙桥、齐力巍、秦宏等10名新得奖同学时，语重心长地告诉他们：“叔蘋奖学金要长期办下去，要办五十年，甚至更长；我已经立下遗嘱要将我的遗产留给叔蘋奖学金。老同学都老了，退休了，你们新同学要把奖学金接下去！要把它办得更好！”谈到这时，顾先生的目光久久望着这批新同学，不停地挥着手，不停地重复这些嘱咐。这些感人的话语和动人的场面，在新同学心中产生了强烈的震撼，他们纷纷表明决不辜负顾爷爷的期望。

过了两天，顾先生在北京饭店白云厅会见全体老同学、部分新同学和10所设奖中学的校领导时，发表了重要讲话，宣布要拿出1000万港币建立叔蘋奖学金基金，把叔蘋奖学金长期办下去。

同年的2月19日，上海叔蘋同学会在上海教育会堂热烈欢迎顾先生的到来。上海全体联系到的老同学、新同学代表、上海设奖学校的领导人、部分学生家长、部分顾先生的家属以及罗福午、方络骥等外地老同学的代表参加了大会。在会上，顾先生郑重宣布：“我要将叔蘋奖学金长期办下去，叔蘋奖学金事业的继承人是我的二公子顾家麒”，并含泪声明：“我视叔蘋奖学金胜似自己的生命，我创办的叔蘋奖学金的事业前无古人，深望后有来者！”

同年的10月，顾先生再次到上海和他的家乡湖州。10月15日下午，顾先生在锦江饭店与上海市副市长、上海教育发展基金会会长谢丽娟会晤，共同商议将1000万港币的奖学金基金委托上海教育发展基金会并拟定“委托书”的事宜。在讨论“委托书”的过程中，沪京两地同学会的李嘉康、陈炳福、顾家鼎、罗福午、宣祥鎏参加。“委托书”议定后，顾先生交罗福午打字付印。不料锦江饭店的商务部和附近的打字店家都已下班，罗福午只能请示顾先生和谢会长改用工整的手写字写出后，交顾先生和谢丽娟会长签字。双方在“委托书”上签字的仪式在锦江饭店的大餐厅举行。

10月20日，顾先生在湖州市浙北大饭店向沪京两地同学会会长和顾家麒夫人张恩津女士公布了1991年4月向宗必泽口述的关于“叔蘋奖学金要长期办下去”和“叔蘋奖学金继承人是顾家麒”的遗言，并要李嘉康、罗福午、宗必泽三人在遗言上签字作证。

1996年6月，顾先生到上海筹划、组织“叔蘋奖学金基金管理委员会”（简称“管委会”）。由顾先生亲自担任管委会的主席，顾家麒先生担任常务副主席，指定上海叔蘋同学会的顾燮鑫和北京同学会的罗福午分别担任第一届管委会的司库和秘书；上海同学会的李嘉康、陈炳福，顾问顾家鼎、薛荫芳，北京同学会的罗福午、宣祥鎏为委员。第一届管委会研究了管委会的组织、主要职责、基金的分配使用原则，以及1996年奖学金的颁发和沪京两地同学会的管理等事宜。1997年2月，管委会在上海锦江饭店召开第二届会议，增补顾先生的三公子顾家邦为副主席，高忠华、汪雪瑛为委员；决定1999年分别在北京和上海两地举行顾先生90寿庆和叔蘋奖学金建立60周年庆祝活动的事宜。还就奖学金和同学会的其他工作做了讨论和决议。

1998年2月14日凌晨，顾先生因心脏衰竭不幸在香港逝世，享年89岁。一位在国难深重时期，以自己的资金为祖国的复兴培养了众多建设人才的创业者，永别了自已毕生为之奋斗的岗位。一些国家领导人惋惜不已，北京、上海、湖州等省市领导人和知名人士纷纷发来唁电和唁函。我们每一个叔蘋同学都以极为悲痛和崇敬的心情怀念他：

> “敬爱的顾先生，您在1995年里的一句句郑重的声明，一次次坚定的决心，一遍遍对后人的寄托，不仅催人泪下、感人心扉，而且让我们深深感受到您爱祖国、爱教育、爱叔蘋的赤胆忠诚。我们一定要把叔蘋奖学金长期办下去，一定要像您那样，把祖国和人民交给自己的工作，做得好上加好，胜似自己的生命。”

1995年以来，北京叔蘋同学会按照顾先生要培养接班人的原则，在新同学中培养和遴选了一批接班人。他们大都是曾经参加奖学金管理、奖学育人活动，尤其是各年夏令营的骨干和积极分子，经过多年顾家麒先生亲切的关怀、奖学育人活动的锻炼以及和老同学的共事和熏陶，他们对叔蘋奖学金和叔蘋同学会怀有深厚的感情。林澎、张涛、王晓峰、赵卫、解朝辉、宋鸿冬、何龙桥、韩颖、杜胜勇、张进环等一批批新同学逐渐上任并以崭新的面貌主持了北京叔蘋同学会的各项工作。

在北京叔蘋同学会里，一批对续办奖学金有重要贡献的老同学如左羽、宣祥鎏、赵师愈、宗必泽、陈康德、卢成锹、姚善法、李沐荪、刘鸿祯、顾小凤、李守中、李镇敌、戴玉华、宋承宪、陈宜焜、邱敏珠、杨川之、张雪玲、郑明、倪子俭、王积康等已经先后作古。我们深深地怀念和感激他（她）们！

当前所有其他的叔蘋老同学，虽然对叔蘋奖学金事业和叔蘋同学会都怀有深厚的感情，但都已是耄耋高龄，疾病在身，行动不便，力不从心。今天续办的叔蘋奖学金和办好北京叔蘋同学会的重任，庄严地落在所有新得奖同学的身上。

我们深信，当前在顾家麒先生的领导下，在王晓峰、谢朝晖、杜胜勇、何龙桥等新同学以及上海叔蘋奖学金大本营里一大批新老得奖同学的共同主持下，一定会按照乾麟公的深远嘱咐，把叔蘋奖学金的事业办得更好，更符合复兴我中华民族重任的需要。

我认识到的叔蘋奖学金的教育观

——回顾20世纪40年代的叔蘋奖学金

叔蘋奖学金（下面简称叔蘋）1939年创办于上海，是资助优秀清寒失学青年得以继续求学的一项教育事业。自1939年至1949年的11年间，“叔蘋”培育了1065名得奖学生。

叔蘋事业的成就，归功于它的创办人顾乾麟先生。他提出“得诸社会，还诸社会”的办奖学金宗旨，并以“叔蘋”特有的教育观念来培养得奖学生。我作为一个得奖学生，深受叔蘋教育观念的沐浴，得以成长为一名新中国的教育工作者。

我认识到顾乾麟先生创办叔蘋奖学金的方针是“奖学育人”，叔蘋奖学金的教育观可以用四句话来概括：

从清寒勤奋有志的优秀青年中选择得奖学生；

灌输以“得诸社会，还诸社会”的教育思想；

实施以学校和社会教育互相结合的教育原则；

运用知、情、意、行融合于一体的教育形式。

（一）从清寒勤奋有志的青年中选择得奖学生

顾乾麟先生在1939年日军侵占上海的恶劣环境下深切认识到：欲达到国家富强，必须有一批立志振兴中华的有志青年。他创办叔蘋既是实现他父亲（顾公叔蘋）的遗嘱：“要好好利用钱，‘得诸社会’必须还之于社会。”更是出于要培养一批有志的失学青年以便为未来中华民族的振兴倾心服务。叔蘋选择的对象首先是中学生，着眼于家境清寒、品行甲等、学习成绩在85分以上者。因为中学教育处于学生世界观形成的初期阶段，富有可塑性，能取得较好的效果，清寒子弟更能珍惜得到的学习机会，刻苦钻研学问。

此外，叔蘋更有特色的是，凡被录取获得奖学金的学生，可以连续得奖：初中毕业后可继续享受奖学金读高中、读大学；如读不收学费的国立大学的，可以获得膳食费和书籍费。但是如果一旦学习成绩下降，则需要再经过叔蘋自设的考试，依照成绩分别给予三分之二或二分之一的学费。如果成绩优异，除获得全部学费以外还能够获得一些如计算尺、字典之类的奖品。叔蘋的这些规定，使得奖学生不但具有不断上进的信心，可以勇往直前地发挥他们的才华；而且由于得奖的时间长，能够对“叔蘋”这个事业和集体建立深厚的感情。

（二）灌输以“得诸社会，还诸社会”的教育思想

叔蘋得奖学生从第一天获得奖学金起，就不断受到“得诸社会，还诸社会”的思想教育。这条富有哲理的宗旨，在当时具有三层意义：

第一层，叔蘋奖学金虽然是顾乾麟先生自己的资金，却更是来自社会的财富，顾乾麟先生要求得奖学生做的，不是今后报答他本人，而是学成以后为社会尽责任，为国家做出贡献。

第二层，知识是来自社会的，学到的知识和得到的才能，理应奉还给社会，促进社会的进步和发展；做到了“得诸社会，还诸社会”才是一个对社会有价值的人。

第三层，学习不仅是个人的需求，而是个人求知欲和社会需要的统一；如欲对社会多做贡献，个人就应该勤奋学习，努力工作；得诸社会的愈多，还诸社会的能力愈强，责任愈大——这种循环关系，鼓励人们更加刻苦学习，为社会做更多的贡献。

因此，“得诸社会，还诸社会”的主旨在教育青年：不但要摆正个人和社会的关系，而且要争取为社会做更多贡献。它给予得奖学生的鼓励和教育是极为深刻的。

顾乾麟先生利用一切机会向得奖学生进行“得诸社会，还诸社会”的教育。在每学期的颁奖典礼上，都可以听到他本人或者他请来的教育家和社会名流对这八个字的教导。他放手让得奖学生参与全部奖学金的管理工作，鼓励得奖学生成立自己的同学会进行自我服务、自我教育，还要求每个同学在课余都要为“叔蘋”做一份社会工作。“叔蘋”是一个小社会，在这个小社会里锻炼，可以作为将来服务于大社会的准备。因此，对每个得奖学生说来，“得诸社会，还诸社会”不仅是哲理性的说教，而且是天天实践着的行动。

（三）实施以学校和社会教育相结合的教育原则

设立叔蘋奖学金的目的是培育一批高素质的人才，他们的精神世界、求知欲望、品德面貌、生理素质都是影响今后发展的重要条件。他们都已经在各自的学校里接受

了系统的课堂教育，缺乏的正是社会实践教育，应该为他们补上这一课。所以，“叔蘋”自创办以来一直实施着三条教育原则：

◎ 思想教育和知识教育的统一；
◎ 学校教育和社会教育的结合；
◎ 教育必须体现对学生品格、能力和未来职业的引导。

学校和社会教育相结合是“叔蘋”教育的重要内涵，其内容大体有三方面：

（1）叔蘋同学会内部的自我教育——在叔蘋同学会内部成立了图书馆、理化实验室、叔蘋通讯社……许多同学在这里成为图书馆长、实验室主任、通讯社长、记者、编辑、学术会议的主讲人……从中受到锻炼。

（2）以就业需要为内容的职业教育——如举办了打字班、速记班、缝纫班、护理班、国术班等，培养学生具有一技之长。

（3）以大社会为背景的社会教育——包括为“叔蘋”奖学金的管理和为社会其他福利机构服务两大部分。例如，“叔蘋”要面对上海数十所中学里申请奖学金学生的招生、考试、家境访问以及他们得奖后奖学金的发放等；还要面对上海40余所特约医院和7000余名急病患者的“上海市民急病医药助金社”的服务工作（筹建、病情访问、患者家境调查、医药费发放、善后处理等）。在这些社会活动中广大得奖学生深入社会底层、了解群众疾苦，从而认识了种种社会现象，树立了毕生要为广大群众谋福利的信念。

（四）运用知、情、意、行融于一体的教育形式

对学生的教育，实质上是对学生的心理施加影响，目的在于形成他们的个性特征和品质，包括觉悟、品格、信念、才能、责任感、人际关系等。这种教育必须在学好知识的同时进行情感、意志、行为的熏陶和交流。顾乾麟先生十分重视这些方面的熏陶和交流，这是“叔蘋”的独特教育形式。

顾乾麟先生高度重视得奖学生的知识水平，用种种方式鼓励学生获得优异成绩，在此基础上对全体叔蘋学生倾注了深厚的感情：他关心学生的健康，特约上海著名内外科医师为学生免费医疗；他关心学生的课余生活，出资租用了一栋楼房作为学生课余活动的场所，这个场所实际上就是许多同学的第二课堂；他为了调剂学生的学习生活，每年春假组织上百名同学赴苏州、无锡、嘉兴、杭州等地免费旅游；他甚至把自己的家也作为叔蘋活动的“乐园”，每逢节日，他和夫人都要在自己的花园里和同学们一起联欢。更值得敬佩的是，在日军占领租界、封闭了他的资产后，他和夫人一起变

卖了家产和首饰，坚持把“叔蘋”继续办下去，不让一个得奖学生失学。

叔蘋得奖学生在这种感情深厚、意志坚定、言行一致的教育环境中成长感受了这种知、情、意、行融为一体的教育形式的长期熏陶，是他们今天具备高素质的重要原因之一。

“叔蘋”的教育观贵在它的开放性、发展性和启迪性。“叔蘋”没有受传统学校教育观念的禁锢，而把自己教育人才的重点放在与社会的紧密联系上，这种开放性模式正是现代化教育的特色。“叔蘋”也没有受教育只是传授知识观念的束缚，而把教育的着眼点放在人的多方面发展上，从而为提高得奖学生的全面素质打下基础。“叔蘋”更没有停留在师生间的传统关系上，而是以创办人自身和已得奖老一辈学生的深情和表率作用，去启迪新一辈得奖学生，使他们自觉地形成自己良好的学风和道德品质。

叔蘋奖学金的教育观，正是我们教育工作者需要具备和深化的。我本人得益于叔蘋奖学金的培养，深受她的教育观的熏陶，更把这些教育观作为自己行动和教育工作的准则。

今天或许有人会问：从1939年至今，已经举办了近80年的叔蘋奖学金是怎样的一项事业？通过对叔蘋奖学金教育观的回忆，可以说明：“叔蘋奖学金是一个以‘得诸社会，还诸社会’为宗旨，以‘奖学育人’为设奖方针的教育事业；她以叔蘋奖学金得奖同学会为基地，以用丰富、温馨的奖学育人活动为国家培养高素质、高品位、高学识的人才为自己的奋斗目标。”

为北京奥运会增辉 为叔蘋奖学金争光

在得知北京奥组委委托可口可乐公司通知我作为北京奥运会济南火炬接力区的一名火炬手时，我激动万分，心中感到无比的光荣和自豪。

（一）意义

我学习了奥运会历史，认识到奥运圣火是奥林匹克理想的最高象征，火炬接力是历届奥运会的前奏。这次传递圣火，拉开了2008北京奥运会的序幕。它是一次“点燃激情，传递梦想”，经过境外21个城市，境内102个城市，总路程13.7万公里，有21880名火炬手参加，历时130天的“和谐之旅”。我们叔蘋奖学金参加北京奥运火炬接力的有叔蘋奖学金管理委员会主席顾家麒先生，以及林澎、成砚、周云帆和我共五人（成砚是北京奥组委成员），反映的是叔蘋奖学金创办人顾乾麟先生对奥林匹克运动的一贯热情支持（他曾于1948年出资捐助中国奥运健儿参加第14届伦敦奥运会）和7000多名新老得奖同学对北京奥运会的参与和期望。我要通过传递圣火，以自己的人生经历为北京奥运会增辉，同时向人们宣传顾乾麟先生和叔蘋奖学金的业绩，继续为我国教育事业发挥余热。

（二）报到

7月22日清晨，可口可乐公司用专车把我们接到济南火炬手接待站——南郊宾馆，凭奥组委颁发的“火炬手资格确认函”报到，同时获得火炬手统一的服装。报到后才得知济南火炬手接力区共有243名火炬手，我是第31号；传递路线是济南经十路大道，每名火炬手的传递路程为55米；传递路线全长13.5公里。报到的火炬手都是山东省或济南市的知名人士。按序号在我前面的有济南华联集团董事长、枣庄的人大代表高级园艺师、济南闻名的见义勇为司机，在我后面的有知名的机械工程研究员、国家级体育指导员太极拳六段高手……报到台前，许多报社记者和年轻的护跑手在等待和迎接着大家。一位《齐鲁晚报》记者在我报到后对我进行了采访，问我参加这次火炬接力的愿望；我向他表达了自己对传递圣火意义的认识，也宣传了顾乾麟先生在1948年为中国体育代表团参加第14届伦敦奥运会所做的贡献。这时，一名身高约2米的护跑手热情地前来照顾我，他是济南建筑大学土木工程系的学生，名叫孙荣超，谈话间他兴奋地告诉我这几年来在校上课一直用我编著的教材。听到我是清华大学的教师，好几个学生护跑手前来和我合影。我深深感到作为教师，我们和学生之间是有着天然联系和感情的。

（三）接力

报到后要进行接力培训。培训时济南接力区负责人告诉我们火炬的人文特征，火炬手穿戴服装的统一格式，以及手持火炬、奔跑姿态、圣火交接的一些要领。我们几个前后顺序的火炬手当晚在一起练习了约一个小时，大家互相勉励，都期待着要以最饱满的激情完成传递任务。

2008年7月23日清晨6时40分，243名火炬手分别在9辆大巴车上按序号集合，每辆30名。6时50分第一辆大巴车先行。第二到第九辆在7时20分随后出发。这时宾馆的全体管理和服务人员以及火炬手的家属数百人在两旁列队夹道欢送。他们高举着送行的标语，齐呼着祝福的口号，那种亲切热情的场面，使车上的我们感动不已，深切地认识到这次受他们的委托，传递奥运火炬的意义。

出了宾馆大门，沿途有数不清的人群向我们招手欢呼。到了经十路上，一眼望去更是人山人海，大道两旁挤满了成千上万迎圣火的热情市民和学生。他们有的在挥舞红旗，有的在放声高唱，有的在翩翩起舞，个个都穿着节日的盛装，孩子们脸上大多贴有小块的五星红旗。当第二辆大巴到达预定地点，我第一个和护跑手一起走下车时，大道两旁顿时响起震耳欲聋的阵阵欢呼声。这时两辆直播彩车缓缓开来，车上彩旗飘扬、锣鼓喧天，车顶四周是优美的舞蹈造型，车后不远处是我的前一号（第30号）火炬手高举着圣火昂首跑来。看到这些，欢乐的人群更是如醉如狂地高呼："圣火来了！圣火来了！"两侧红旗挥动得就像一片红色的海洋。"为奥运加油！为中国加油！""北京奥运会圆满成功！""中国万岁！"的口号声此起彼伏，表达了山东省和济南全市人民群众的意愿。

我按照预定程序对接上圣火，并和30号火炬手击掌后缓缓向前跑去，同时默默地嘱咐自己："一定要最热情地完成奥运会交给的任务，让这火种圆满地传递到北京，点燃国家体育场火炬台上的圣火！"55米的路程虽短，但它暗示我的意义却很长很长。

这55米我跑了34秒钟。当我和第32号火炬手交接圣火，互相击掌，回到大巴车上后，我才意识到已经完成了“传递北京奥运圣火55米路程”的使命。

不久，我们这一车火炬手一起回到南郊宾馆，接受济南火炬接力区分发给每人的两份永久性纪念品——一张由国际奥委会主席雅克·罗格（Jacques Rogge）和北京奥组委主席刘淇签署的“北京2008奥林匹克火炬接力火炬手证书”和一个高72厘米、重985克，满布祥云的漆红色火炬。我们都为得到这两份厚礼兴奋不已。我会将它们永远铭刻在自己的脑海里，象征奥林匹克精神的圣火将永远在我心中燃烧。

（四）期待

人们对火炬接力充满了期待。在火炬手集体乘车离开南郊宾馆时，列队欢送的人们期待的是火炬手们胜利地传递好奥林匹克的精神，传递好北京奥运会的理念，能够将圣火完美地送到北京。经十路大道上千万人民群众的欢呼声期待的是2008北京奥运会胜利举行，全球奥林匹克运动的盛大节日和我国运动员们将在奥运会上取得的优异成绩。火炬手完成传递任务回到南郊宾馆后，大家纷纷在大厅和广场上相互组合照留影，这里充满热烈、欢乐、幸福的气氛，大家期待的是永远留下那个传递和交接圣火的时刻。不少中小学生滞留在南郊宾馆大门外，手捧着一幅幅红布，等待火炬手们能从宾馆里出来，请他们签名、和他们合影，期待的是分享传递圣火时的激情和梦想。所有火炬手和全国人民都在传递圣火的过程中，期待8月8日北京奥运会开幕的那一天早日到来；期待所有奥运健儿取得优异成绩；期待北京奥运会圆满成功；期待北京奥运会将给我们伟大的祖国带来辉煌和进一步走向未来的力量；期待奥林匹克精神带来世界的文明与进步能够永远无限延伸。

附：北京奥运会火炬传递概况

2008年8月8日百年奥运史上规模最大的盛会——第29届奥运会在北京隆重举行。在8月8日以前，为期130天的“火炬手传递之旅”，起自哈萨克斯坦的阿拉木图，终于北京奥运会主会场，共在123座圣火传递的城市里举行。传递火炬的有20000多名火炬手以及5000多名护跑手。

火炬的传递于2008年4月2日从阿拉木图市的麦迪奥山开始，传递的第一人为哈萨克斯坦总统纳扎尔巴耶夫。从4月3日起，途径伊斯坦布尔（土耳其）、圣彼得堡（俄）、伦敦（英）、巴黎（法）、旧金山（美）、布宜诺斯艾利斯（阿根廷）、达累斯萨拉姆（坦桑尼亚）、乌斯柯特（阿曼）、伊斯兰堡（巴基斯坦）、新德里（印度）、曼谷（泰国）、吉隆坡（马来西亚）、雅加达（印尼）、堪培拉（澳大利亚）、长野（日本）、首尔（韩国）、平壤（朝鲜）、胡志明市（越南），至5月2日上午回到祖国的城市。

途经的国内城市按先后次序有：

香港特别行政区。

澳门特别行政区。

海南省：三亚、五指山、万宁、海口。

广东省：广州、深圳、惠州、汕头。

福建省：福州、泉州、厦门、龙岩。

江西省：瑞金、井冈山、南昌。

浙江省：温州、绍兴、杭州、宁波、嘉兴。

上海市。

江苏省：苏州、南通、泰州、扬州、南京。

安徽省：合肥、淮南、芜湖、绩溪、黄山。

湖北省：武汉、宜昌、荆州。

湖南省：岳阳、长沙、韶山。

广西壮族自治区：桂林、南宁、白色。

云南省：昆明、丽江、香格里拉。

贵州省：贵阳、凯里、遵义。

重庆市。

新疆维吾尔自治区：乌鲁木齐、客什、石河子、昌吉。

西藏自治区：拉萨。

青海省：格尔木、青海湖、西宁。

山西省：运城、平遥、太原、大同。

宁夏回族自治区：中卫、吴忠、银川。

陕西省：延安、杨凌、咸阳、西安。

甘肃省：敦煌、嘉峪关、兰州。

内蒙古自治区：呼和浩特、鄂尔多斯、包头、赤峰。

黑龙江省：哈尔滨、大庆、齐齐哈尔。

吉林省：长春、松原、吉林、延吉。

辽宁省：沈阳、鞍山、大连。

山东省：青岛、临沂、曲阜、泰安、济南。

河南省：郑州、开封、洛阳、安阳。

河北省：石家庄、秦皇岛、唐山。

天津市。

四川省：广安、乐山、成都。

北京市。

国内的火炬手约18800余人。

北京的传递路线依次为西城、东城、朝阳、石景山、丰台、宣武、崇文、延庆、昌平、怀柔、密云、平谷、顺义、通州、房山、门头沟、大兴、北京经济开发区、海淀。最后在101中学奥运青年营地完成后，直接转运国家体育场。

象征着和平、友谊、光明与希望的奥运圣火在海内外中华儿女和世界友人的欢呼祝福中，顺利圆满地完成了全球123个城市的“和谐之旅”。火炬传递之广泛，气氛之热烈，秩序之井然创造了奥运史的传递记录。祥云火炬所到之处，城市沿线几十万、甚至上百万市民夹道欢迎，为北京奥运火炬传递加油助威。燃烧的圣火、倩丽的火炬手、完美的路线、流畅的传递、美丽的景色与热烈的氛围构成了一幅幅壮丽的画卷。

2008年7月28日，作为一名北京奥运火炬手，在济南经十路上传递火炬，行程55米

第五篇　清华夕阳

——退休生活

2017年，我87岁，从1991年退休至今，已经历了27个春秋，是自己人生的夕阳时期。

“夕阳”，虽然大约在每一天的17点、18点出现，但是今天的“一天”是以24小时计的；夕阳的出现才是在一整天的四分之三左右，还有六七个小时才到明天。

“退休”则是国际上公认的目的在于关怀老年人健康生存、愉快生活、安度晚年的优惠政策；也是保证适龄青年能够及时就业，并使各个行业的工作保持活力的行政规定。退休以后，老年人理应如古人所云：“退休于居，谢绝人事，读书赋诗以自娱。”正如每一天的夕阳以后，人们都不再在岗位上继续工作，可以自己支配时间，或者在家里享受天伦之乐，或者外出参加各种休闲和娱乐的活动；但也有人有精力在晚间继续自己的工作。退休也相似，退休以后，有些人因工作需要，或因体力尚健，还能返聘继续工作若干岁月。我则既缘于工作需要，又因有“自强不息，厚德载物”的校训和“得诸社会，还诸社会”的人生价值观，退休后依旧在清华执教岗位上返聘至1995年；后来又健康地为社会服务到2010年的80岁时。因而我的退休生活大体分为三个时期：1991年至2000年的十年，即60余岁时，为“退休壮年期”；2001年至2010年的十年，即70余岁时，为“退休中年期”；2011年至今为“退休逍遥期”。

退休壮年期：
在建设部干部学院和中建总公司举办的“工程质量事故分析与防治”报告会上
（1994—2000）

退休中年期：中国建设教育协会举办的全国土建类师资培训班留影（2007）
前排右7为该协会理事长李竹成，前排右6为罗福午

退休逍遥期：（罗、王）两人休闲交谈（在旅游地）

（罗）家门外“骑车”锻炼

（王）在家做数独游戏

我的退休生活

（一）1991年起始的十年

（1）1991年3月，土木系通知我学校人事部门决定我退休，我首先想到的是必须要继续讲完两门课——为土木系开设的“建筑工程（专业）概论”和为建筑学院开设的“建筑结构”。它们是我参加教育研究后进行的“研究实践”。

前一门课的目的在于使土木系土木工程专业大一新生能够认清自己的培养目标、了解土木工程的社会需求、懂得学习的原理和具备自主学习的观念；这是一门土木工程和高等教育学相结合的复合型“专业思想教育”课程。我对它经过三年的试验，刚刚找到较为完善的教学模式，受到学生普遍欢迎。1991年起，正是需要全面完成它多媒体的教学体系，准备向兄弟院校推广的时机。

后一门课是建筑学专业的必修课。从1983年起，我为了在教育研究中要求有教学的实践辅助环节，愿意承担起这门课的改革和讲授。1991年，正是这样的改革受到建筑学专业学生和众多建筑学院教师的欢迎，并且正是要深入进行和出版相应教科书《建筑结构概念体系与估算》的时候，不能一下停止；而且建筑学院在1992年聘任我为他们的“教学和工程顾问”，为期两年。我于是在1995年才把这门课转交给其他土木系的教师。

（2）在退休后的前十年中，我还应建筑工程界邀请参与工程质量问题的研讨和培训。它缘起于1994年建设部干部学院、中国建筑科学研究院培训中心、中国建筑工程总公司三家先后约我举办工程质量问题的培训，以便迎接建设部要求在20世纪90年代消除质量事故的建设高潮。前两家是要求对各个省市建委所属的工程人员进行研讨，后者是为总公司所属八个分公司的2000名项目经理进行“继续工程教育”。我深感这是“为国家分忧、为社会尽责”的时机，理应不遗余力地一一承担，精心准备。于是我又重新按照工程界对工程质量的一般要求改编曾和有关教授一起编写的《建筑结构缺陷事故的分析及防治》，取名《建筑工程质量缺陷事故分析及处理》，拟定教案和研讨题目。其中重点增添了以下内容：

◎ 建筑工程质量问题的总体特征；

◎ 缺陷、破坏、倒塌的概念，以及建立“质量意识”的重要性；

◎ 归纳了41类混凝土、19类砌体产生裂缝的表现，15种钢材常见的缺陷；

◎ 混凝土、砌体、钢结构、地基等各类工程进行“质量控制”的要点；

◎ 增添一些近期发生质量事故的案例；

◎ 出现破坏和倒塌事故后，应该遵循的原则和工作程序。

我主持的讲授和研讨，以及参与当地工程质量或倒塌事故的现场判断，都受到各地工程人员的欢迎。每次讲座少则30—40人，多则100—200余人。地点也分布在各地，有北京、石家庄、高碑店、兰州、大连、延吉、济南、烟台、宁波、武汉、钟祥、昆明、南充、贵阳、广州、南宁、海口等，遍及祖国的东南西北，有时甚至需要连续“赶场”。我为这些培训、研讨和继续教育重新编写的上述教材，获得了“教育部优秀教材二等奖”。

（3）国家教委高教二司主持的高等工程教育研究协作组在完成“本科工程教育的研究和改革”以及“高等工业院校教育评估”两个专题后，于1992年告一段落。二司领导提议我作为“高等工程专科学校教务处长联席会”的列席顾问，参与他们对高职院校教育改革的探讨。自此我又与一些高职院校建立了联系。其中下列一些活动至今仍记忆犹新：

◎ 长春高等工业专科学校在本校进行了全面的教育改革，吉林省教委领导人邀请高教二司的张笛梅处长和我共同到该校进行考察和鉴定。为此，我得到一次向一所重点高职院校全面学习的机会，认识了本科和高专在教育思想、教育内涵和教育方式上的区别。

◎ 徐州高等职业技术学院曾接受国家教委关于“高等职业学校教育改革研究”的课题，为了取得良好的研究成果，该院院长聘请几位专家作为顾问，我也在被邀请之列。我向他们全面介绍了“高等工程教育协作组”的研究成果《中国高等工程教育》一书，并代他们邀请中国建筑工程总公司的一位总工程师吴之昕（当时是国家体育场“鸟巢”的施工总工程师）参加研讨，做到理论联系实际。

◎ 长沙工业专科学校要对本校的建筑结构类课程进行更新，约我为他们的改革进行具体指导，并聘请我为该校的兼职教授，聘期三年。为此我和该校的教务处长曹中一教授建立了密切的联系，多次赴该校进行学习，参与交流。

◎ 福建建筑工程专科学校编著了高等工业专科学校的通用教材《砌体结构》，约请沈阳高工专一位教授和我到该校审核，并参加该校的教学研讨会。从此我和该校教务处长林国新教授有亲密的交往。每年年底他总会寄给我一份福建著名的水仙球，因而我家每到年底都是满屋的水仙花香。至今20余年，水仙之交从未间断。我俩互称“水仙密友”。

（4）1991年，续办的叔蘋奖学金在中央和京沪两地市政府的关怀和顾乾麟先生的亲自领导下，已经初具规模。在北京已有13所学校设奖，新得奖学生800余人，北京叔蘋同学会已获得民政部门的批准，不少年逾花甲的得奖老同学义务参加工作，新得奖学生中的骨干也纷纷成为志愿者，我则被选为北京叔蘋同学会的会长。这时，对内的工作是开展“奖学育人”活动，对外的工作是扩大社会影响；还要健全承办奖学金的管理制度，更重要的是决策今后长期的发展。1990年4月中央电视台播出宣传叔蘋的“奖学育人”专题片；1991年9月中央人民广播电台相继连续播出剧名为“叔蘋桃李情”的广播剧；1992年8月，著名作家徐迟写成《得诸社会，还诸社会——记教育家企业家顾乾麟先生》一文，在上海文汇报全文发表……这些工作我都参加了它们的筹备、调研、协助和服务。

1991年7月，北京叔蘋同学会举办了第一期夏令营和第一期急救知识培训，以后每年暑期都要举行，一直坚持至今。另外，每年开学后对新得奖同学的发奖大会、迎新，进行“叔蘋的传统教育”，不定期出版通讯，新老同学之间进行专业性的学术交流……都成为经常开展“奖学育人”的形式。

在这十年中最为重要的是1991年乾麟先生立下遗嘱，决定奖学金要长期办下去，并选定他的二公子顾家麒为他的继承人；1995年他又决定将1000万港币交付上海教育基金会作为叔蘋奖学金的基金，签订契约，并成立“叔蘋奖学金基金管理委员会”。我们京沪两地同学会也就要为签约、建会、培养和选定接班人以及筹办1999年的叔蘋奖学金60周年纪念活动（这次纪念大会是在清华大学经济管理学院礼堂举行的）开展了大量的工作。

如今北京叔蘋同学会已在顾家麒先生和新得奖同学的领导下展开各项工作，我们20世纪40年代得奖的老同学都已完全退休，离开了叔蘋奖学金和同学会的日常工作岗位。

（二）2001年起始的十年

如果说1991年起始的十年退休生活对我是“出门问教”，那么2001起始的十年对我则是“闭门写作”。原因有三：一是老伴生病，我要在家照顾；二是年逾古稀，体力逐渐不支；三是回顾43年在校的执教和10年出门的奔波历程，需要总结、梳理和充实。于是，在这十年里我的退休生活是“阅读、译作、写稿和编著”。

（1）“阅读和译作”是从1995年开始的。建筑工业出版社知晓我刚讲完建筑学专业的结构课，就要我翻译他们刚刚拿到手的由美国高层建筑与城市环境协会主编，并有32位专家做出贡献的巨著 *Architecture of Tall Buildings*。我告诉他们我不是建筑师，难以胜任。他们说这本书里有建筑、结构、材料、环境等多方面内容，既有历史又有重要的现实意义。在我坚持要邀请两位知名建筑学教授（英若聪和张似赞）参译后，我和清华土木系石永久教授才与他们一起承担了下来。我们四人阅读并译出该巨著后感到收获颇多。1997年，这本书的译作《高层建筑设计》（译书的书名是由建工出版社社长为了销路坚持决定的，并不准确，我们曾经很不同意；准确的译名应该是《高层建筑学》）正式出版，洋洋113万字，涉及城市设计与发展、建筑原理与美学、结构表现、使用集成化、环境、心理、钢材、混凝土、砌体和今后需要研究的课题。我们参加翻译后，深感开阔了我们对高层建筑各个方面的视野，同时对它的前沿和发展也有了新认识。

有了这本译作打底，建工出版社、清华大学出版社纷纷提出还要我主译他们刚拿到手的一些名著。我也就约请一些同行教授共同完成了这些任务。它们是：

《高层建筑钢、混凝土组合结构设计》（第二版），1999年出版；

《园林景观构造及细部设计》，2002年出版；

《建筑结构——分析方法及其应用》（第四版），2005年出版；

《建筑结构设计》（上、下册），2006年出版；

《可持续发展设计指南——高环境质量的建筑》，2006年出版。

这些译作除了增加我对园林景观的兴趣以外，对我加深对结构学科的理解，以及提高对土木工程师的认识，起着良好的作用。

（2）早在郫县举办“土木工程专业概论研讨会”前，武汉工业大学出版社就着手组织“普通高校土木工程专业教材新系列”，共有29本教科书，把我编写的《建筑工程专业概论》列为首位，改名为《土木工程（专业）概论》。

我当时希望增加兄弟院校参编，扩充教材内容，以适应土木工程建设的新发展，扩大对社会的影响。于是，南京工业大学副校长刘伟庆教授和西安建工学院院长王毅红教授成为主要参编人，我们共同对《土木工程（专业）概论》这本教科书做出了新的规划：确定内容要以现代工程为背景，并要增加“土木工程建设和法规”“土木工程展望”和若干著名土木工程的历史案例。

在武工大出版社出版了《土木工程（专业）概论》（第一版）后，随着我国建设工程的发展，我们又不断增加内涵，于2001年、2005年、2012年分别出版该教科书的第二版、第三版和第四版。它们经教育部审查后，都被列为“我国普通高等教育‘十一五’和‘十二五’国家级规划教材”。至今它的发行量已达到近45万册。

（3）2001年清华大学九十周年校庆，1951级的同学回校联谊，我陪他们路过清华大礼堂时，向他们介绍它的结构做法，并将它和历史上著名的位于土耳其伊斯坦布尔的索菲亚大教堂进行对比，他们都很感兴趣。北京建工集团的胡世德总工程师对我说：“我们正在编写“北京建筑史”，可是对清华大礼堂这个知名建筑却不甚了解；你应该写文章投稿，让大家都知道。”

这句话引起了我对历史的兴趣。我在编著《土木工程（专业）概论》时，就引进了四五个古典工程历史的案例。在胡世德总工的建议下，不久我就和建工集团的《建筑技术》杂志社编辑部取得联系。他们要求我再多写几篇工程历史方面的稿件，组织一个“工程史话”的专栏。于是我从2001年7月至2002年8月，为《建筑技术》杂志的“工程史话”栏目，连续投了14篇稿件，见表1：

表1　“工程史话”栏目稿件

《清华大礼堂的结构做法》	《埃菲尔铁塔的结构特色》
《埃及金字塔》	《十九世纪第一座悬索桥——布鲁克林桥》
《古代砌体结构的奇葩——哥特式教堂》	《比萨斜塔和虎丘塔的启示》
《高层建筑的历史发展》	《历史上的圆屋顶结构》
《历史上的拱结构》	《房屋的从古到今（1）》
《房屋的从古到今（2）》	《土木工程的历史发展》
《从帐篷到充气结构》	《做整体建筑结构施工的建设者》

2002年9月，我将这14篇“工程史话”交清华土木系，纳入教学网站，以便土木系师生查用。

2003年，《古代砌体结构的奇葩——哥特式教堂建筑》一文被评为第三届《建筑技术》优秀论文，获荣誉证书。2005年，《高层建筑的历史发展》被评为第四届《建筑技术》优秀论文。

（4）在建设部干部学院约我举办“建筑工程质量事故”的研讨和培训后，我曾经在建设部部属“中国建设教育协会”的刊物《中国建设教育》上发表了两篇文章:《建筑工程的质量问题》和《对工程培训的几点认识》作为总结。2003年,《中国建设教育》编辑部聘请我为他们的“特约撰稿人”。当时正值我在完成“工程史话”的写作后，阅读梳理以往对“教学原理”研究的一些成果时，我想借“特约撰稿人”的名义，在这个建设部直属刊物上系统地加以发表。我写了一封信给《中国建设教育》编辑部，表示了我的想法，不久就得到他们的认可。于是我在这本刊物的2005年第1期至2006年第10期，发表了下列16篇文章，它们是：

《高校教师要懂得一些教与学的原理》
《高等工程教育的教学作用和任务》
《大学工程教育的培养目标》
《教学规律和教学原则》
《学习规律和学习原则》
《教学过程的层次和它的基本结构》
《教学中若干对应关系》
《课程基本教学内容的确定》
《教学方法的基本要点和要领》
《工程思想教育是工科大学德育的组成部分》
《教学与科学研究、工业生产的结合》
《高等学校的教育和教学评估》
《学习的概念和工科大学生应有的学习观》
《对学习有重要影响的方面（动机、思维、记忆、迁移）》
《学习中非智力心理品质的作用》
《大学生的自主性学习和自我评估》

中国建筑教育协会理事长李竹成同志要求我以此为基本内容，参加为协会所联系的高等院校举办的师资培训。我接受了这个要求，认真准备，为协会的需要重新制定讲授纲目。于是，在2007年和2008年又前后参加三期这类师资培训。每期2—3天（其中当然还有建设部其他专业人员的讲授）每次多则近200人，少则也有六七十人。前两期为土木工程专业的教师，后一期为城市规划专业的教师。

经过这次教育实践，我将这16篇文稿整理成册，编著成《大学工程教学十六讲》，在清华大学出版社出版。

（5）2010年，我80岁，应该是要回忆往事的时候了。我写了《八秩忆略》一书。在这本小册子里，我回忆了自己和母亲相依为命17年的艰苦童年；深情感激叔蘋奖学金对我的恩赐和教育以及清华大学对我的指导和培养。我列举了按照清华校训和叔蘋奖学金宗旨，为新中国建设和教育事业服务的点点滴滴；还特意总结了我的教育研究理念，写了两篇文章:《土木工程师的培养和形成》和《对大学工程教育的几点认识》。在这册回忆里既有种种缺陷、失意和不足，也有在退休后获得国务院政府特殊津贴和作为北京奥运会火炬手的喜悦，我都把它们看成我一生经历的暂时定格，因为我还有退休后的余生。

《八秩忆略》已被收藏于国家图书馆、我的故乡上虞市上虞图书馆和清华大学图书馆。

（三）2011年起的逍遥生活

80岁这个耄耋之年的起点提醒我退休生活应该更多地倾向于享受“两人世界”了。一起看古典小说、听音乐、做游戏、园庭散步、操持家务、关怀儿女的事业和孙辈的成长，成为我俩生活的主要成分。2015年以后，我又恢复了青少年时的兴趣——写毛笔字练书法，并对了解一些甲骨文字有了期望。这些逐步都成为我俩生活的主旋律。

每天清晨，报纸来了，报纸上每天都有“数独游戏”题。我们就在这个脑子最清醒的时刻做数独题，至今已经记录下了4000多道题和它们的答案，积累了八九本数据，还总结了一些解题的规律和技巧。这样做使我们觉得增添了知识、收益了智力，更为重要的是还可以防止老年痴呆。

年老了，行动缓慢，又有关节炎、坐骨神经疼和视网膜受阻的症状。儿子为我俩买了一部“老年代步车”。只要不是雾霾天气，我俩就会开着车，漫“步”在校园里。清华大学当今的面积大约有八平方千米。如果这几天我俩去观赏曾在20世纪50年代为新清华设计并施工的建筑物，过几天我俩就会去参观新建的学生宿舍、图书馆或体育馆；如果今天在“荷塘月色”的近春园里看荷花，明天就会在“水木清华”的土山旁欣赏小“瀑布”……这样我俩既怀了旧、游了园，又使老伴看到了教育文化建设的新面貌。

我们还经常到圆明园里踏青、赏花和凭吊被毁的遗址。记得有一次在那里获得一本写圆明园历史的书《家国天下》（张超编著），回家认真阅读后，写了一篇“对圆明园认识的点滴和建议”，送交圆明园管理处，还按照该书中的图例，绘制了一张“圆明园（含圆明园、长春园、绮春园）简图”（占地350公顷、水域140公顷），列出了56个景点的位置，以便于今后游览时参用。

阅读古典小说和历史文献、人类简史更是我俩在家的必修课。记得我俩曾经一起阅读过两本英文原著小说：*Proudand Prejudice*（《傲慢与偏见》）和*Moment in Peking*（《京华烟云》）。前一本书中英国乡绅和仕女们古老又优美的抒情情节和爱情对白和后一本书中我国众多稀有珍宝首饰的名称，给我俩留下了很深刻的印象，其中不少词汇，在字典上也很难查得到。在读了几本历史文献后，我曾经编制了一份从五帝王朝到清王朝的“中华五千年帝王专制政体简表”。读了《人类简史》（Y.N.Harari 著，林俊宏译），则对250万年以前“智人”的起源和远古至今“认知革命”“农业革命”和“科学革命”

的历史有了一点了解。

《红楼梦》和《水浒传》《三国演义》更是我攻读了2—3遍的文学巨著。在阅读《红楼梦》的同时，我下决心列出近400名人物的姓氏，录制成一大张“红楼梦人物关系表”，才逐渐明白书中众多精美的诗句和“好了歌”的深刻含义，看懂曹雪芹通过贾宝玉和林黛玉的爱情所表达的对荒淫上层社会的叛逆精神。我在细读了《水浒传》后，理清了108位好汉的身份和组成，他们的造反经过和各自的经历和结局；也录制成一大张“水浒108将人物表”，并归纳了全传的故事情节有“造反、聚义、招安、授战、赐死”五个阶段；从中可以看到宋江想被帝王统治者招安的悲惨后果和在“文化大革命”中“四人帮”大讲“水浒传”的险恶用意。在阅读《三国演义》并参阅了《中国历史年表》后，我记录下了东汉立国196年让位于魏曹和蜀汉、魏曹、东吴三国61年分裂斗争的逐年历史，对重要警句“天下大势，分久必合，合久必分”有所领悟。于是，我也将当时那些重要的历史事件和人物特征列入一张大表（前两份可见后页）。

在平时和老伴及亲友的交谈中，我了解了岳父母一生的高贵品质——忠诚事业、严于律己、至善待人。这些品质正是当前和谐社会和家庭最为需要的核心价值观。我力挺她们四姐妹写出纪念父母的文章，在亲属中广为宣扬。为此我协助她们撰写稿件，帮她们将纪念文章录制、印刷、校对、出版。这些“书写平凡人生，颂扬高尚情操”的作品，令人从家庭生活的细微处看到人生的价值，也给了我一次深刻的教育。

2013年7月，是我和存彦结婚六十周年的日子，儿女为我俩举办了钻石婚的纪念活动；由孙女慕凡主持。两家的亲友、清华土木系的领导、叔蘋同学会的好友40余人尽兴参加，纷纷送来贺礼，发表热情的贺词。我则用一篇文章《六十载钻石情》和一本《六十载雨露情钻石婚连理心》的小册子作为向亲友们的汇报。我在汇报中讲述了67年来我俩相识、相恋、相爱、相知、相纳、相濡、相伴、相依的过程；存彦唱了一首《我的家庭真可爱》的歌曲，向大家表示谢意。活动后，钻石婚的意义更为大家所珍惜和回味。

2008年，我堂姐罗昌霨曾经给了我一本《殷墟书契考释》(新版)。它是我国甲骨文研究第一人罗振玉（我的堂伯父，字雪堂）的原著。书内有众多甲骨文字出处的考释以及和现代汉字的一一对应，内容十分丰富。此外我还藏有《上虞罗雪堂遗墨》和《首届甲骨文书法展选集》。这些文献使我产生收集甲骨文字和对应汉字的兴趣。我又在近两年（2016—2017）参考这三本文献整理了与常用汉字对应的《甲骨文八百字》赠送给好友，也临摹了一些甲骨文的书法作为练习。

在27年的退休生活里，我深感退休有六大好处：一是能够按自己的所好、所学，做自己所喜欢的事情；二是可以深入社会，看到更丰满更新鲜的事物，学到更丰富更深切的知识；三是可以有时间梳理、总结和感悟自己以往的人生和所做的工作、所经历的事物（这正是我日后编写《清华七十年人生回首》的目的）；四是能够结交更多更广的亲密好友；五是可以尽情地享受天伦之乐；六是脱离了复杂的人事关系，有一个舒畅安静的心情。总之，只有具备了舒畅、安静、欢乐的心境，才会有健康、持久、愉快、幸福的生命和生活。最后，我想以下列我在85周岁时写的一首宝塔打油诗，作为本文的结束语：

我
福午
喜今朝
八十有五
儿女尽孝道
贤妻朝夕呵护
孙辈学事业有成
家庭和谐四世共度
能老有所为还诸社会
冀尚有所乐情趣呈幸福
盼国强民富复兴好梦成真
祈身心安康回归自然无牵顾

本文写于2015年12月，时年我85岁
2017年9月修改完成

第六篇 清华居家

——家人家事

我在清华园里有一个温馨、和睦的四代家庭：我母亲、存彦和我、儿子儿媳和女儿女婿、孙女和外孙女。在清华园里生活的六七十年中（我母亲和存彦是1957年才来到清华的），我们在家里曾经做过三件事，值得我在耄耋之年频频地怀念回顾。它们是：

◎ 赡养母亲，尽可能地使她完成“毕生要参加社会工作”的夙愿，并在清华园里度过幸福、安详的后半生，这是我们做儿子儿媳应该尽的责任和孝道；

◎ 我的儿女为庆贺我和存彦结婚六十年，于2013年在清华的近春园餐厅举办了一个“钻石婚纪念”，这促使我们总结了我俩相处、相恋、相爱、相知、相濡、相伴、相依六十年的“婚姻生涯”；

◎ 当我孙女在幼儿园和小学学习时，我们做祖父母和父母的，倾心关怀了她的成长，注重家庭对下一代的早期教育。孙女在早期成长的事例，也使我懂得了“教育始于家庭”这个教育学的原理。

为此，我写了下列涉及三代人的三篇文章：《我的家族和母亲陈太夫人念云》《六十载钻石情》和《谈谈对孩子的家庭教育》。并在2016年用一张“全家福”的照片迎接新的第四代（外孙女的孩子叶卓新）的诞生。

我的家庭

慈母陈太夫人念云
（字淑可）

父丧以后（1931年）

母亲和我在上海（1940年）

母子相依在清华（1992年）

全家福四代同堂（2016）
前排（穆凤、小东、存彦、卓新、福午、铁民、小燕）
后排（慕凡、叶宁、纪婷）

父与子（1969）

祖母与孙（1966）

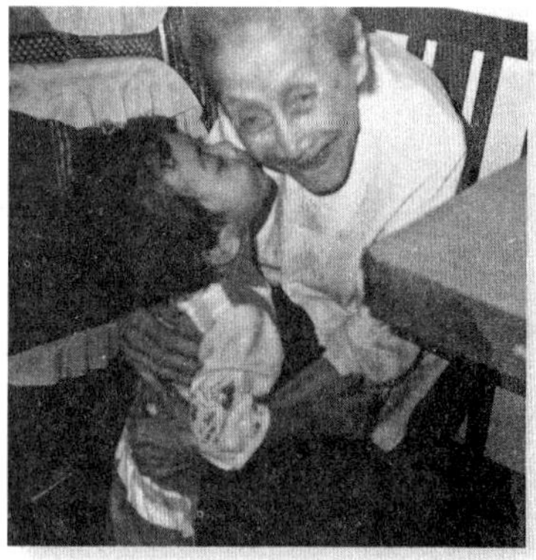

祖母与曾孙女（1992）

姐与弟（1969）

母与女（1968）

姐与妹（纪婷、慕凡2008）

1953年7月结婚时留影

2003年7月金婚时留影
（此照片第二天在北京电视台播出，
2014年重阳节北京晨报刊登）

2013年7月钻石婚时留影

八秩诞辰日，我和存彦在清华园里（2010年）

我的家庭和母亲陈太夫人念云

一、从官吏之家到城市贫民

我原籍浙江上虞，取名福午。“福”是按家谱辈份“鹤、树、振、福、祖、国”的顺序排定的；“午”是按庚午年（1930），即马年出生确定的。

我家曾系大家庭。祖父罗树森，出生于清朝同治年间，为曾祖父罗鹤云的独子，曾在江苏苏州任江南水利局总办，后又赴南京任金陵道尹管辖该省行政事务（今省秘书长职），不久因病返回苏州家中，旋即病逝，时年62岁。生前有六个子女：我父振煌、二叔早殇、三叔振辉、四姑振耀（婚后留家中病逝）、五姑振烷英年早逝、六姑振炜后安居江苏宝兴县，子孙满堂，于91岁仙逝。祖父的堂侄罗树勋的第三子罗振玉，曾做过宣统（溥仪）的学部参事，是我国甲骨文考证与传播的主要先行者，并对保存敦煌文卷、明清内阁档案以及古木简和明器研究有重大贡献，为我国近代文化名人。

我父亲罗振煌自幼在家读私塾，21岁时双方家长作主与我母亲结婚，婚前双方互不认识，婚后我母亲方知他体弱多病，婚后一年因我祖父病故他又操劳过度，患急性伤寒，半月即亡，时年仅22岁。

我母亲陈念云为随孙中山国民革命的烈士陈仲叔之独生女，在11岁时她父亲为国民革命牺牲，13岁时她母亲又病故，遂被嘉兴县立女子小学校长王婉青收为义女。小学毕业后入该县第一女子师范继续学习。学习时成绩优秀，善于缝纫刺绣，但不幸读到高二时因无人继续抚养只得寄宿在舅舅家。虽然她舅舅家庭富有，而她却因自幼痛失亲人，一直过着自我孤僻的生活，加上未获得师范毕业的学历而郁闷不已，故在青少年时就有“林黛玉”之戏称。

我祖父、父亲、四姑相继去世后不久，本无田地、房产，仅有书画古董的家产基本罄尽。祖母、母亲、六姑和我四人不得已离别故居苏州到上海投靠我三叔罗振辉（该时他在上海中央银行任职）。不久，我祖母去世，六姑出嫁到南京，三叔随中央银行全家迁居重庆北碚，不留片言不辞而别，母亲和我遂蜗居在一个小亭子间里，靠母亲替人家做衣服勉强维持生计。

两年后生活难以维持，不得已又到一个商人兼地主家名义上是做家庭教师兼管家务和女红，实际上和女佣无甚区别，条件是只管吃住，不给工资。在这个条件下，我母子的生活条件十分恶劣：住房只有一张双人床和仅可安放一个马桶大的空间；这时，我在住地附近的民智初级中学学习（学费由申请上海申报馆助学金获得），在家做功课要跨过床沿坐在床上，用被褥叠起来做“书桌”，盘腿后才能入座；小窗外是黑色的天井，只有开灯才能写字；房间外是灶房间，每天清晨生煤炉时满屋浓烟，夏天闷热，冬天冰冷难熬，平时生活则因寄人篱下，仰人鼻息。这时母亲经常教育我：为了生存，再苦也要忍受！这就是上海城市贫民生活的真实写照。

二、从城市贫民到温暖之家

1944年我14岁时从民智初级中学转入育群中学读高中，同时报考并获得“纪念叔蘋公高初中学生奖学金”（简称叔蘋奖学金）。这是我告别城市贫民生活的转折。

叔蘋奖学金由知名企业家顾乾麟先生于1939年在上海创办，资助上海各中学中的清寒优秀学生得以继续学习成才。经考试录取后的学生可以获得学杂费，成绩好的还可获得书籍费并连续得奖直至大学毕业。我获得叔蘋奖学金后经常参加叔蘋得奖同学会组织的课余活动，如先后担任图书馆值班员、图书馆馆长、乒乓球队队长以及参加速记班学习等，课余生活十分丰富，摆脱了以往对今后前途一片迷茫的懊丧。1947年我先后考取浙江大学、清华大学和上海大同大学，即赴清华就学。清华为国立学校，不收学费，叔蘋奖学金给予我赴北平的旅费和入学后的膳食及书籍费，直至1950年。我母亲则在我获得叔蘋奖学金后减轻了生活负担，辞去了过去担任“管家”的那份差使，到上海社会局担任文书，做抄写、刻钢板、中文打字的工作；上海1948年解放后又参加新成区妇联，成为一个识字班教员并担任文书抄写等职务，实现了她多年向往脱离家庭融入社会的夙愿，发挥了自己有文化基础的作用。因此，可以说全国解放、中华人民共和国成立和叔蘋奖学金挽救了我们母子，从此我们走上了一条通向幸福的路。但我们仍然分居在上海和北京，从这个意义上说还没有一个完整的家。

1952年我毕业于清华大学土木系，毕业后留校工作。1953年我与同为叔蘋奖学金得奖同学的王存彦在清华成婚，证婚人为当时的清华土木系系主任张维教授。存彦曾就读于上海圣约翰大学医学院，因国家发展卫生事业的需要，被抽调到苏北做防治血吸虫病和培养医务人员的工作；结婚时她正在扬州护士学校任教。1954年得女儿罗燕，但我们仍三地分居（母亲在上海，妻、女在扬州，我在北京）。直到1957年存彦复学后从上海第二医学院毕业，分配到北京协和医院工作，我又应上海妇联要裁员的要求，将执意留沪参加社会工作的母亲接到北京。自此，我们在北京清华大学里才算有了一个在一起共同生活的家。

从1957年到现在，我的家庭成员有母亲陈念云，妻子王存彦，女儿和女婿罗燕、周铁民，儿子和儿媳罗小东、穆凤，孙女罗慕凡，外孙女周纪婷。在我们家里，儿女孝敬父母、长辈倾情子孙的气氛一贯是温馨祥和的，平时大家忙于工作学习，每到谁的生日或节假日，全家团聚尽情欢乐。遇到事端，坐在一起出主意想办法，分析是非，谁的意见正确就听谁的。老人的健康、儿孙们的工作和学习、时代的走向、社会的发展、教育的动态……更经常是茶余饭后的热议。这正是一个温暖家庭的写照，可谓“妻子好合，如鼓瑟琴；姐弟既翕，和乐调明；祖孙宜洽，如意遂心”。（仿《诗·小雅：常棣》）

三、深切怀念慈母陈太夫人

1957年初，上海新成区妇联给我来函，告知该区妇联因紧缩编制需要裁员，希望我能将母亲接到北京。虽然当时我在清华尚住在集体宿舍里，但接母亲来清华是盼望已久的大事。可是，我意识到母亲的毕生夙愿是参加工作，靠自己的能力生活，一旦告诉她妇联要裁减她，她会很伤心，我要接她来京必须同时为她联系好工作岗位。于是我回信新成区妇联，说我同意接母亲来京，要求不要将裁员的事告诉她本人；同时给母亲去信，说儿子在清华将有住房，盼望您辞去妇联工作，来北京共同生活，我将努力在京为您找到工作。

这时，存彦将于1957年7月从上海第二医学院毕业，毕业后会分配到北京。于是我向学校申请住房，立即得到批准，暂时分配在新林院，与我的老师土木系的储钟瑞教授为邻。

1957年8月，母亲在存彦陪同下乘火车到北京。在清华新林院住下后，我立即给全国妇联、北京市妇联、海淀区妇联等写信为母亲求职，不料因全国都在裁员遭到回绝。母亲也因一时找不到工作闹情绪。我万般无奈只能求助清华大学工会为她安排一个义务性的工作，又请求工会不说她的工作是义务性的。她的每月“工资”，由我付给工会，再由工会以正式工资名义转交给她。这是一个善意的谎言，它稳定了母亲的情绪，安定了全家的生活（以后不久，由工会直接发给她工资）。从此我母亲在清华工会图书室工作了整整10年（1957—1966）。

我母亲在工会图书室的工作是管理和出借图书和报刊。她是一个有文化的妇女，能写能算，还能写出一手好字；她工作尤其细致周到，认真负责，待人诚心正意，真挚热情。不久她不仅能把图书室管理得井井有条，而且经常为工会办公室抄文写字，有时工会要写一些大字标语也会找她。她的工作受到清华工会和不少清华教职工的赞许，在1960年时竟然获得清华工会三八红旗手的称号，还曾向工会党支部提出入党的申请。

1966年“文化大革命”开始后，起初她还积极参加工会群众组织的学习活动，曾向工宣队递交了一些思想汇报，想申请加入中国共产党。后来由于她不是在编人员而被辞退回家。

我母亲一生承受的苦难是深厚的。她自幼父母双亡、婚后丈夫早殇、孤寡独居六十余年，她知书达理、真诚正心，却为他人作嫁衣裳。她矢志从业、尽心尽力，以服务社会为志愿。她对我的爱以自己的生命为代价。她丧夫时曾想自尽，为了要养育我才生存下来。在我上小学时就买了一本欧阳询的字帖，督促我“工整写字、努力学习、立志成章”。她在极端贫困、为人帮佣时，坚持要帮佣时的主人认我为“义子”，能和他家的子女同等相处，为的是保持我的“自尊心”……她为了坚持自立，注重自己的健康，在清华生活的37年中心情是舒畅的，精神状态也是充沛的。只是1994年在家不小心摔了一跤，终因衰老，有全身衰竭迹象，于摔跤后两个月在孙子小东怀抱中仙逝，时年88岁。

仙逝后她的骨灰暂位于清华园附近的听松堂3088室。寓意1930年生我，88岁时升天。暂位意为他日与儿与儿媳归天时同葬一处。2009年10月18日，我全家人在八达岭陵园的逸翠园内建墓地、立碑文，为纪念母亲陈太夫人念云艰苦奋斗的一生。碑文为：

烈士独女　双亲早亡　黛玉身世
新婚夫丧　守节自誓　育儿成章
工刺绣　　知书理　　矢志从业忙
诚正心　　明修身　　颐寿天年长

儿　　福午　敬立
儿媳　存彦

二〇〇七年

六十载钻石情

2013年7月是我和存彦结婚六十周年的日子。1953年7月22日，我刚毕业，在清华大学土木系任教，存彦从扬州来到北京，我们一起到海淀区民政局登记结婚，在清华土木系的会议室里举行婚礼。双方家长因身在上海均未能来京，由土木系系主任、全国著名的力学和工程结构专家张维教授证婚，同班留校同学徐一新协助筹办。那天，婚礼以酸梅汤代替喜酒，以糖果花生代替喜宴。来宾主要为土木系的教师和亲友30多人。大家要我们谈恋爱经过，我们说："我们相识、相爱于上海叔蘋奖学金得奖同学会，至今已经有七年了！"

婚事是简朴的，新房设在学校借我们暂住的新建公寓房里，向校供应科借了两个木板床拼起来就是新床；搬了几对桌椅布置一下，贴上红喜字，就是新家。蜜月期除了在京郊游览外，就是在家里畅谈各自的事业、工作和家庭。半个多月后，各奔东西：存彦回扬州授课，我随土木系到鞍钢做教学调研。

60年后的今天回忆这段经历，就好像发生在昨天。但是，67年来最值得我俩纪念的是对"爱"的感受：结婚相爱，是相恋的发展；相爱，意味着两个恋人相处得更加接近，更加悦纳，更有持续的感情，更具共鸣的感受，更存在共同发展的需要，更滋生永恒长存的期望。相爱是相知、相纳、相濡、相伴、相依的基础。

（一）相恋、相爱

我俩相识在叔蘋奖学金得奖同学会的图书馆里。我们曾在一起购书、造册、规划、管理和值班，合作是完美和愉快的。存彦比我大一岁半，她像姐姐般的温柔、静雅、热情，对我照顾颇多。后来我北上到清华大学学习后，经常眷念着她。我们之间来往的信件比较多，我们相恋了。

1948年12月北平即将解放，我应母亲要求休学回到上海。可是在上海找不到借读的学校，十分郁闷。这时存彦在上海圣约翰大学医学院学习，我们经常在叔蘋同学会里相见，一起谈心，一起做搭档打桥牌，还一起随同学会去苏州旅游……1949年7月1日，我急于乘上海北平恢复通车后的第一班火车回清华学习。存彦亲自为我织了一双毛线袜子到我家，并一起坐三轮车到火车站送行。我到清华后立即投入思想学习活动，参加北京共青团市委组织的学习班，并加入了共青团。在这同时频频给存彦写信报告我的思想收获。不料我的信件竟然刊登在存彦在学校里的黑板报上。这是一个思想感情更加接近的信号。我们相爱了！

1952年的一天，我在繁忙的建校工地上收到存彦答复我"思想汇报"的复信，在信中她用亲切的细语表明了思慕相爱的情意，告诉我准备在"十一"前来北京一起到天安门看国庆盛典。我意识到彼此耕耘了多年的"姐弟情"，终于将开花结果，血液几乎沸腾起来。不久，存彦来到清华园，我们在静斋旁小山的大树下第一次拥抱、接吻，约定明年暑期她到清华园，我们将在这里举行婚礼。

（二）相知、相纳、相濡

婚姻是什么？对两个恋人说，婚姻是结合。两个人结合在一起"相知"会增加情意，"相纳"会增聚幸福，"相濡"会增添力量。对社会来说，婚姻是一个新细胞的产生，它会形成新的家庭，增添新的生命，组合新的社会关系，也是社会在不断发展的表现。

我俩结婚后由于各自的工作需要，仍要两地分居。存彦要在扬州执教，还要回上海第二医学院复学两年。我则在担任助教的一年后，被调到学校的基本建设委员会担任设计科长，要完成近20万平方米的建设任务。直到1957年7月存彦复学获得学位，我们才在清华园里建立了自己的家庭。在1953年至1957年的四年中，我们用"心爱的彦""心爱的午"通信相称，以心相连，以爱相称，互相抒情，互相鼓励，只有在假期才能相聚。1954年4月，我俩爱情的结晶——女儿小燕出生了。在这些亲密的情意里又添加了一份"亲女情"和"宝贝情"，这份亲情一直到今天还在延续。在清华园里，我一家四人（母亲、我俩和小燕）住在新林院，和我的老师储钟瑞教授为邻。对我来说，家庭的生活是复杂的，衣食住行、柴米油盐、锅碗瓢盆不期而至。但家庭生活却使我俩各自对工作和思想的"相知"进一步深化，对事物和处境的"相纳"更加自觉，对艰难和困惑的"相濡"更加亲切，相互之间的"宝贝情"也就更加紧密了。家庭不是围城，家庭是幸福的港湾。

记得有几件事，至今难以忘怀。我母亲是一个有个性的老人，一贯向往能够在社会上做一些工作。上海解放后她曾在新成区妇联就职，到清华后，工作没了，很不安心，又不甘心于只做家务，照顾孙女。我曾向全国以及北京市妇联为她求职，因各界都在裁员而未果。我想向清华校工会为她谋一项工作，由我每个月付出工资交工会转给她本人，使她认为自己有了工作。存彦深知我是遗腹子，从小母子相依为命，如今这样做是为了尽孝道；家务事我俩可以承担，女儿可以进幼儿园全托。这个设想得到校工会的大力支持和同意。这样做了以后，既安慰了母亲，又使全家和谐相处，但却给存彦带来一些辛劳。后来母亲既在工会图书室值班为清华教职工借书，又为工会做了不少文书和宣传工作，经常得到校工会的表扬和表彰。“文化大革命”前夕还曾向校工会党支部提出入党申请。

存彦在协和医院从实习医生到主治医师相继工作了七年，完成了各科病房、门诊和科学研究等多项任务，还作为保健医师参加全国民主人士思想交流会，并陪同他们接受毛主席和中央领导同志的接见。但在1964年，北京市政府为国防建设的需要，要求协和医院派一名资深医师到某军工厂加强该厂的医务工作，医院征求存彦本人意见。存彦本可留在协和医院继续深造，但她考虑到留在协和医院难以照顾到远在清华园里的家庭。我深知存彦一贯服从国家需要和热爱家庭的心情，同意存彦离开协和前往该军工厂——北京广播器材厂。虽然那时我们的心是相通的，虽然那时协和医院的行政和党团组织热烈欢送存彦的场面还历历在目，但是至今我俩对离开协和医院仍然有失落感。

存彦多年来为北京广播器材厂做了大量工作，呕心沥血地把一个原来是工厂里的门诊建设成为一个有多种科室、设备较为齐全的厂级医院。不料在1986年全国调整工资的前夕，新来的厂长徐昂却以年龄为借口，要存彦退休。存彦十分困惑和不解：一个在大学医学院学习了8年，并有过协和医院7年临床实践的医学博士，仅仅为国家工作了32年（含在北广的23年），在正需要提高本厂卫生医疗水平的时候，竟被要求退休？！我强烈支持存彦抗拒立即退休的武断决定，和她一起写信给中共中央总书记胡耀邦。可喜的是，胡总书记给电子工业部的指示是：“对王存彦退休问题要认真调查，延期退休。”在总书记的亲切关怀下，存彦终于等到工资调整后在1987年才不得不在工作岗位上退了下来。

在“文化大革命”期间的1971年，我随清华的一批教职工调往江西南昌鲤鱼洲农场劳动。那里是血吸虫的重灾区，但当时政府和学校并没有把这个疫情告诉大家。参加劳动的人们每天在鄱阳湖的岸边干活和休息，而那里正好是血吸虫毛蚴最活跃的地带，人们患血吸虫病的危险性很大。存彦得知这个信息后，急忙用快件将所掌握的血吸虫病资料寄到鲤鱼洲，告诉我们怎样远离疫区，怎样防止病害。在我们了解了这些信息后，上级才将疫情的真实情况告诉我们，大家才认识到“四人帮”爪牙把清华教职工下放到鲤鱼洲的险恶用心。

我俩在清华园里从建立家庭到退休的这30多年的日子里，我们努力营造一个和谐的家风。平时我俩互相尊重各自的工作，尊重各自的性格，严格要求自己，以自己勤奋严谨的作风为孩子们做出榜样。30多年来，我俩没有吵过一次架，红过一次脸。在日常生活中全家人忙于工作和学习，每到谁的生日或节假日，汇聚在一起尽情欢乐。遇到事端又能一起出主意、想办法。谁的想法正确就听谁的。儿女孝敬父母，长辈倾情儿孙，已经成为一种家风。

…………

这些“相知互尊共鸣，相纳互悦共处，相濡互惠以沫”的往事，虽然都不是什么大事，但是却温暖着我们的心，感动着我们的情，使我们在思想上更是知己，在行动上更加相随，“宝贝情”更加亲切。

（三）相伴，相依

1987和1991年，存彦和我相继退休了。但我俩不是安心居家养老的人，还有继续为社会为国家发挥余热的心情。存彦在退休后被同辈专家推荐到昆明湖医院和玉泉山医院从事癌症的临床治疗；我则被清华土木系和建筑学院返聘继续教学直到1995年。但我们在退休后都可以做一些自己愿意从事的工作，而且可以相伴而行，共度时光。

那时我国建筑工程界质量事故问题较多，建设部干部学院和中国建筑工程总公司分别约请我为多个省市建委以及中建总公司的2000名项目经理，主持“建筑结构质量事故分析及处理”这一项继续工程教育的授课和研讨，并为此前后走遍了国内的十几个城市。由于年事已高，约请单位都要求夫人同行，因而每次外出都有存彦相伴。故在这近十年里，我俩相伴游览了不少祖国的大好河山。武夷山的九曲溪上、九寨沟的五彩池边、张家界的十里长廊、桂林漓江的山水之间……都曾经留下了我俩的足迹。

1986年起，叔蘋奖学金创办人顾乾麟先生决定在北京续办叔蘋奖学金事业，并成立北京叔蘋奖学金得奖同学会。我俩都曾是叔蘋奖学金的受益者，理应无条件地为这个事业服务。这项工作不仅是颁发奖学金，还有大量“奖学育人”的教育活动，如举办夏令营、开设急救培训讲座、发行通讯、进行学术交流等，它涉及10多所重点中学、大学和上千名得奖学生。我曾作为北京叔蘋得奖同学会的会长，付出了自己业余时间的全部精力和心血，存彦则相伴作为亲密助手，参加了全部奖学育人的教育活动。为此，我俩不仅有一定的成就感，更在这项活动中获得“得诸社会，还诸社会”和“全心全意为人民服务”的思想教育。

1994年至1997年，儿子、儿媳在国外工作。我们开了家庭会议，决定把孙女慕凡留在清华的家里进幼儿园，由我俩相伴照顾。我的“任务”是每天接送，管理她的家庭作业，做好幼儿园要求家长做的一些工作，并用文字记录她一天天的成长；存彦的“任务”则是协助孙女参加钢琴、小提琴班和英语儿童剧“白雪公主”的演出，晚上睡觉时给她讲故事以及生活、健康方面的管理。我俩相伴完成的这些“任务”使我们享受着晚年的“天伦之乐”，生活过得既丰富又愉快。慕凡在幼儿园的表现是突出的，在幼儿园毕业时园长竟要她代表全体孩子在清华大学大礼堂的舞台上，向幼儿园的领导和老师致感谢辞，更使我俩和她班上的老师感到自豪。

2003年是我俩金婚50周年的日子。那年情人节那天，我俩在北京植物园9999朵玫瑰花坛前，接受北京电视台和多个新闻媒介的采访和摄影。当晚北京卫视播出采访的镜头；第二天一些报纸登载了照片。不料第二年的重阳节，北京“晨报”重新登出这张放大了的照片（参见本书182页照片），题目是：“健康的身体和愉快的心情是老人长寿的秘诀。”是的，我俩那时真是晚霞如炽，老态无多。

可是到了耄耋之年以后，体质逐渐下降，对疾病的抵抗力逐渐减弱，在我俩的情爱生涯中就增添了相依的感受。那么，什么是“相依”呢？

记得今年（2013年）5月的一天，存彦突然肚子疼，医生怀疑是“胃肠道穿孔”，诊断需要住院进行观察治疗。儿女们在医院陪床，我一个人在家里，真是有“茫然若失”的感觉，好像失去了“自我”一样。8天以后，存彦病愈出院回到了家里，病态消失了，气色健康了。我内心的喜悦，精神的焕发，真是用语言也难以形容，“自我”好像又回到了自己的身边。这就是感情上、健康上、生活上和思想意识上的“相依”。

日常的相伴、相依无处不在。在清华校内“荷塘月色”的近春园里，在“水木清华”的荷花池畔，在松树丛下的长座椅上，人们总能见到一对老人或者手牵着手缓慢地散步，或者紧紧相挨着轻轻地谈心。到超市购物时，去菜场买菜时，去校医院看病时，人们如果看见一个总立即会看到另一个。校外来清华游览的人见到他们，觉得很有意思，会用相机为他们留个影。校内的人见到他们的次数多了，就传说这是一对模范夫妻。其实，这就是我俩的“相伴、相依”。如今我俩在生活上相互照应，在健康上相互关怀，在精神上相互鼓励是相伴、相依的重要内涵，把我们相伴、相依的家，当成幸福的港湾，把内心相伴、相依的行动，看成是这个港湾的动力和能源。我俩相爱的感情就一定能够在这个港湾里得到永恒。

（四）珍惜“钻石婚”

今天（2013年7月），是我们钻石婚的日子，表明这个婚姻已经到了坚如钻石的程度。它经过了六十年时间的锤炼所建立的钻石情，将是坚不可摧的。它还会延续和发展下去，被人们永远寄予期望。

任何一对婚姻的双方，经过相恋、相爱、相知、相纳、相濡、相伴、相依的历程，都能成为钻石婚的受益者。

珍视、享受、珍惜“钻石婚”，是每一对人生伴侣的乐趣和责任！正可谓：

六旬婚姻钻石恩，康宁事业相辅成。

相知互依多佳话，两情酒酿溢香纯。
无价爱心倾子辈，有志儿孙得传承。
常道人间春光好，钻婚老伴福临门。

谈谈对孩子的家庭教育

——在清华附小家长会议上的一次交流

我的孙女罗慕凡已经小学四年级了。她的成长是清华幼儿园和清华附小教育的结果，也和我们家庭教育有着密切联系。这里我仅谈谈对她进行家庭教育的几点体会。

（一）努力创造一个温馨活泼的家庭气氛

在我们家里，孙女是独生女。她的父亲是公务员，注重她的学习，对她是关切和严格的；她的母亲是公司经理，注重她的生活，对她是亲密和慷慨的；她的祖母是医师，注重她的健康，对她是慈祥和精心的；我作为爷爷又是大学教师，注重宏观教育，在孩子眼里看到的是支持和帮助。我们在对她的家庭教育中也有矛盾：例如孩子的学习成绩尚好，但小错不断；学习勤奋，但不够严谨；只能受表扬，经不住批评，更受不了挫折。这时，她爸爸就要说她，有时还要动怒；她妈妈则护着她。怎么办呢？于是大家坐下来分析原因，讨论措施，研究对孩子的教育规律，最后心平气和地解决了：她爸爸在房间里写了“制怒”两个字，警示自己。就这样我们的共识是“要为孩子创造一个‘五讲’‘五不’‘五互相’的温馨家庭”。它们是：

工作讲奉献，不讨价还价；
做人讲本分，不歪门邪道；
遇事讲道理，不意气用事；
说话讲信用，不吵架打骂；
生活讲简朴，不抽烟酗酒。

互相爱护，互相尊重，互相支持，互相帮助，互相学习。

对于大人自己，重要的是“在日常生活和工作中要自觉做到‘五讲、五不、五互相’，讲话要算数，处处想到要为孩子做良好的榜样”；对于孩子，则是“要严格要求，尊重自觉，以启发、引导、鼓励为教育的主线，力求创造一个能够影响孩子心灵的温馨活泼的家庭气氛”。

（二）注意利用所处社会环境的优越因素

任何家庭都处在不同的社会环境中，充分利用这些环境中的优越因素对孩子实施正面影响，是家长对孩子进行教育的重要职责。

我们家生活在清华大学的校园里。这里“自强不息，厚德载物”的精神，“严谨、勤奋、求实、创新”的学风，感染着生活在清华园里的每一个家庭。于是，爷爷经常带着孙女到学校图书馆阅览室里看书、查文献，让她领会大学生们在绝对安静的环境里勤奋学习的精神面貌；也有时带她到体育馆里看毛主席曾经在这里游过泳的游泳池，让她感受国家领导人对教育的重视。在清华大学校庆时，让她别上一条预示“2010年毕业”的红绸带，表示未来对她的期望，惹得一些记者觉得很有趣，纷纷要为她留影。

爷爷奶奶都是北京叔蘋奖学金得奖同学会的会员，这个同学会有一个“得诸社会，还诸社会”的宗旨，那就是“你在学校里学到的知识和得到的奖学金，都是社会给予你的；你毕业后应该把你学到的知识无保留地奉还给社会，促进社会的进步和发展”。爷爷奶奶经常带着孙女参加这个同学会的发奖大会，让她做一些服务性工作，看看优秀的得奖学生是怎样上台领奖的，听听他们是怎样勤奋学习获得优异成绩的；在暑期里，还往往带领她参加得奖学生夏令营的联欢活动，让她感受生动活泼的课余生活；在家里经常以“得诸社会，还诸社会”作为家训，使孩子从小就受到“要为社会服务，为人民服务”的思想引导。

（三）把爱孩子的感情提高到教育规律的高度上来

爱孩子，应当怎样爱？照料健康和生活是一种，要求学习好、做人好也是一种。更深的爱则是把感性的爱提高到理性上来。

我们在孩子3岁时看了一些儿童心理学的读物，认识到每个孩子在3—6岁时大脑已经发育到1000—1200克，是成人大脑1200—1500克的80%，这正是孩子个性、思想、习惯、自我意识开始形成的时期。我们又通过对教育学的学习，意识到“人的素质是先天基础和后天受到家庭、学校和环境的影响，通过自身实践所形成的稳定品质”。这两个方面的认识告诉我们：孩子未来的个性和素质，会在3—6岁时打下基础，“教育始于家庭”是一条重要的教育规律，更感受到作为家长自己身上的责任。于是，我们以下几方面要求自己：

——学习一些儿童心理学方面的知识，指导自己对孩子的教育行为。

——经常用文字和摄影记录孩子的表现，作为以后孩子进一步自我教育的参考。

——细心教会她正确地写字、看书、绘画，让她尝到学习中的快乐，做完作业后的喜悦。

——按照体质发展的可能，通过玩耍，培养她骑车、游泳、溜冰、滑雪、打球等方面的素养。此外，我们还意识到学校的教育任务是按照教育计划系统地教育孩子，而家庭教育则往往在随机地、自发地进行着；所以，为了使孩子有更良好的素养，家庭教育必须密切配合学校教育，做一些我们力所能及的工作。

于是，爷爷经常利用接送孩子的间隙，向幼儿园老师了解幼儿教育的现状和慕凡在幼儿园的表现，也曾经帮助过幼儿园园长总结家长们对幼儿教育提出的建议，还为协助幼儿园提高师资水平做了一些工作（例如曾经介绍北京幼儿师范学校毕业的优秀学生到清华幼儿园任教），后来当慕凡就读清华附小后，又参加了清华附小的家长委员会，极力支持孩子成为学校少年先锋队广播员和后来又被选为少先队大队长的工作。奶奶曾积极促使孩子参加小学组织的英语儿童话剧“白雪公主”的演出。爸爸妈妈则帮助孩子参加海淀区的朗诵比赛，取得好名次，还促使孩子参加中央电视台少儿频道的活动，做过该频道的小记者和观察员，让孩子早日接触社会。

（四）调动孩子健康成长的自觉性和主动性，是家庭教育的根本任务

孩子成长，有它的不可替代性，它必须是孩子自觉要求的产物，家长的作用只能是启发孩子要求健康成长的自发性、自觉性和主动性，用力所能及的较高标准向孩子提出要求。

孙女在3岁时有一件事教育了我：我自己经常在书桌上写文章，一天孩子坐在我旁边的小桌上也拿张方格纸在写些什么（那时她并不认得字），过了一会儿，她说：“爷爷，我也写完了！”拿来一看是在方格纸上整齐地涂满了不规则的黑方块。这就是榜样的力量，更是她自觉的行动！它说明我们的一举一动她都在学，我们的责任则是创造条件启发她自觉地去做。

记得我们曾以现在看来是“共同学习”“自主学习”“互相学习”的几种方式来培养孩子学习的自觉性和主动性：

——在骑车送她上幼儿园时，路上遇到什么颜色就一起说这种颜色的英文名字，每天学一两个，第二天复习，逐渐变成她自觉的要求；

——出门坐公共汽车时，和她一起认街上商店名称中的汉字，一次认识几个字；

不久她就为在坐一趟车时能够认出100个字而欢呼；

——夏天带她游泳，冬天带她溜冰、滑雪，她不会要学，爸爸只给她讲一些要领，鼓励她勇敢地自学，喝几口水，摔几次跤，也就很快学会了，而且拿到了“深水合格证”；

——买成套世界儿童文学名著让她阅读，不认识的字自己去查字典，后来阅读竟成为她的所长所爱；

——重要的是家里养成互帮互学的习惯，爷爷教孙女算术，孙女教爷爷汉语拼音，爷孙二人竟成为“学习的哥儿们”；

——奶奶经常给她讲孔子和孟子的传说，有一次她突然问奶奶：“什么时候我能成为‘罗子’？”我们为慕凡有这样的灵性而惊喜，也感悟到自己身上的责任。

…………

人们一般认为，幼儿园教育是培养孩子良好品德、行为和生活方面的习惯，其实，包括家庭教育在内的任何教育，都应该成为使人形成良好的“为人、处事和学习习惯”的重要环境。

习惯，是人在一定情形下自动化进行的某种动作，是人在一定环境中长期养成的不易改变的行为方式。良好的习惯更是人进步和发展的动力和基础。因而家庭教育对孩子最初形成的习惯起着不可代替的作用，其中创造一些精神条件和物质条件，使孩子具有强烈的求知欲和勤奋的学习习惯，有端正的品德和良好的生活作风更为重要。

我们深信，全家对慕凡在学习、求知、生活、玩耍、参与社会活动等方面的影响，一定会使她从小就能更自觉、更主动、更积极地要求自己健康成长。

（五）后记

罗慕凡在清华附小毕业后，她的初高中阶段先后就读于清华大学附中和中国人民大学附中。在此学习期间，因住宿在家，晚间经常一个人到清华大学某个教室楼里，找一个空教室进行自习。“勤奋读书、广博求知”已经形成她的习惯。

她的大学本科四年，就读于中国人民大学新闻学院传播学专业。在大学本科学习期间，她曾任香港中文大学交换生并两次获得“国家奖学金”；毕业时中国人民大学授予她“优秀毕业生”的称号。大学毕业后她即赴美国攻读硕士学位，2016年5月获得“美国伊里诺大学传播学（Artin Communication）硕士”。随后赴美国加州斯坦福大学攻读博士学位。

在中国人民大学新闻学院获得学士学位后，孙女慕凡和爷爷奶奶亲密无间的合影（2014）

（本文为我本人于2002年在清华附小家长会议上的交流，2017年补充“后记”）

欢乐的存彦八秩寿辰日纪实

在迎春花含苞欲放的日子里，盼来了存彦的八秩华诞。2009年的3月7日和8日，我们全家8人在京西河北怀来县帝曼度假村，为存彦度过两个温暖、深情、美满的诞辰日（存彦出生于1929年3月初）。

事前，我在第一时间想到的是送给老伴一枚钻石戒指，作为迟到的爱情见证。儿子儿媳准备筹办一个特殊的欢乐的诞辰日。女儿女婿想购置几件鲜艳的新衣。孙女慕凡写了一篇“十八和八十”的感言送给最爱的奶奶，表达她十八年来感受到已经八十岁的奶奶给了她一个完整的幸福概念，使她“今后哪怕在天涯海角拼搏，都能无所畏惧”。慕凡发自内心的声音，胜过所有的礼物和纪念，极大地温暖了存彦的心。

一、在温泉里享受温暖

3月7日14时，我们和儿、女两家汇齐在京张高速公路入口处，两辆轿车一起向怀来奔驰而去。路过居庸关，穿越八达岭，经历了近两小时的路程，终于抵达帝曼度假村。在这里，儿子儿媳定了四套有温泉浴池的客房，两个孙女向奶奶献上一篮艳丽的鲜花。全家人的第一个节目是投入温泉享受温暖。

帝曼的室内温泉是一个有两千多平方米面积的大厅，里面有多个温水池和桑拿浴等设施，还有一个室内游泳池。我们都在那个可容纳几十人的40摄氏度水池里入水。它的水面和池壁等高，水深齐胸，水温偏高；泉水从多个入口汹涌喷出，使水流充满活力。我们浸泡在热浪滚滚的温泉里，全身的肌体放松了，全身的血管扩张了，脑子里不再存有什么杂念，尽情享受泉水带来的无穷温暖和乐趣。在这里，存彦自然成为大家重点的保护对象：入水时，儿媳为她泼水润身，女儿扶她拾步前进，儿子为她摄像留影；泡水后不久，感到出汗乏力了，女婿、孙儿又搀扶她坐在宽敞的池壁上，泡腿脚、披浴巾、备饮水，使她在享受温泉温暖的同时，更感受儿孙绕膝之福，享尽天伦之乐。

二、在家宴上感受深情

20时，家宴开始了。丰盛美味的菜肴，鲜艳多彩的蛋糕，预示着一场温情的晚宴即将启幕。想不到主持人慕凡的开场白，竟是用历史的回忆衬托奶奶80年的历程。

1929年遇到国际经济危机时，奶奶出生了：到八十岁时，又遇到2009年的国际金融风暴。

1949年中华人民共和国成立时，奶奶20岁了，大家一起鼓掌！

1979年邓小平南方谈话，遇到改革开放的好时代时，奶奶50岁了，大家一起再鼓掌！

1985年奶奶56岁，姐姐出世了。

1991年奶奶62岁，我诞生了，大家热烈鼓掌！

接着，主持人要老寿星致辞。存彦在感谢孩子们精心策划的同时，讲出自己多年的幸福感：我上有对我有养育之恩的生身父母，下有秉性孝悌的一双儿女，物色了一个有才有德的好丈夫，又拥有两个活泼可爱的第三代；这一生可以认为是"全乎人"（指有完整的亲人关系），为亲友所羡慕；自己珍惜这80年来的每一天，尤其是今天这个难忘的时刻。

在一片掌声中我为存彦左手无名指戴上钻石戒指。我表示这样做有三层"献意"：一是弥补56年前结婚时的不足，这次是"补献"；二是感激存彦为了家庭幸福，毅然放弃可能在协和医院获得的锦绣前程，这次是"感献"；三是为了迎接4年后钻石婚的"预献"，2013年我将再献上一枚更大的钻石。

我俩发言后，主持人宣布大家畅谈感想。

儿媳首先深情地说：我到这个家22年了，早已完全融合在这个温馨的家庭里；我是回民，妈从来不忘为我做合适的饭菜；我工作忙，有时晚回家，爸、妈每次都为我留下热热的晚餐；回想我从商初期第一次接到英文订单时，全家立即动员起来帮我把它译成中文，使我顺利地渡过第一关。儿子接着说：1991年凡凡出生，我对女儿的出世曾经有过一点点遗憾，妈知道后立即纠正我说，女孩多好呀，将来更体贴父母；当我们两人都在国外工作，是爸、妈精心培育了慕凡，为她的健康成长打下了十分良好的基础……这时，主持人插话了：同学们问过我，你的英语最初是谁教的？我说是爷爷奶奶，他们都很惊讶；可不是，记得我第一次演出英语剧"白雪公主和七个矮人"中的白雪公主时是奶奶教我背英文单词的！

女儿也动情地说：爸妈养育之恩永远不能忘怀，但更使我牢记在心的，是每当我们遇到不顺时，总是家里人全力帮助我们，爸为我们分析事端、权衡利弊、做出决策，妈总是鼓励我们要用坚强乐观的精神克服困难，弟弟和弟妹千方百计为我们解决问题……女婿这时激动地流下热泪，感动得几乎说不出话来：几年前我自己的妈妈不幸去世，妈妈就像我亲生娘一样待我们……

家宴就在这样温馨的意境里进行着。孩子们频频举杯为我俩的健康祝贺，我们也为儿孙们的学习和工作祝酒，寄予厚望。怀来地处北纬40多度的怀涿盆地，盛产葡萄，大家喝的是用葡萄汁和果葡糖浆配制的果醋酒；它深红的色彩象征着晚霞，浓厚的醇香意味着纯情。席间度假村董事长专诚送来镶有“祝老寿星健康长寿”的大蛋糕，也使宴席增添不少色彩。

快22时了，大家共进丰盛的长寿面后，主持人宣布进入总结阶段，由我朗诵我和存彦合作的两首七律：

喜逢春来庆寿辰，八旬雨露沐儿孙，
热血尽腔丹心在，阖第欢乐寄情深。
八秩岁月一挥间，银丝满冠已暮年。
壮志雄心犹未减，共驰百岁只等闲。

前一首表示今天阖第欢聚的喜悦，后一首表示我们的雄心壮志，“长命百岁”不在话下。

三、在歌声中领受天伦之乐

22时，全家进入度假村的卡拉OK厅，主持人换成外孙女纪婷。她希望在她的服务下每一个人都能展示自己优美的歌喉，尽情地放声歌唱。

我们在《大海航行靠舵手》《太阳最红，毛主席最亲》的纵情歌声中渐渐进入角色。儿子和女婿那浑厚的男中音，声情并茂，不亚于歌坛能手。儿媳的歌声婉转如黄莺，舞姿轻捷如飞燕，表现了充沛的活力。女儿的歌声具有安逸的仪态和超迈的情致。孙女们更像两只忙碌觅食的小鸟，勤快地为大家找歌篇、放音乐、传扩音器，不时也抽空拿起话筒舒展一番自己的情怀。我则因五音不全，除了能够高声唱歌颂祖国和毛主席的歌外，只会干坐在一旁，边喝清茶，边进零食，在这满室美声的温馨气氛中领悟和享受这美满的天伦之乐。

正当我闭目聆听享受之际，儿媳走来邀请我跳舞，这时儿子早已邀请妈妈在翩翩起舞中。女儿女婿更已经沉醉在舞池里。可惜我和存彦都是“舞盲”，只能够随着音乐迈着笨拙的步伐，象征性地为这两代人的舞蹈“贡献力量”。

夜深了，我建议存彦用她的歌声为这温馨的夜晚画一个美满的句号。她清唱了两首老的英文歌曲：

"Shall our acquaintances be forgotten and never brought to mind……"

(歌曲名"友谊万岁")

"Remember you loved me when we were young one day……"

(歌曲名"在我们年轻的时候")

八十岁的她，竟然歌声如此嘹亮，精神如此饱满，使儿孙们惊讶不已。

2009年3月8日的零时，我们在自己房间的温泉浴池中泡水洗澡、搓身后入了梦乡。

国际劳动妇女节的清晨，我们在电视中胡锦涛主席向两会妇女代表的祝福声中醒来。

8时3分，全家食用早餐后，迎着东方升起的朝阳，经过两个小时的行驶，我们又到了清华园。欢乐的八秩寿诞日活动结束了，我们将永远记住这两天。展望未来，我们一定会更快乐、更美满、更健康地生活下去，我们的儿孙们未来也一定会更有为、更幸福、更美好！

福午手记

2009年3月9日

第七篇　人生感悟

70年在清华求学、执教、建校、进行教育研究，在北京承办叔蘋奖学金，乃至退休后被约请举办工程和师资方面的培训时，我都以叔蘋奖学金的宗旨和清华大学的校训作为指导我工作和思考的人生哲理。但是：什么是人生？我却只能用《新华字典》中表述的“人生是指人的生存和生活”加以回答；至于人生的内涵和生存、生活的意义几乎朦胧得讲不出所以然来。但是怎样生存得更加自觉、生活得更加幸福？怎样做到“正确认知和感悟人生的意义”？毕竟是每一个为社会发展而生存的人应该认真思考的命题。

退休后，我决心阅读了一些关于人生的文献，加上看到网络上几乎每天都有怎样安度晚年的论述，我才逐渐在回顾我七十年人生的过程中对以下一些问题有所识知和感悟。

这些问题是：

◎ 一个人的人生表现在哪些方面？

◎ 一个人的人生应该怎样度过？

◎ 怎样的人生才是有价值的？一个人的人生观、价值观应该怎样表述？

◎ 人生的目标究竟是什么？

本篇中“我对人生的认知和感悟”，就是对这些问题的粗浅应答。

我的人生经历

我出生于1930年，在1945年因获得叔蘋奖学金改变了我以往15年苦难迷茫的生涯。从1947年起，清华大学启动了我新的人生。

（一）20世纪50年代，我在1952年7月毕业前后，有5年时间参加了清华新校舍的施工和设计工作，后来又投入北京市和国家重点工程的建设任务，并在土木系承担一些课程的辅导（本科生的专业课）、讲授（专修科的专业课）和指导（本科毕业班的毕业设计）任务。可以认为，在这个阶段我初步经历了一些工程建设和教学工作的基本过程。此外我还做过一些政治工作，如校教师共青团总支副书记、土木系教师党小组长和教研室党支部书记等。

（二）60—70年代，在“文化大革命”中我因任系总支委员曾被“隔离审查”。后来则有以下经历：

（1）赴江西南昌鲤鱼洲农业劳动，任后勤班长，以种蔬菜为主。其间感受到劳动锻炼的愉快和过集体生活的乐趣，但身体却有患血吸虫病的隐患。

（2）主持部分工农兵学员的教学，赴石家庄某军区“开门办学”，与同往的师生一起完成课程讲授和工程设计、施工监督密切结合的教学任务，并因和学员同吃住同学习，建立了亲密的师生感情。

（3）在指导工农兵学员生产实习的过程中，为石家庄多个施工现场处理了多起工程的设计和施工质量事故，使师生增添了不少实际的工程知识。

（4）在1976年唐山大地震中，赴现场抗震救灾，进行震害调查，得到众多的身临其境的震害体验，加深对地震的理解。

（5）1979年迎来经高考入学的房七班学生27名。我倾心安排该班四年的学习任务，讲授该班的主干专业课程，处理不同学生的毕业设计选题。

（三）80年代，是我在教学、教育研究，以及承办北京叔蘋奖学金三方面同时开展工作的时期，也是在执教和探索教学原理方面获得思想收获的重要阶段。在这期间：

（1）我随国家教委组织的“中国土木建筑教育考察团”访问美国，采访了7所高校和该国的土木和建筑学会。我作为考察团秘书写考察报告上交国家教委。

（2）自1962年起，经“文化大革命”和整个80年代直至1995年，我在土木系执教，经历“教书、教工程、教人（教书育人）”三个对教学的认识过程，讲授了多门建筑结构类课程，并为大一新生开设“建筑工程（专业）概论”课程作为专业思想教育课直至1995年。1979年至1982年期间还兼任系教务科长，统筹并管理全系的教务工作。

（3）1982年分别以“努力提高本科生教学质量”和“对土木系毕业设计的设想”为题，在该年2月“清华大学第16次教学讨论会”和该年12月“国家教委高校毕业设计经验交流会”上发言，分别向清华全校和兄弟院校做经验介绍和交流。

（4）自1983年初起清华党委调我半时代表学校参加国家教委二司，主持有12所直属高校参加的“高等工程教育研究”，另半时继续在土木系任教。

（5）在教育研究中，我探索教学的基本规律和原则，提出“大学工程教学原理”，并介绍访美时获得的《美国工程与技术鉴定程序和细则》（1980版），推动开展对高等工业院校教育评估的研究和实践。在土木系执教中，我进行建筑学专业《建筑结构》课程的全面改革和对土木系大一新生“建筑工程（专业）概论”课程的不断改进，作为自己进行教育研究的工作实践。

（6）在利用业余时间参加叔蘋奖学金续办和建立北京叔蘋同学会的过程中，认识了设立奖学金和得奖同学会的意义是“奖学育人”，也认清了续办后叔蘋奖学金的教育性质、任务和工作目标。

（四）1991年我退休了，又为继续完成上述两门课程返聘至1995年。在这前后，我一方面走出校门进入“社会大学”为社会服务，另一方面在清华园里总结思想、回忆过去、出书、写文章、译作、享受天伦之乐，做自己的“内业”。例如：

（1）在“社会大学”里就“建筑结构的工程质量问题”和“大学工程教学原理”两个领域，与各省市的工程技术人员和各高专院校的教师进行讲述和交流。为此走遍了我国东西南北二十多个城市，还结交了好多位新朋友。

（2）总结提炼以往的教学成果，改编或新编一些教科书。如将《建筑工程（专业）概论》改编为《土木工程（专业）概论》，至今已出版逾50万册；将《建筑结构概念体系与估算》新编为《建筑结构》（供建筑学专业用）等。

（3）归纳教育研究的成果写文章和专著。如写了16篇教学原理方面的文章，连续刊登在《中国建设教育》杂志上；和天津大学、同济大学研究人员合编《高等学校教育评估》等。

（4）阅读历史和国外文献以及古典小说。如列出“我国古（近）代主要历史事件”表，有三个长篇；列出《红楼梦》《水浒传》《三国演义》三本小说中的人物关系一览，翻译国际名著《高层建筑学》《可持续发展设计指南》等近十册，收集甲骨文字和汉字相对照的《甲骨文八百字》等。

（5）撰写自己的回忆录，做自己喜欢的事，如在八十岁时出版《八秩忆略》，八十七岁时出版《清华七十年人生回首》，平时经常做从幼年时就起步的书法练习，几乎每天都玩数独游戏以防止老年痴呆，坚持每天散步、运动等。

在我的人生经历中，“工程”和“教育”是两个贯彻始终的主题。我因喜爱土建工程，报考大学的土木工程专业，受到清华大学的教育培养。毕业后是清华的建校施工和设计，将我引进土木工程系成为一名教育工作者。在长期的教学实践中体会到工程和教育密切的连接，使我认识到教学内容的丰满和教育工作者责任的重大。高等工程教育的研究，更使我进一步懂得“教育是培养人才的社会现象，是传递生产经验和社会生活经验的必要手段”和“工程教育所培养的工程师是保证社会公众健康、安全、福利和社会不断发展的核心人才”。这两方面的认识，使我在本质上认清了培养未来工程师的重要意义。我为成为一名工程教育工作者感到荣幸，看到祖国各类基本建设的光辉成果感到自豪，知道我的学生们在各自工作岗位上所发挥的作用和贡献，更理解了工程教育工作的巨大价值，使心中对自己的人生有充实的幸福感。

附录：

曾执教的课程

1. 钢筋混凝土结构（面向土木工程专业学生）
2. 混凝土及砌体结构（同上，含建筑工程专业的工农兵学员）
3. 单层工业厂房结构（同上，含建筑工程专业的工农兵学员）
4. 高层建筑结构（同上）
5. 建筑工程（专业）概论（面向土木工程专业大一新生）
6. 建筑结构（面向建筑学专业学生）
7. 建筑结构质量缺陷事故分析及处理（面向二十余个省市的建筑工程技术人员及中建总公司2000名项目经理）
8. 大学教学原理（面向中国教育协会所属高等院校师资培训；并应清华校党委宣传部要求面向清华各系教师，和土木系要求面向本系年轻教师）
9. 高等学校教育评估（面向华中工学院研究生班及清华各系教务员班）
10. 土建工程概述（面向清华大学修建处建筑工人）

曾撰写的教材及专著（附出版时间）

1.《钢筋混凝土基本构件》（原版、新版、二版）（参编）1962，1987
2.《混凝土结构及砌体结构》（上、下册，一、二版）（下册主编）1994，2003

3.《单层工业厂房结构设计》（一、二版）（主编）1986，1990

4.《建筑结构概念体系与估算》（主编）1991

5.《建筑结构学习指南与题集》（编著）1995

6.《建筑工程专业概论》（编著）1993

7.《土木工程（专业）概论》（一、二、三、四版）（主编）1998—2014

8.《建筑结构》（供建筑学、工程管理专业使用）（一、二版）（主编）2001，2005

9.《混合结构设计》（一、二版）（主编）1979，1991

10.《房屋设计与施工质量问题案例》（参编），1977

11.《建筑结构缺陷事故的分析及防治》（主编）1995

12.《建筑工程质量缺陷事故分析及处理》（主编）1999

13.《土木工程质量缺陷事故分析及处理》（第2版修订本）（主编）2010

14.《一级注册结构工程师专业考试复习指导》（参编）1997

15.《中国高等工程教育》第七章“高等工程教育的教学原理”（本书参编，本章编著）1995

16.《高等学校教育鉴定与水平评估》（副主编）1992

17.《高等学校教育评估》（副主编）1995

18.《大学工程教学16讲》（编著）2007

19.《八秩忆略》（自传）2010

20.《清华七十年人生回首》（工作总结）2017

21.《与理工科大学生谈自主性学习》（2003年非典传播时已写就，未出版）

曾译作的专著（附出版时间）

1.《砖石结构》，[苏联]C. B. 波亚科夫著（主译）（1965）

2.《土木工程》（科技英语读物），[美]J. S. Scott（参译）（1982）

3.《钢结构设计》（三版），[美]E. H. Gaylord 等（主译）（1996）

4.《高层结构钢、混凝土组合结构设计》（二版），[美]B. S. Taranath（主译）（1999）

5.《高层建筑设计》，[美]高层建筑与城市环境协会著（主译）1995

6.《建筑结构设计》（上、下册），[美]W. 舒勒尔著（主译）2006

7.《建筑结构——分析方法及其设计应用》（第4版），[美]D. L. Schodek 著（主译）2004

8.《园林景观的构造及细部设计》，[英]A. 布兰克著（主译）2002

9.《可持续发展设计指南》（高环境质量的建筑），[法]Serge Salat [编]（主审校并修改）2007

10.《建筑设计与结构设计相结合的工程实例》（第一辑），[西班牙]A. 托罗哈（编

译）（1995）

曾经历的工程建设（担任工作、年代）

1. 清华西大饭厅（工区主任）1952（以下清华校舍不注明“清华”）
2. 1—17教职工宿舍（工区主任）1952
3. 第五饭厅（工区主任）1952
4. 学生宿舍1—4号楼（结构组长，施工监督）1954
5. 第二教室楼（设计科长，结构设计；设计科长任务是接受设计任务，布置设计力量，审定设计方案和设计成果，下同）1954
6. 新水利馆（设计科长，结构设计）1955
7. 机械系馆（设计科长）1956—1957
8. 东主楼，即无线电系馆（设计科长，结构设计）（1956—1959）
9. 西主楼，即电机系馆（设计科长）1956—1959
10. 中央主楼（设计科长、结构设计、学生毕业设计指导）1956—1966
11. 给排水实验室（设计科长）1955—1956
12. 铸工实验工厂（设计科长）1955—1956
13. 锻压实验工厂（设计科长）1955—1956
14. 焊接金相实验馆（设计科长）1955—1956
15. 汽车实验室（设计科长）1956—1957
16. 土建基地（设计科长）1955—1956
17. 高压试验室（设计科长、结构设计）1956—1957
18. 第三—八公寓（设计科长、结构设计）1955—1956
19. 工程物理系馆（设计科长）1957—1958
20. 精密仪器系馆（毕业设计组长）1959—1962
21. 绵阳清华分校某系馆（结构设计，毕业设计辅导）1965
22. 清华附小校舍、强斋（学生时代参加施工实习）
23. 北京二通用机械厂（锻压、热处理、煤气站）（设计、施工监督）1958
24. 国家大剧院（国庆工程之一）（结构设计组长、指导毕业设计）1959
25. 某军区（××× 部队）（工程设计、施工监督 ）1973—1974
26. 江西某生产建设兵团酿酒厂设计（设计组长、结构设计）1971
27. 北京故宫护城河环境整治（工程顾问）1998—1999
28. 唐山大地震震害调查，唐山发电厂抗震救灾（1976）

曾赴外校和建设部门做学术研讨和交流

1. 北京师范大学管理学院（教学原理、高校评估方面）
2. 郑州纺织学院（教学原理系列讲座）1993
3. 华中科技大学研究生院（高校评估方面）
4. 西南政法学院（高校评估方面）
5. 镇江师范专科学院（高校评估方面）
6. 中南政法学院（高校评估方面）
7. 建设部干部学院（赴国内十余城市做建筑工程质量问题研讨）
8. 中国建设总公司管理中心（赴所属八个分局与工程项目经理[约2000名]做建筑质量问题研讨）
9. 南京建筑工程学院（建筑结构设计方面）
10. 西北建筑工程学院（建筑结构设计方面）
11. 苏州建筑设计院（建筑结构设计方面）
12. 武汉冶金科技大学（教学原理兼建筑结构设计）
13. 南阳理工大学、南阳职业技术学院（教学原理方面）
14. 绍兴职业教育中心（教学原理方面）
15. 安阳大学、湘潭大学、平原大学（教学原理方面）
16. 福建建专、长春建专、洛阳建专（教学原理和高教评估方面）
17. 长沙高工专（进行教学改革研究）
18. 徐州职业技术学院（进行高职高专教育土建类人才培养课题研究）
19. 全国现代结构研究会（建筑结构概念设计方面）
20. 中国建设教育协会土建类师资培训班（教学原理讲座）2008

本经历记于2017年

我对人生的认知和感悟

人生是什么？人生有什么意义？退休以后我阅读了《大学人文读本——人与自我》，其中冯友兰先生在《人生的意义和人生中的境界》一文中告诉我们："人生的意义全凭我们对人生的了解。自然境界的人，可以说没有人生的自觉性；而在道德境界中的人皆以服务社会为目的，他们了解个人是社会的一部分，个人与社会是部分与整体的关系……"因而道德境界中的人们应该了解人生的内涵、懂得人生的意义。我在阅读了这些文献后，对人生逐渐得到以下一些认知和感悟。

（一）人生是每个人自己的"作品"

人生大体由以下四部分组成：

（1）实用部分，指的是生活和事业，衡量标准是道德的良莠；

（2）学术部分，指的是学识和能力，衡量标准是实践的正误；

（3）情趣部分，指的是情感和趣味，衡量标准是心意的真伪；

（4）健美部分，指的是体质和形象，衡量标准是身体的健康和气质的雅俗。

这四部分基本上反映了一个人的素质是真善美雅，还是假恶丑俗。任何人怎样生活、工作以及和他人相处，都是一种艺术。每个人自己的人生作品，称得上高雅和俊美，还是低俗和丑陋，是由自己决定的，任何人不能代替。

（二）真实的人生是一个人本色的表现

人生，形成于四方面的影响：一是出身于什么样家庭及其基因，二是受过什么样的教育，三是身处于什么样的社会环境，四是本人长期生活、工作和习惯的实践。人的素质，就是由这四方面形成的，它是"人在先天生理基础上，受后天环境和教育的影响，通过自身的认识和实践，养成较稳定的基本品质”。

人生的表现也就是人品，它是一个人带有倾向性的整体精神面貌的总和。大到进退取舍，小到音容笑貌，都与个人的人品联系在一起。所以，一个人的人生要做到是你自己完整的人生，在工作、生活、和他人相处中音容风度都是自己的本色，认真对待生活和工作中的大事和小情，摆脱与自己格调迥异的事物和想法。在“认真”中可以看出一个人的严谨和勤奋，在“摆脱”中可以看出一个人的豁达和开朗。

（三）人生的经历由“物质世界”和“精神世界”两部分组成

上述实用部分是外在的物质世界；情趣、健美部分是体质的本能和内心的精神世界；学术部分则包含物质和精神两个成分。

日常生活中的衣食住行和身体的健康是人生存在的基本要求，也是人的基本权利，它应该真实、安详和欢乐。渴望“小康”和健康是人之常情，富裕和时尚也是必然需求。但是人还需要有精神世界。它的低标准是不能使日常生活庸俗化，以富裕和时尚为一心追求，忘却精神和风采；不该使人生崇拜唯己主义，不顾社会公益和公德。它的高标准则是认识到人生应该具有充实的意志和高尚的道德。充实意志指的是具有信念、理智、责任和进步；高尚道德指的是爱国、敬业、诚信和友善，这些正是当今社会倡导的核心价值观：

有信念才有动力，爱国是公民的准则；
有理智才有精神，敬业是成就的核心；
有责任才有正义，诚信是人品的根本；
有进步才有发展，友善是团结的基础。

如果人生只依托于物质生活的满足，这只能是物质欲望的有限补给；倘若能够依托于事业上的成就，才能得到精神情怀方面的丰富；倘若还能关怀并致力于促进社会的长足进步、环境的持续发展、人际的团结和谐，则更是一个高尚的人生应该具备的美德和期望，才能在日常生活中活得更有意义、更有味道，更能够活出情趣来。

一个人应该在现实生活中将物质需求和精神需求建立平衡关系，勇敢地面对现实社会的纷扰，对现实的进步和发展具有责任感；还要敢于超越日常生活，建立信念，敢于有所作为。这些都需要勇气和毅力，而且这种敢于超越的路是漫长的，它只能属于人生的“坚定者”。

人生要成为整洁清纯碧波中的一滴水珠，“没有每一滴水珠的纯洁清澄，哪能有江河湖泊的碧波荡漾”。

（四）人生中的幸福和苦难、荣誉和挫折

古人云：“天有不测风云，人有旦夕祸福。”我就出生在一个苦难家庭里，尚未出世，父亲就驾鹤西去。幼时的十多年中，母亲带着我过着“替人缝衣，仰人鼻息”的生活。自从获得叔蘋奖学金、考取清华大学、留校任教，幸福就随之而来，也取得了诸如校先进工作者、北京市劳动模范、政府特殊津贴、北京奥运会火炬手之类的荣誉。而十年“文化大革命”却是全国人民的灾难。在这场浩劫中，隔离审查、劳动改造、批斗对象成为党的干部普遍的悲哀，我也不能幸免。平时在工作中，我也受到过一些领导者对自己不公正的指责而感到冤屈，可见任何人生都会经历幸福和委屈甚至苦难，可能享有荣誉，也可能承受悲伤甚至挫折。

幸福，是由于满足人的自身需求和目标，在灵魂深处得到的巨大欢乐。但是任何人感到幸福的需求和目标，都是源于人们对当前社会的既定认识。社会还在进步和发展，还需要人们有信念、有理想、有抱负地不断迎接新的挑战，才会有更好的明天。荣誉，则是人品光辉的表现。但荣誉是自身奋斗的产物。荣誉是庄严的，不容有所玷污；荣誉既要自尊又要尊重别人，不能骄傲自满；有了自身荣誉，更要提倡集体荣誉，在家里要保持良好的家风，在工作中要为保持集体荣誉做出奉献。

苦难，是由于人丧失了希望和盼念，在灵魂深处陷入的巨大痛苦和磨难。但是苦难却会深化人对生命意义的认识，逆境能够启迪人的智慧。佛教更把苦难看成是觉悟的起点。一个历经坎坷而仍能热爱人生的人，他的胸怀一定会藏有从苦难中提炼的珍宝，它能促人奋进，引人彻悟。挫折，是每个人必然会面对的人生课题。不经过这样的挫折，就会有那样的挫折；没有大挫折，就会有小挫折。但挫折毕竟是一时的，经过自己的努力，从挫折中重新振作起来，是人生一项可以自豪的成就，何况信念、理智、责任还会支撑人们去克服困难、战胜挫折。人，往往天生是软弱的，但经过一次次逆境，承受苦难、克服挫折、摆脱哀伤，才能成为一个坚强的、有理智、有毅力、有尊严的人。

（五）我的人生观

我如今已经进入耄耋高龄，回顾以往岁月，对自己的人生有如下一些不成熟的观念：

（1）作为人类的一分子，我感觉到人生的幸运和责任。人类生活在地球上，在广

阔无垠的宇宙中，地球不过是茫茫大海中的一粒石子，而宇宙却偏爱这粒石子，给予它适宜的气候、壮丽的山河和丰硕的资源。人的几十年生命在几百万年的人类历史长河中不过是一刹那。人在这短暂的一生中，完全应该有挚爱自己的地球和挚爱人类自身的情怀，肩负有维护地球生存和摒弃人间仇恨的责任。人类之间的对立、憎恨、斗争和战争，以及对自然环境的侵占、污染、掠夺和破坏，无疑在毁灭人类自身，更是在破灭宇宙对人类的恩施——毁灭我们自己的家园，地球。

（2）作为社会的一分子，尤其生活在我国和平崛起、改革开放不止步的当今社会中，我感到幸福；身处在有五千年博大深邃的文化的环境中，我感到自豪。但却为这个社会深受封建思想影响，以及人们缺乏公共道德意识而苦恼。“得诸社会，还诸社会”是我的毕生宗旨。它的意义不仅是社会培养了我，而是这个社会养育了我们这些人。我作为这些人中的一分子，应该为新时代社会的进步和发展，消除社会中不良的种种风尚和弊端，尽可能地奉献自己的力量，履行自己的社会职能，倾心完成学校代表社会交给自己的任务，这才是人生的价值。

（3）作为共产党员的一分子，我持有共产主义的信仰，有以辩证和历史唯物主义观点作为认识世界和改造世界的意识，相信社会的进步和发展没有止境，一切阻碍进步和发展的逆流都将被改革或淘汰，革命党人要为社会的进步和发展做出自己真诚的努力。但我为曾经受到我们党内“以阶级斗争为纲”思潮的影响而遗憾并自责，也为当前党内出现的种种腐败现象而焦虑和不安。我不懂得政治，只是一个高等工程教育的工作者，但我深信我们的党能够完成复兴中华民族的伟大使命，也坚定地在这项伟大使命中洁身自律地做好党交给我的每一项任务。

（4）作为教育界的一分子，我曾经有清华大学教师、第一批新清华建设者和第一批高等工程教育研究者的经历，有热爱学生、激发学生“精神成人”和“专业成才”的自觉性。在教学和科学研究中理论联系实际，是我们教育工作者的天职。改革和创新是当今世界教育和科技新潮流赋予我们的长期任务。我虽然受旧传统的约束，退休后更是信息闭塞，但只要一息尚存，就应遵守清华的校训“自强不息，厚德载物”，作为教育工作的志愿者，奋斗终身。

（5）作为家庭的一分子，我为有一个完整而和谐的家感到满足，也为能使家庭幸福尽了自己的责任。我爱我的母亲陈太夫人念云，虽然她在88岁高龄时已驾鹤西去，17年养育之恩和47年赡养之情永远牢记在我的心间。我爱我的妻子存彦，我们之间从青年时的恋情、成年时的亲情到现在晚年时的依情不断升华，如今相依为伴，朝夕相处。我们的结合已经逾过一个甲子，思想和情意上已经达到“钻石婚”的境界。我们有一双儿女、一对孙女，我深深地热爱他（她）们，在孩提时我俩竭尽所能地精心哺育他（她）们成长，用我俩自己的行为举止去影响他（她）们、用爱心来温暖他（她）们，让他（她）们有能力、有热情去经历自己的人生。如今他（她）们都已成家立业，事业有成、学业有进，这也就使我们感到欣慰。

（六）我对人生价值观的认识

1986年至1990年间，我曾经在“高等学校教育评估”课题的研究中，探索过“价值”的基本概念及其在教育评估中的应用。在探索过程中，马克思对“价值”的阐述给予我深刻印象。他说，“‘价值’这个普遍的概念，是从人们对待满足他们需要的外界物的关系中产生的”，又说，“人把满足他们需要的外界物进行估价，赋予它们以‘价值’或者使它们有‘价值’”……这些概念，正可以说明什么是事物和人生的价值。

事物的价值，是它们在人们日常生产和生活中所起作用的大小、性能的优劣、用途的宽广、效益的高低。

人生的价值，则指人在生产和生活中对群体利益在事物上所起的作用、在精神上所起的影响。这里的群体指的是家庭、集体、事业、国家乃至世界，泛称“社会”。

在一个人的人生过程中，不论奉献大小，只要能凝聚爱国、敬业、诚信、友善的精神，努力发挥个人的所能，使国家、事业、集体以及家庭这些群体的需求有所得益，这个人的一生就是有价值的。这就是我对人生价值观的认识。

认识了这个人生价值观，再回顾清华大学的校训“自强不息，厚德载物”和叔蘋奖学金的宗旨“得诸社会，还诸社会”，就能更明确人生价值观的内涵：那就是要把家庭、学校、组织、国家培育你成长过程中所获得的知识、情感、意志和能力（知、情、意、行），崇德倾心地奉还给国家、事业、集体乃至自己的家庭和后一代人，完成他们赋予自己的重任。

（七）有价值的人生观带来幸福的人生

1991年退休了，我把以往执教、建校、教育研究、奖学育人的一件件经历进行回顾、总结和提炼。在回顾中感受到自己的人生是充实和幸福的，这些幸福感主要体现在我执教育人的生涯中。

回忆我这40余年在清华的执教，最困难的时期是“文化大革命”时带领三个班的工农兵学员到某军区“开门办学”。那时教师被认为是资产阶级分子，教师教学的主张被工宣队认为是“敌情”；上课在军区大院的场地上进行，学员坐在小马扎上听课，除了黑板、粉笔以外没有任何教学设施可用……但教师们和学员们对教育的价值观并没有改变。教师严谨认真地授课、学生勤奋努力地学习，都是为了国家建设和个人素质增长的需求。三年来师生们在一起同吃同住同学习，建立了亲密的感情。2016年，在这三个班毕业40周年的时候，师生重聚一堂，亲密的感情更加深厚了。我在联欢交谈中得知他们个个都是自己企事业单位的技术和管理骨干，甚至有人已是新疆地区知名的结构专家，有人已是我国航母基地的文职总工程师，有人已是某地区地下工程的技术主要骨干而且每天清晨都和我互致问候。我为他们感到骄傲，也为自己曾经教过他们而感到无比的欢乐和幸福。

对我来说，这种欢乐和幸福是经常感受得到的。每当清华校庆校友返校时，看到我教过的学生有的是某项结构设计规范制定的负责人、有的是奥运主场馆建馆的主持人……几乎个个都是建设的精英人才；每次参加叔蘋奖学金的会议时，听到在校学习的获奖学生陈述参与“奖学育人”活动后的收获，知道毕业就职的获奖同学已经成为国家教育、医疗、金融、气象等多项事业的重要骨干……我都会有这种欢乐的心情和幸福的感受。我真诚地认识到有怎样的人生价值观，就会有怎样的作为，就会在人生道路上感受到怎样的欢乐和幸福。

每个人都有自己的人生目标（目标是指要达到的境地和标准），而且在不同的人生阶段，在不同的生活环境中，这些人生目标可能有所不同。但每个人都有类似的终身目标——就是“福、禄、寿”三个字：长寿是任何人的人生需求，俸禄只要能够安居乐业，适可而止，幸福则往往是人们毕身所追求的终极目标。幸福不是任何别人的馈赠，而是一个人具有“爱国、敬业、诚信、友善的品质，具有能给人以力量、智慧和欢乐”的人生观，并在这种人生观指导下有所作为的必然，也是一个人甘于平淡、不苛求、不执着、不自负、不计较才能感受到的心理和生活境界。

2011年，我已是81岁的耄耋老人了，已经从各项工作岗位上完全退了下来。我闲休于居，珍惜现时，享受余生，并在晚年的心意上确立了“三视”：

视心不老，续旧情趣、作新爱好、心意愉快、学习到老；
视体渐衰，防病治病，不急不躁、不畏不火、量力而行；
视死如归，来自大地、回归自然、质本清末、安泰远行。

如今我和爱人存彦“虽已老态龙钟疾未平，尚能安我所养乐开怀”。儿女亲侧奉侍，孙辈在学在职，欣然四世同堂。希望我们的余生能够益寿延年，尽情尽力，甘于平淡，幸福美满。落幕时泰然无悔，回归自然，则今日人生之夙愿足矣。

初稿写于2012年10月31日（82岁生日，即人生第29930日）
2017年10月31日（87岁生日，即人生第31755日）修改完成

人生成功要则

每个人的人生必然经历三个层次：接受教育的“依赖”层次、成年自立的“自立”层次，以及振兴事业中人与人之间的“互赖”层次。

（1）在接受教育过程中要做到“打好知识、方法、技能方面的基础”“确立学习、品格、事业方面的目标”“具备积极自主完成接受教育的意志”“抓好每年、每学期甚至每日学习和实践的重点”。具备这四个方面就能够导致个人的成功。

（2）在成年自立过程中具备了法律上的“人权”，建立了生活上的“家庭”，经济上拥有“自立”的能力。这时，要掌握自立生存和为人处世的本领。

（3）在振兴事业的过程中要做到“在为人方面利人利己”“在做事方面设身处地”“在工作中要集思广益”“在事业上要统筹发展”。具备这四个方面就能够导致事业的成功。

由于人生由学识和能力、事业和生活、情感和趣味、体质和形象四个方面组成，所以在整个人生中要注意这四方面相互协调的均衡发展，由初生到成熟，再由成熟到相互补充，并向高水平发展。（见图1）

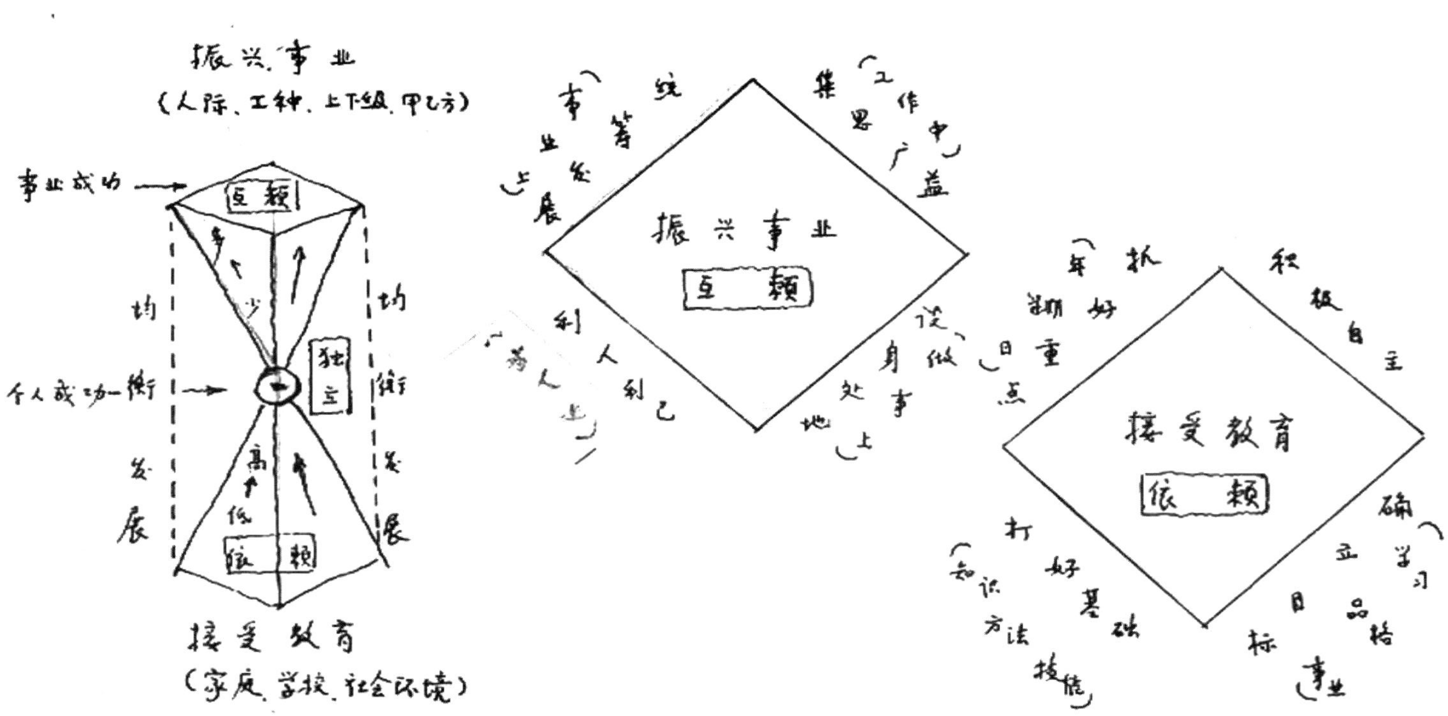

图1 人生的三个阶段
（本文的三层次由柯维提出，本文加以充实展开）

第八篇　乐在其中

我在退休期间，居家读书、写字、做游戏、进行体能锻炼，外出散步、游览、探望亲友，成为生活中经常做的事情。我还有一个平时读书做笔记、遇事写心得、事后做总结的习惯，感到这样做不仅扩大了视野，总结了体验，还可以从中学到新的知识，才能够把所做所为融合成自己的一次次经历，记录自己成长，感受到其中的乐趣。

本篇列有我退休后随写的两份游览记录（一为远游挪威的部分游记，另一为常去的圆明园遗址的简要介绍），三种文字的书写练习（甲骨文和欧阳询的书法习作，以及一百个“寿”字和一百个“福”字填写的篆体字贺卡），和两本古典名著（《红楼梦》《水浒传》）阅读后的人物关系一览。

它们不是什么文字和书法作品，只不过是一个工科教师在业余生活中做了一些“乐在其中”的消遣而已。

挪威老王宫门前的国家纪念碑
（大女人、小男人）

挪威首都维格朗公园中轴线上的铜雕
“愤怒的男孩”

标志挪威和瑞典国界线的纪念碑（国界线是碑中的空隙线，也即两人手拉手处）左部为挪威，右部为瑞典

挪威旅游随记

今天（2005年7月12日）开始全家的挪威之旅。我们4人——存彦、穆凤、慕凡和我，从清华园出发前往7500公里外的挪威的首都奥斯陆。

早上7时半就离开了家，北京清晨的暖风欢送我们。当进入首都机场国际航线入口时，大家内心里都在说同一句话：酷热的北京，再见了！

启程后第一站是芬兰首都赫尔辛基，下机后在机场要等候3个多小时，再转机才能到奥斯陆。到赫尔辛基乘坐的是芬兰航空公司的747型飞机；它将由北京沿西北方向出境，经蒙古、俄罗斯飞往北欧。中午11：55准时起飞，机上服务人员主要是芬兰空姐，也有二三个中国空姐；用的语言是芬兰语、英语和华语。全程有两次送餐，其间送咖啡、饮料和茶水。和国内航线相比，虽然质量和数量相差不多，但服务态度稍有逊色。

在整个7个半钟头里，飞机一直在明媚的阳光下飞翔。纯洁的白云在脚底下绵延飘扬，蔚蓝的晴空在视野中一望无垠。在长度6000多千米、高度在10000米以上的旅程中，可以说没有乌云，没有颠簸，天空里的一切显得是那么的平静和安详。机舱里旅客并没有完全坐满，气氛也是静悄悄的，不一会儿，漫长的7个半小时也就平稳地过去了。我们在当地时间下午2时许到达赫尔辛基。

赫尔辛基候机厅呈“7”字形。人们下机后经海关检查口到赴奥斯陆的17号候机室要走长达四五百米的路。粗粗看来，这个候机厅布置得不太合理：它占地面积既多，又不便于旅客往返；路上没有自动行走设施，容易使人感到疲劳乏味。不过在这个长长的路段中有一个商业区引起了我们的注意。那里路旁两侧都是小商店和酒吧，不少过往旅客在这里购物、饮酒、小坐休息，熙熙攘攘，煞是热闹。我们在17号厅停留片刻后，就分别到商店区观赏、留影。引起我们注意的是，芬兰的物价高得惊人。他们用的是欧元；若以1欧元约等于10元人民币计，这里的物价大体是北京的10倍。一件普通体恤衫，在北京买大约40元，这里要44欧元，约合440元人民币。

芬兰时间17：55我们再次乘芬航737型飞机直飞奥斯陆。这次我坐在飞机的舷窗旁，可以俯视大地。赫尔辛基机场附近既有大片田野也有密集的森林，而到奥斯陆看到的则是大片树林和不规则的绿茵草地，在树林里躲藏着无数分散低矮的别墅。它们不像国内大都市机场附近都是纵横交错的公路网和密布的建筑物那样；在这里见到的是一片自然风光。下机时是挪威时间18：10（相应于北京时间00：10），地面温度30℃。在阳光辐射下的机舱外，虽然一时感到有点热，但一到候机楼地面上就变得十分凉爽。奥斯陆终于到了！这是小东已经工作了8个月的地方，也是这一个月来全家天天盼望的地方。我们花了12个小时绕了地球周长的1/3，到达了这个目的地。给我的感觉是地球好像也并不太大，毕竟人类正在征服它。

小东和三位随同同志在机场迎接我们。8个多月未见，重逢时兴奋、喜悦的心情难以言表。只见穆凤和小东击掌相迎，小东紧搂着女儿慕凡，存彦凝视着儿子说了一句："小东，你怎么瘦了？"可见，天下父母的心永远牵挂着自己的儿女。我则和小东工作单位随同接机的同志一一握手，感谢他们的盛情迎接；这也是亲人相见，毕竟在异国他乡，国人就是自己的亲人！

从机场到小东工作单位的驻地有50分钟的汽车路程。绕过一个隧道后不久就到了。这里坐落在一个小山丘上，四周有2米高的铁栅栏围墙，围墙里除楼房外有花园、林间小道、网球场、停车场，错落有致，郁郁葱葱。我和存彦被安排住宿在本部旁边的一座楼房的三层楼上，那里既宽敞又一应设备俱全，十分安静。穆凤和慕凡则住在本部楼房底层小东的居室里。当我和存彦安顿就绪躺下入睡时，已是当地深夜22点多，可是室外依然晴空万里、太阳高照，丝毫没有深夜的感觉。据说要到23点多天色才会逐渐暗下来。第二天穆凤告诉我，当夜她们还去了雕塑公园游览，直到午夜24点才见到奥斯陆的黑夜。然而，到第二天清晨3点多，天空又明亮了！

这就是我们经历的7月12日的一天，一个值得永远怀念的一天。

7月13日

今天是到达奥斯陆后的第一天。我首先关心挪威和首都奥斯陆市的总体情况，向小东要了些资料，了解如下。

挪威（Norway）是一个君主立宪制的国家，面积38．5万平方公里，人口455万，其中96%为挪威人。国王为哈拉尔（Harald）五世，1991年即位至今。挪威在9世纪时已形成统一王国，14世纪与丹麦合并，19世纪后属瑞典，1905年独立。挪威的森林资源丰富，水产业发达。森林覆盖面积约占国土面积的37%，三文鱼产量占全球养殖量的55%。此外，造船业、近海石油和水电工业也很发达。

奥斯陆市是挪威首都，位于挪威东南沿海奥斯陆湾内的北端，是全国政治、金融、和文化中心，已有千年历史；面积454平方公里，人口约52万，是我国北京当时人口的1/30。这里有挪威最大的国际港口。每年7—8月份这里气候宜人，鲜花盛开，是旅游的最佳季节。

小东在挪威工作的单位位于奥斯陆 Tuengen 街一侧，在奥斯陆东南郊的住宅区附近。在这个住宅区里见到的都是2—3米宽的纵横交错小路两旁的私人别墅。它们多半是两层坡顶木结构房屋，体积都不太大，式样却很别致，可以说不拘一格，色调鲜艳；每一户都有汽车库、小花园和1米左右高的跳格木栅栏围墙；围墙大门几乎都开着，似乎可以夜不闭户，意味着这里的人们过着舒适安详的生活。

奥斯陆市内的建筑物基本上没有高楼，多半是二三四层楼的办公楼或商店；即使市政要楼也是如此。七八层以上的高层建筑屈指可数。市内道路除几条大道和环路外，都是曲曲弯弯不规则的，但路口红绿灯却很多，有的路段还要经过隧道。路上汽车不少，奇怪的是它们都开着前灯行驶（据说为的是减少车祸发生的概率）；相反，路上几乎看不见行人。偶尔还可以见到有公共汽车或有轨电车路过，它们都很豪华，但乘客却少得可怜；我们见到的只有四五个人。到了市中心，可以见到不少人在酒吧外临街小桌上喝啤酒、聊天、看报。街上商店倒不少，但同样顾客很少，而且星期日不营业。购物用的是“克朗”，1克朗相当于1.3元人民币。物价很贵，约为北京的10倍。例如，一根较粗的黄瓜卖10克朗，合人民币13元。

今天晚饭后，小东带我们到奥斯陆湾一侧的“老王宫”游玩。“老王宫”建于13世纪，依奥斯陆湾东南海岸而设，其东南方就是可以前往丹麦的港口。我们经过王宫前广场，先到国家纪念碑处留影。国家纪念碑是一座约十数米高呈深黑色的铜雕塑碑，以“大女人、小男人”为主题，象征着挪威尊重妇女的传统。铜雕上只有两个人：一个裸体女人矗立在右侧，体形匀称，身材高大，面向前方，表情严肃；她左手侧有一个墩座，上面站着一个裸体男人，也面向前方。女人和男人的比例约为1 ∶ 0.6（我猜想可能是0.618的黄金分割比）。纪念碑两旁放置有两丛鲜花，据说我国领导人江泽民曾在此献花。碑旁有一个约20米直径的圆形草坪，圆心处有一棵树杆直径约1米的大树，树叶茂盛无比，几乎覆盖了整个草坪。

经过草坪跨过一座旱桥和一座吊桥就进入王宫正门。面对正门里面近20米处有一警亭，亭前有一卫士持枪肃立，每隔十几分钟便要正步走向宫门几个来回，以示警戒。我们在宫内石块路上漫步，经过一座座平房、小湖，一片片树丛、围墙，就到了阿胡斯城堡（现为城堡博物馆，这时已闭馆）。这是一幢用块石砌筑的三层高大建筑物，有用蓝釉瓦覆盖的大坡度屋顶，两侧为硬山搁檩，山墙上镶嵌着巨幅圆形玻璃彩画，屋顶后侧有高耸的尖塔，塔顶有正点运行的金色大钟，这些都呈现着古典哥特式的建筑风格。城堡周围是沿海岸线构筑的土堤。土堤虽不高，但其内侧却并排放置着一门门大炮；一眼望去就可见到十四五门，沿土堤一圈都有，炮口全向着海湾。从堤顶向下望去，离海岸边的地面约有十几米高，可以想象出当时王宫威武的海防场面。与此对应的是堤岸内侧平缓的斜坡草坪。草坪的绿茵厚实、柔软、干净，人们平躺在它上面就像睡卧在绿色地毯上，可以闻到一阵阵的草香，身上却可以不沾尘土，给人以温馨和谐的美感。

绿茵丛林深处又有一个长5米、宽1米的阵亡战士纪念碑，它被横放在绿地上，是纪念第二次世界大战期间阵亡的奥斯陆战士的。碑前十几米处立有一块刻着42名战士和他们每人出生年月的铜牌，说明他们都是20岁左右的青年。据称我国国防部长迟浩田曾在此处献过花圈。

这时虽已晚上八九点钟，但仍晴空万里，满园阳光，三三两两的人群还在这里观光。他们有的坐在树根一侧吹笛，有的脱了衣服裸身在墙角晒太阳，有的坐在堤岸顶欣赏海湾风光，有的躺在草地上看书或聊天。更有意义的是我们遇到一家台湾同胞，他们从台湾到欧洲后买了一辆汽车，自己开车经德国、法国、意大利、荷兰、丹麦、瑞典后来到挪威，挪威是他们这次旅游的重点，离开欧洲时再把车卖掉。我们相互友好地交换了地址和电话，相约今后在北京和台北再相见。

到了晚上21时，我们看到有三位荷枪战士正步走到城堡前高高的旗杆前，将飘扬在“老王宫”上空的挪威国旗降下。一名战士有礼貌地走来告诉我们现在要闭宫了，我们才依依不舍地离开了它。

7月14日

今天去奥斯陆著名的维格朗雕塑公园。它是由挪威著名雕塑家维格朗（G. Vigeland）在1906—1943年的雕塑作品组成的，占地80公顷，共有192座雕塑和650个浮雕，绝大部分为裸体，有石雕，也有铜雕。据称是当今世界上最大的雕塑公园。

雕塑以群组分布在公园长850米的中轴线上，反映的主题是人生的生死循环。进园穿过草坪，先看到的是一组人体铜雕，共58座，安放在一条小河上的石桥两侧栏杆上，从尚未问世的胎儿到年迈古稀的老人，勾画了人生的旅程，其中最著名的是“愤怒的小男孩”。过了石桥前的玫瑰园后是一组喷泉雕塑群，四个铜雕巨人托着一个泉水四溢的大铜盆，立在池水中央。池四周有20座青铜人体雕塑依“生命树”而息，底座共有60座石浮雕，更为详尽地表达了人生的里程。绕过喷泉跨上数十级台阶，是一个椭圆形平台，中间是一根高17.3米、重270吨的独立石柱，上面有121个人体浮雕，被称为“生命柱”。独立石柱四周依台阶高低安放着36组花岗岩人体雕塑，这些雕塑错落有致，表情生动，有青年男女的、有老年夫妇的、有成群孩子的、有母亲给女儿洗头发的，等等。再往前有一个铜制日晷，其石制底座上雕刻着十二个星座标志。公园尽头树立着一座“生命之轮”铜雕，由头脚相连的4名成人和3名儿童组成。站在平台上放眼望去，只见数百座雕塑千姿百态，栩栩如生，令人陶醉，给人遐想。

在这一批雕塑群两侧是大片草地，草地间有纵横交错的道路，道路旁种植了茂密的大树。有意思的是我们看到不少人（包括妇女和壮年人）在这条路上跑步或骑自行车进行锻炼。在草地和道路间还专门留了一条宽约30厘米的土路，可供人们跑步用，可见挪威人对锻炼身体的重视。

我们在雕塑公园的雕像前拍了许多照片，在石桥下的小河边观看美丽的野鸭玩水，在绿茵草坪的座椅上欣赏这无与伦比的美景，过了一个极为愉快的晚间。

由于维格朗雕塑公园离小东工作的地方很近，后来它竟成为我们经常去散步、休息、摄影的场所。穆风和慕凡去了五次，存彦和我也去了四次。

7月29—30日

从今晚22时20分离开至30日晚22时28分回到奥斯陆，我们经历了一次名为“卑尔根（Bergen）之旅”的24小时游览。旅程的安排如下：

◆23：11从奥斯陆中心车站出发，沿卑尔根铁路乘电气列车于明天凌晨6：05到达卑尔根；

◆清晨8：40再从卑尔根乘原车于上午9：54抵达沃斯（Voss）；

◆旋即转乘大巴沿Stalhefmskleiva山路盘旋而下，到达古德旺恩（Gudvangen）；

◆上午11：25转乘Fjord1号轮船游松恩峡湾，于中午13：30到弗莱姆（Flam）；

◆在Flam停留两个半小时，再乘沿Flam铁路线的电气列车一小时后到达米得尔（Myrdal）；

◆在Myrdal等一小时左右，再乘列车经五个多小时于晚间22时28分回到奥斯陆。

旅程经历了“列车—列车—大巴—轮船—列车—列车”，转了五次交通工具，看到了著名的卑尔根市容、陡峭的山崖公路、长长的清澈峡湾、雄伟壮观的大瀑布以及沿卑尔根铁路线的美丽风景和晚霞。可以说，全天生活在一幅幅画面里，经历了一次全绿色的旅行。

卑尔根市位于挪威南部西海岸处，建造在七座高屏障的山峰之间。它面临海湾又有山路把它们连在一起，还和挪威北部以及整个欧洲连接，因而充满了奇特的韵味。海港、鱼市就在市中心。据说几乎市内所有重要的决议都是在鱼市上做出的。我们下车后先到布利根，这里有德国汉萨同盟租界的遗迹；它由十余栋两陡坡屋顶的四层建筑物并列在一起，自成一道明亮的风景线（其中有些还是在1480年就建成的，距今已500余年），是当今受保护的世界文化遗产。它的前面就是海湾，大批渔船在这里停泊。海湾边上是一个大型鲜鱼市场，上百个摊位在这里营业。各种鱼、虾、螃蟹之类的海鲜，应有尽有。离开鱼市，前往这里的“老王宫”，它也是一座城堡式建筑，但体型不大，院落也很小，只是正门前有鲜明的皇家标志。卑尔根市面积不大，市内商店却不少。街道以铺石块路为主，街道中心处也有不少雕塑。由于它处在山峰之间，居民多住在山坡上，故而有些街道坡度颇陡。居民住房多半是一些小别墅，红屋顶白木墙，背靠青山绿林，远处望去，琳琅满目，一片兴旺景象。

从卑尔根到沃斯后，一个个长途豪华大巴在等待着我们。乘上大巴一路前行，公路很狭窄，只能单向行驶，但车速非常快。在这弯弯曲曲的山路上看到的是大块绿草地和一片片澄澈的湖水。几乎每块草地上都堆放着白塑料布卷，里面卷的是压实了的麦梗，说明这些草地以前种的是大麦或燕麦，可见挪威农田是轮作制，种草和种麦是轮流进行的。大巴到一个 STALHEIM 酒店门前停了下来，让大家在酒店前的观景台上居高临下地观赏峡谷风光。在这里展现在眼前的是一幅既野性又美轮美奂的山地全景：盘旋陡峭的公路，绵延高耸的山峰，倾泻百米而下的瀑布，满布青山间的民居以及我们将经过的谷底的弯曲公路。约半小时后，大巴就下山了。这真是一个惊骇无比的旅程：盘山公路的倾斜度大约为25度，盘旋道号称“发夹弯道”，意味着它像妇女的头发夹子那样两条边的夹角仅有10度左右；长长的大巴就在这样的弯道上绕了13个来回，才到峡谷的底部。在陡峭的盘山公路上我们在惊骇之余欣赏了倾泻200米直下的谢尔斯瀑布（Kjelsfossen）。

大巴到沃斯后，我们登上 Fjord 1号客轮，沿长长的松恩峡湾经历了两个小时的“峡湾游”。峡湾是什么？它是延伸到内陆长达200多公里的狭窄海湾，其水深与两侧高峰高度相仿，最深处有1300多米，接近大海处则很浅，有的地方只有10—20米深。这一道道原来既漫长又狭窄的河谷，被冰川时期的冰川势不可挡地冲击后，不断加深加宽，让外边的海水流进来；后来一两万年前大冰层终于缓慢地融化了，然后到新形成的峡湾地区来寻找生活出路的早期猎人，在这里形成了北欧的居民点，这就是现在的峡湾。我们这次经过的峡湾水面，海拔高度约为2米，两侧的山峰看来也不过200—300米高（但最高的山峰据说可达1800米）。水面宽处可有500—600米，窄处也有200多米，与我国的三峡有些相像；不同的是这里的天空中有不少海鸥在飞翔，山坡上每隔不远处就有瀑布倾泻而下，山峰上除种植有密林外还有大片草地和些许小巧玲珑的民居，峡湾里的水面为深蓝色，十分清澈，还可见到好些单人皮划艇在游弋，远处的山峰顶部可以见到茫茫白雪。

两小时后，客轮到了 Flam 镇。这里是 Flam 铁路线的起点，镇上主要是一个小列车站，车站四周有一个不太大的广场和一些公房和购物摊位。人们都停留在广场周围等候列车的到来。据说沿 Flam 铁路线坐列车穿越 Flam 峡谷，是往返游览中最为精彩的活动之一。Flam 车站位于海拔2米处，Flam 铁路线全长20公里，行程约一小时到它的终点站 Myrdal，那里的海拔是866米。沿线要经过20个旱隧道、4个水隧道、1座桥梁，还要爬坡864米；上坡时最高速度40公里 / 时，下坡时最高速度30公里 / 时。列车经过的车站有10个，几乎个个都有景点可供观赏。下面列出各个车站的简况：

第1站 Lunden，海拔16米，它是 Haga 山直落而下的所在；

第2站 Hareina，海拔48米，可以见到一幢在1667年就建成的 Flam 教堂，它是斯堪的纳维亚地区最小的木制教堂；

第3站 Dalsbotn，海拔200米，可以见到跨河的巨石，是一个天然桥梁；

第4站 Berekvam，海拔343米，是铁路线的中点，该处有一 Berekvam 深谷；

第5站 Blomheller，海拔450米，是 Flam 溪谷所在地，有奇异的自然风光；

第6站 Kardal，海拔556米，可以见到一个最高的村庄和 Kardal 瀑布；

第7站 Kjosfossen，海拔669米，见到的是著名的 Kjos 大瀑布，它有20—30m 宽，在离铁路线数十米高处倾泻曲折而下，像青山间镶嵌着一大片洁白色的布匹在跳动；由于它曲折而下，从远处看来宽窄、粗细、大小不一，它还像一串抖动着的椭圆形的巨大白球。瀑布的落水声咆哮如雷，溅起的水珠可以远洒到车箱处。列车在这里停了下来，让旅客们可以下车观景。全车的人几乎都飞奔下来，大声欢呼这犹如仙境的美景，不顾迎面扑来的水珠，快步走向观景台的最前方，观赏留影。

第8站 Reinunga，海拔768米，在其东方有一个名为 Reinunga 湖的高山湖；

第9站 Vatnahalsen，海拔811米，在这里可以观望整个峡谷的全景；

第10站 Myrdal，海拔866米，是 Flam 铁路线的终点站，从这里可以乘车返回奥斯陆。

返程的列车还是沿卑尔根铁路线向东行驶的。据说这条铁路线最近被评为全球最美丽的铁道路段。它美丽在哪里？我体会到它美丽在沿线有大面积的草地，见到的是一片色彩既嫩柔又水灵的翠绿；它美丽在驶过的是山地高原，见到的是山顶白雪和山间翠绿组成的一幅幅美轮美奂的景色；它美丽在一片片深蓝色的湖水，平静地躺卧在那里，几乎没有水纹和波浪，只见到蓝天和山峦的倒影，仿佛就在镜中；它美丽在傍晚天空中的晚霞，这时，半个太阳躲在群山背后发出金色的光辉，使得它近处的白云刹时变成粉色、红色、黄色、金色的彩带，它们和远处的蓝天白云相映，呈现了一幅五彩缤纷的画面。随着天色渐渐变暗，远处青山间民居小屋里的灯光又闪耀起来，展现出的又是一片万家灯火的美景，令人目不暇接。

经过五个多小时的路程，我们又回到了奥斯陆；奥斯陆市中心五光十色的夜晚在欢迎我们。我们经历了丰满的一整天。这一整天我们的确是完全生活在一幅幅美丽的画面里，我们的确是完全融入了一个绿色的环境中。这一切都会使我们永远记忆着它，永远不能忘怀。

对圆明园的点滴认识和建议

圆明园，曾经既是清朝皇家的“家”，又是当时朝廷的“国”（最高政权所在地）；既是全人类最迷人的一座皇家园林，又是一个人类最应该感到羞耻的掠夺、抢劫的焚烧场。如今，它虽然已经被人民政府保存下来，成为人民群众的游览胜地，经常举办时令花展和各色喜庆活动；但仍然是一片荒凉景象，昔日迷人的宫殿楼阁早已荡然无存，山形水系也只有一个大致的轮廓。

我在幼年时所知晓的圆明园，只是“被八国联军烧毁的一座皇家园林，它寄托着国家的奇耻大辱”；后来在清华求学时，把圆明园视作清华的校园，经常去“大水法”遗址凭吊和游览，还曾经在圆明园中的长春园遗址里做过测量实习；成年后也不时去圆明园欣赏花展、观看遗物展览；退休后还经常去那里散步小憩；在经历钻石婚的2013年，更在圆明园“正大光明殿”北面的“九州区”遗址上参加了庆祝金婚的盛典。就是在这次庆祝金婚活动期间，我获得叙述圆明园景观、政治与文化的一本专著《家国天下》（张超著）。我在认真阅读它以后，才对圆明园有一些点滴的认识。

一、圆明园的来历和经历

皇家园林历来就有，起因于帝王多数不满足皇宫中拘谨、正规、单调的生活，往往在京城和附近的山水佳境处建造园林，以活跃生活、娱乐、游猎的需要。

从经济条件看，康熙、乾隆年间的经济总量已占世界经济总量的1/3；乾隆中期国库常有8000万—12000万两白银；嘉庆二十五年（1820年）时，GDP有1992亿美元，为世界之首。故清廷当时有条件建造豪华的圆明园。

圆明园是康熙在位四十六年（1707年）时赐给其四子（雍正帝）的一座花园，约30—40公顷，是一个小型的水景园，赐名“圆明园”。其意“圆”指个人品德圆满无缺，立身行事合乎时宜;“明”指办事光明磊落，完美明智。它是康熙对雍正的期许。圆明园的地理位置在香山、玉泉山、万寿山以东；历史上此处有辽、金代时玉泉山的行宫和香山的佛寺，明代时的清华园和勺园（康熙时已把此清华园改为畅春园），是北京西部的园林重地。

雍正在位的12年间（1723—1735年），将圆明园大规模扩建至200余公顷。南有“正大光明殿”“勤政亲贤殿”，后湖四周有帝后嫔妃的寝宫，并将东湖开拓为“福海”。

乾隆在位的59年间（1736—1795年），在圆明园内扩建近40处景点，步入它的兴盛时期。此外，还在1745—1751年新建长春园，约有66公顷。在1747—1759的12年间建成长春园北面的西洋楼景观，在1769年又将原有一些小园林的绮春园并入圆明园，在1774年更将圆明园、长春园、绮春园三园均归圆明园总管大臣管理，总称“圆明园”。致使总称的圆明园，呈品字形的三园布置。

嘉庆在位的24年间（1796—1820年），侧重建造绮春园，建成后小景点达30余处，规模达66公顷。

道光在位的29年间（1821—1850年），虽然国力衰败，仍苦心经营圆明园，修缮及新建费用每年约10万两白银。

咸丰在位的10年间（1851—1860年），只对圆明园进行局部修缮和零散的建设。后因英法联军入侵，咸丰出逃，圆明园被英法联军彻底摧毁。

二、圆明园的概貌和主要景观

圆明园当年为北京西郊园林荟萃处三山五园（香山、玉泉山、万寿山；静宜园[在香山]、静明园[在玉泉山]、清漪园[颐和园]、畅春园[今北京大学西门外]、圆明园）中最主要的景观。

圆明园总占约350公顷，即350万平方米。水域140公顷，占总地域的40%。建筑物（含殿、堂、亭、台、楼、阁、榭、廊、轩、斋、房、舫、馆、厅14类），约20万平方米。（紫禁城内的建筑物约有16万平方米，颐和园内的建筑物只有7万平方米）。各类亭（山中亭、水中亭、林中亭、水边亭、花丛亭、廊亭、桥亭、井亭等）有140余座。各类桥（石桥、铁桥、木桥/平桥、曲桥、梁桥、拱桥、廊桥等）有180余座。外围墙约20000延长米，仅圆明园区外围墙的墙门就有18座。主要的景观有100余处。它们分别在下述7个大区域内：

（1）前朝区——为帝王专属活动区。前朝区主要有大宫门内外朝房、“正大光明”景群、“勤政亲贤”景群三部分。大宫门为南向五间门殿，挂有雍正题的“圆明园”匾。“正大光明”景群为圆明园区40景之最，正大光明殿为朝会、庆贺、典礼的正殿。勤政亲贤殿为皇帝听政、处理政务处。它们东北西三面山环水绕。

（2）九州区——在前朝区正北，具有内寝和御花园双重功能，并按“禹贡九州”的立意围绕后湖（约200米见方）布置九个功能情趣不同的小岛，象征江山一统。九州区主要有“九州清宴”（帝后寝宫）、“楼月开云”（以牡丹著称）、“天然图画”（竹子园）、

“碧桐书院”（梧桐院，有书院功能）、“慈云普护”（宗教景观）、“茹古涵今”（清帝与臣僚谈古论今处）等。

（3）西北区——有皇家祖词“安佑宫”、藏书楼“文源阁”、大戏楼“同乐园”以及宫市“买卖街”，还有独具特色的十字房“万方安和”、田字房“澹泊宁静”以及仿水村田园风光的“北远山村”等。

（4）福海区——由位于圆明园中心的“福海”（长宽均约600米，总面积28公顷）为三园中的最大水域；福海的四周有“平湖秋月”（仿杭州西湖的平湖秋月）、“别有洞天”（雍正炼丹处）、“蓬岛瑶台”（追求蓬莱仙境）、“方壶胜境”（海神祭祠）等景观。

（5）长春园——位于圆明园区的东部，占地约70公顷，有20余处景观，利用洲、岛、堤、桥将大片水域划分得幽邃有序；主要景观有“含经堂”（集宫殿、花园、文物贮藏、演戏、接待外宾等多功能）、“淳化轩”（收藏字帖）、“思永斋”“海岳开襟”（二者多为湖心建筑物）、“狮子林”（仿苏州狮子林建造）、茜园、如园（分别在长春园西南和东南紧靠围墙的园林）等。

（6）西洋楼——在畅春园最北部，有“谐奇趣”（有西式喷泉群）、“黄花阵”（迷宫花园）、“海晏堂”（有蓄水、喷泉功能）、“大水法”（由大殿“远瀛观”和大喷泉群组成）、“线法画”（七道左右对称的八字形断墙）等12景组成。

（7）绮春园——位于圆明园和长春园以南，规模大体与长春园相当；园内小岛较多，岛上不强调规模宏大的建筑，但布置得玲珑活泼，以水域相隔，婉约多姿。其主要景观有“迎晖殿”（本园的正殿）、“敷春堂”（本园的中心景区，皇太后的寝宫区）、“正觉寺”（喇嘛寺庙）、“涵秋馆”（位于本园中心，种植多种乔木，尤其有大片枫叶，引人注目）、“仙人承露台”（一铜铸仙人雕像，承接天降甘露，寄托长寿愿望；今仍然存在，可以观赏）等。

三、圆明园的政治内涵和政治理念

1. 圆明园的政治内涵

（1）皇帝听政、议事、日常办公、召见高级官员、引见中下级官员所在。

（2）群臣的部院衙门所在，如宗人府、内务部、内阁、军机处、吏部、礼部、户部、兵部、刑部、工部、钦天鉴、都察院、翰林院、詹事府、国子监等各部院的值房，以及东四旗（镶黄、正白、镶白、正蓝旗）和西四旗（正黄、正红、镶红、镶蓝旗）各衙门的值房。

（3）朝会、节日（如三大节：万寿、元旦、冬至）庆贺、赐宴亲藩、宴请廷臣等典礼所在。

（4）举行殿试御考：包括“大考”考翰林院、詹事府诸臣，“散馆”考核新进士，有专长者按等级分别授职，“复试”低级官员，经复试后有可能升级。

（5）接见外藩来使和外国使臣，进行宗藩联谊和外交活动。

（6）举行公主下嫁成婚定礼仪式。

（7）皇帝驾崩停柩处。

（8）审核勾决人犯的“勾到处”。

2. 圆明园的政治理念

（1）四字家法——正大光明殿所示的“正大光明”，取自《周易》：“正大，而天地之情可见矣；刚中正，履帝位而不疚，光明也。”即要使帝位巩固，必须效法天地、顺应人情，从而表明其政治是光明正大的。

（2）勤政思想——勤政思贤殿首先表明了勤政思想；雍正曾多次谕令百官：“在圆明园和在宫内一样，凡一切应办之事都照常办理……”并规定春末到秋初、秋末到春初两个时令是到圆明园办公的时间，表明他起居理事已经制度化。乾隆说：“诚以持心不可不敬，为政不可不勤。”把园林的憩静幽雅和繁冗复杂的政务结合在一起。

（3）重农思想——圆明园内设置了不少与农事有关的景观，不仅具有田园风光，而且题名许多都与农事有关，如“多稼轩”“稻凉楼”“耕云堂”“水村图”等。

（4）忠孝思想——圆明园中很多的宫殿是皇帝生母的寝宫，往往位于皇帝日常活动主要场所的附近，便于皇帝前往躬亲行礼；凡重大节日皇帝都要到“安佑宫”叩拜，从不间断。

3. 皇帝的日常办公

清帝在圆明园时一般清晨5时左右起床，洗漱后即至勤政亲贤殿进早餐和处理政务，听取大臣的工作汇报，接见官员，一直忙到上午10时左右。每天下午一两点钟时用晚膳，接着批阅奏章，其余时间消遣娱乐。遇有重要事宜，随时安排军机大臣进内协助办理，征求建议，讨论研究，形成解决方案，由军机大臣草拟谕旨，经过皇帝认可后，下发各部门至全国办理。

四、圆明园的文化内涵

1. 造园的理念

（1）师法自然——圆明园造园的指导思想是“师法自然，融于自然，顺应自然，表现自然”，追求“天人合一”的境界。

（2）营造境界——圆明园营造三种境界：治世境界、自然境界、神仙境界。另一方面有社会意识，重视道德、伦理和社会的生活、人与人之间的关系，注重治世境界；

另一方面以静观、直觉、浪漫为审美观，在艺术上表现为自然境界；另外反映佛、道两教追求幻想的天国环境，在造景上表现为神仙境界。

（3）突出皇权——在园林结构上保持皇家尊严的本色，分区明确；分别由宫殿区、生活区、游览区组成。在思想意识上渲染皇帝至高无上的地位，不仅象征皇权，而且功能齐全，集政务、外交、居住、娱乐、游览、宗教等多种功能于一体。

（4）注重实用——注重人居环境的舒适、方便与实用；体现在景观的“四可”方面，即可观（指山岛花木）、可行（指园路、桥梁、码头）、可游（指泛舟、游乐、吟咏）、可居（指寝宫、膳厅、书房）。

2. 造景的理念

（1）模拟各地的名胜——如“福海”模拟杭州的西湖，西峰山体是庐山景色的缩写，“紫碧山房”的坡山景色模拟了昆仑山。

（2）仿建各地的园林——如宁波的天一阁、嘉兴的烟雨楼、扬州的趣园等都在圆明园内得到再现；圆明园的“安澜园”、长春园的“狮子林”“如园”分别模仿海宁的陈氏隅园、苏州的狮子林、南京的瞻园建成。

（3）象征宗教的楼阁——寺庙的建筑是园中的神圣殿堂和文化主题之一；并且在水域中借用汉武帝建造建章宫时的“一池三水”模式，使远景超越“尘世”走进“仙境”。

（4）营造植物主题景观——如“牡丹亭”“竹子院”“梧桐院”“桃花坞”“杏花村”等；尤以荷花为造景之最的“曲院风荷”有大片荷花，“涵秋馆”种有众多的枫叶树，秋季呈一片赤红，引人入胜。

3. 文献收藏

（1）《四库全书》之一部藏于“文源阁”（此书为我国历史上最完整的综合性丛书，乾隆年间用了15年修成，抄出共8亿字，收入先秦至乾隆的各类图书3503种，分四大类，79337卷，36078册；共抄写7部，分藏于紫禁城、承德、沈阳、扬州与圆明园）。

（2）《古今图书集成》之一部也藏于“文源阁”（此书分历象、方舆、明伦、博物、理学、经济6编，编下分典。典下分部，分类摘编先秦至康熙的大量文献，为我国古代保留至今最大的百科全书）。

（3）著名书画收藏：如《钦定重刻淳化阁帖》、《兰亭八柱之册》、《寒食帖》、《圆明园四十景图咏》、《圆明园大观图》、《西洋楼铜版图》、《耕织图》元代摹本、《狮子林倪云林画作》、《淳化轩元人画作》等。

4. 中西文化交流

圆明园的园林建筑也有西方传教士的贡献。西洋楼市在意大利人郎世宁、法国人蒋友仁和王致诚、捷克人艾启蒙的设计和指导下，由中国匠师建成的。其设计风格是中西合璧的尝试，并且由他们带来数学、水力学、机械学等方面的科技知识。其中喷泉和十二生肖（鼠牛虎兔龙蛇马羊猴鸡狗猪）计时方法相结合，是它的一大特点。

英国使团访华时也带来众多的科技礼品，如天文仪、地球图、探测仪、聚火镜、健身器、西洋船模型等，均置放在圆明园里。遗憾的是，清帝仅将这些西洋文化视为观赏之物，并未加以重视、学习和消化。不久就渐渐报废。

五、圆明园的劫难

（1）1840年第一次鸦片战争后，1851年太平天国起义，英法两国趁火打劫。1856年英国借口"亚罗湾事件"发动第二次鸦片战争，于12月攻陷广州。1860年英法联军占领舟山、烟台、旅顺，7月末闯至大沽口外，24日天津失守。9月7日咸丰帝派人赴天津与英法谈判，失败，咸丰帝下令与英法决战，派僧格林沁死守，先曾重创侵略军，而后溃败。21日英法联军侵入京郊八里桥。22日咸丰帝带了后妃等人从圆明园溃逃至承德，派大臣文丰守园，派奕䜣与侵略军谈判。

（2）1860年10月6日侵略军进犯北京，英法联军司令格兰特、蒙托邦合谋进犯圆明园。法军与一部分英军在下午3时左右直扑圆明园，晚7时到达圆明园大宫门。此时清廷的八旗守兵逃散一空，圆明园的技勇太监"八品首领"任亮在战斗中殉难，守臣文丰投福海自尽，奕䜣出逃。法军先入踞圆明园。

（3）10月7日，英特使额尔金、司令格兰特与法特使葛罗、司令蒙托邦在正大光明殿召开分赃会议，瓜分园内宝物，献于英法君臣，部分物件作为两军奖品。即日大抢劫开始。无数的金银、宝石、珍珠、玉器、瓷器、珐琅制品，大批珍贵的图书字画被洗劫一空，成为英法联军的囊中之物。

（4）10月9日英法联军撤出圆明园，聚集在德胜门与安定门之间。12日奕䜣同意英法联军占领安定门，20日应允赔偿30万两"抚恤金"，22日交款。

（5）正当清廷急于求和时，英国特使额尔金借口英法人员在园内遭到"监禁凌辱"，决意烧毁圆明园。10月15日，英军公然发布公告，宣称将"圆明园内宫廷殿宇立行拆毁"。18日，英军司令格兰特派米歇尔骑兵团3500人在圆明园及周边地区四处点起大火，圆明园顿时化成一片火海。大火数昼夜不息，烟青云黑，遮蔽天日，所有宫殿、楼阁、庙宇以及历代极为珍贵的收藏，都付之一炬，化为灰烬。浓烟形成的黑云竟然能够从圆明园上空推进到整个北京城。在一代名园惨遭焚毁的同时，也波及了万寿山的清漪园、玉泉山的静明园和香山的静宜园。

虽然法国侵略军未参加18日、19日的大纵火燃烧，但在法军进入圆明园之初，即10月6至8日，圆明园大宫门外的朝房、九州清宴、长春仙馆、同乐园等均被法军烧毁。所以，英法侵略军都是火烧圆明园的罪魁祸首。

圆明園（含圆明园、长春园、绮春园）简

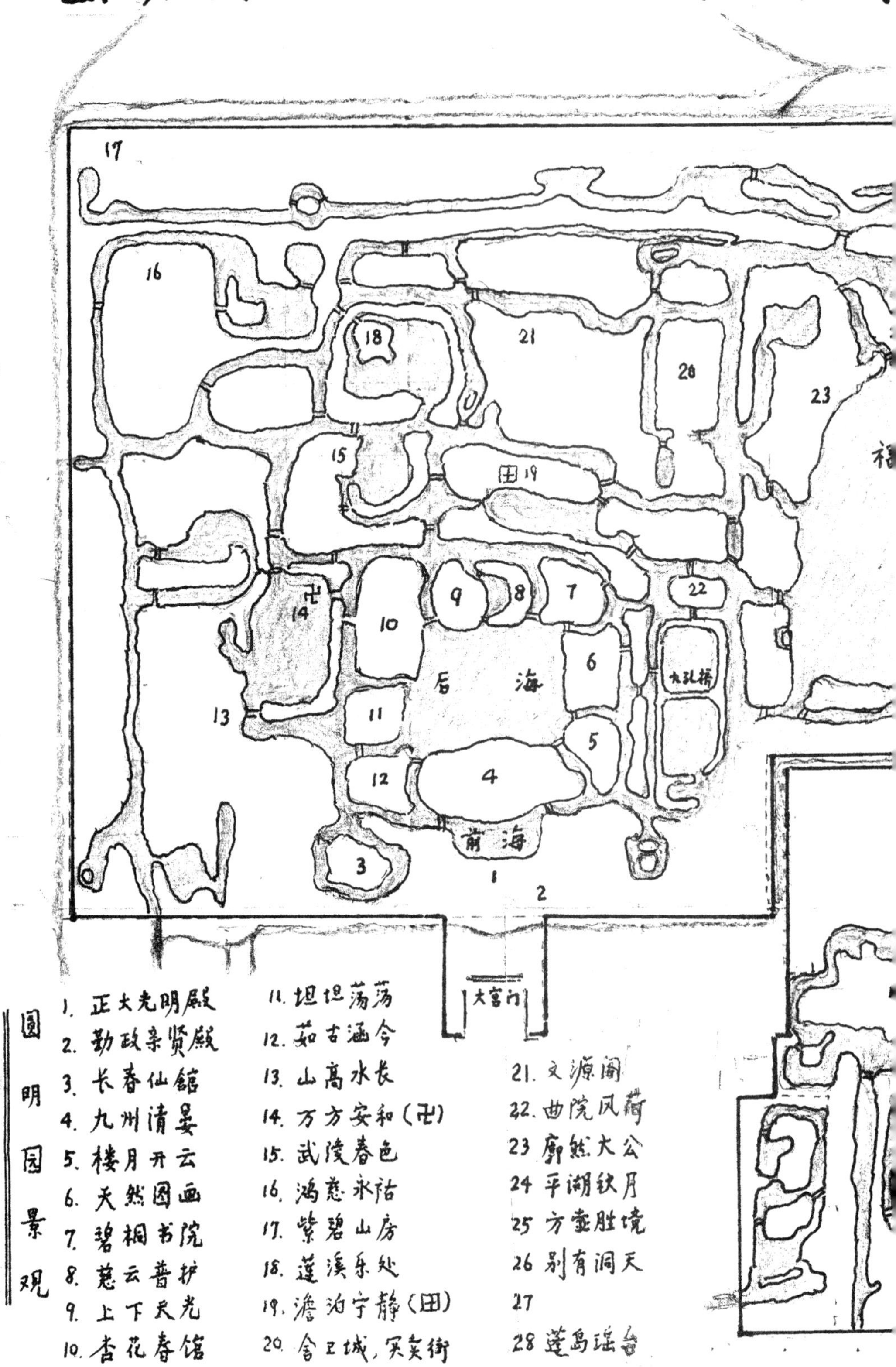
后海
前海
九孔桥
大宫门
圆明园景观
1. 正大光明殿
2. 勤政亲贤殿
3. 长春仙館
4. 九州清宴
5. 楼月开云
6. 天然图画
7. 碧桐书院
8. 慈云普护
9. 上下天光
10. 杏花春馆
11. 坦坦荡荡
12. 茹古涵今
13. 山高水长
14. 万方安和（卍）
15. 武陵春色
16. 鸿慈永祜
17. 紫碧山房
18. 蓮溪乐处
19. 澹泊宁静（田）
20. 舍卫城，买卖街
21. 文源阁
22. 曲院风荷
23. 廓然大公
24. 平湖秋月
25. 方壶胜境
26. 别有洞天
27
28 蓬島瑶台

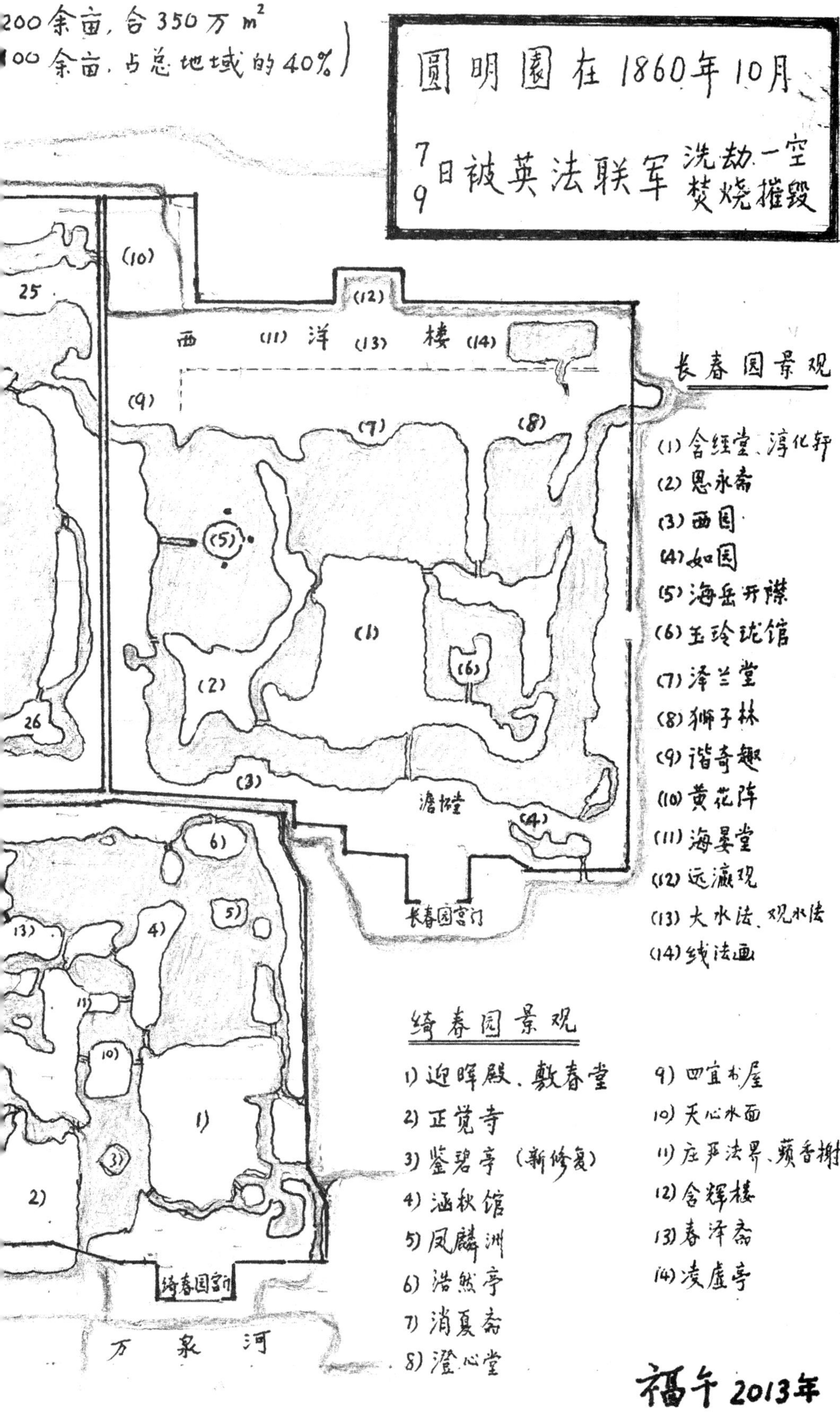

200余亩，合350万m^2
00余亩，占总地域的40%
圆明园在1860年10月
7日被英法联军洗劫一空
9 焚烧摧毁
西 (11) 洋 (13) 楼 (14)
(10)
(12)
(9)
(7)
(8)
(5)
(1)
(2)
(6)
(3)
(4)
25
26
长春园宫门
长春园景观
(1) 含经堂、淳化轩
(2) 思永斋
(3) 西园
(4) 如园
(5) 海岳开襟
(6) 玉玲珑馆
(7) 泽兰堂
(8) 狮子林
(9) 谐奇趣
(10) 黄花阵
(11) 海晏堂
(12) 远瀛观
(13) 大水法、观水法
(14) 线法画
绮春园宫门
万 泉 河
绮春园景观
1) 迎晖殿、敷春堂
2) 正觉寺
3) 鉴碧亭（新修复）
4) 涵秋馆
5) 凤麟洲
6) 浩然亭
7) 消夏斋
8) 澄心堂
9) 四宜书屋
10) 天心水面
11) 庄严法界、蕴香榭
12) 含辉楼
13) 春泽斋
14) 凌虚亭
福午 2013年

六、几点建议

（1）圆明园既是清朝几代皇帝的家，又是当时朝廷治国的一个政治中心，这个“国”，在圆明园尚存在时，具有两重性：它是以帝王专政制度统治人民的“国”，也是因极端腐败软弱饱受帝国主义侵略瓜分的“国”。而这个“家”却是一座满载五千年华夏文化和中华儿女聪明智慧的皇家园林，它理应是一个中华民族全国性的园林，属于中华民族的全体人民。

（2）在当前整理、研究、保护、利用圆明园及其遗址的基础上，应该大力宣传圆明园所载有的华夏文化，以及1860年被英法联军彻底毁坏的罪恶历史（请注意：这里的“联军”不是我和许多人曾经认为的1900年入侵的“八国联军”；目前社会上这种误传还不少）。如果圆明园还存在的话，它当然会成为世界最著名的文化遗产之一；而今圆明园被英法联军抢劫焚毁的滔天罪行，理应成为人类最为丑恶的一部历史。如今社会上有关圆明园及其劫难的作品还不够多。学术性的研究理应深入，教科书、文艺作品、媒介传播、对外宣传等方面还要大力加强。清华大学建筑学院郭黛姮教授等人对圆明园研究的辉煌成果，应该大力宣扬。圆明园的文化、景观、政治、劫难和它的历史，应该成为一部全国性的教材和世界性的文化遗产。英法帝国主义的走狗额尔金、格兰特、葛罗、蒙托邦之流应该永远钉在人类历史的耻辱柱上。

（3）圆明园还应该大大强化作为“爱国主义教育基地”的地位，还它作为“全国性园林”的本来属性。圆明园的保护、利用、治理、重建应该围绕“爱国主义教育基地——全国性园林”这个目标进行。完全复原是不现实也是不必要的。因为人民需要的不是帝王的“家”，而是接受爱国主义教育和游览的“园”。部分景区，例如“九州区”的某些景点和“福海”及其周边等，可以重建；更多的景区可以象征性地用图片、绘画、模型、小品、遗物、说明、影视等方式展示它们原来的意境和被毁坏的实况。至于重建部分景观所需要的资金，可以用发行公债的方式征收；这比某些地方当局和开发商形式主义地建造金碧辉煌的商品楼房重要得多。

（4）关于圆明园被抢劫遗物回收的见解是：①国内占有圆明园遗物的部门，如北京大学、清华大学等，应该无偿地将它们归还给圆明园管理部门；②国外非法占有圆明园遗物的国家和个人，都应该引以为耻，我国政府应该用外交手段设法将它们拿回祖国。这当然和我国的国力和国际威望有关，需要一段漫长的时间。但是目前用拍卖的手段，高价回收圆明园被抢劫的国宝，实在令国人寒心。

（本文关于圆明园点滴认识的主要内容是阅读张超著《家国天下》的摘记，本文的初稿完成于2013年10月27日，并于2013年11月提交圆明园管理处。2017年进行了部分修改）

甲骨文书法习作两幅

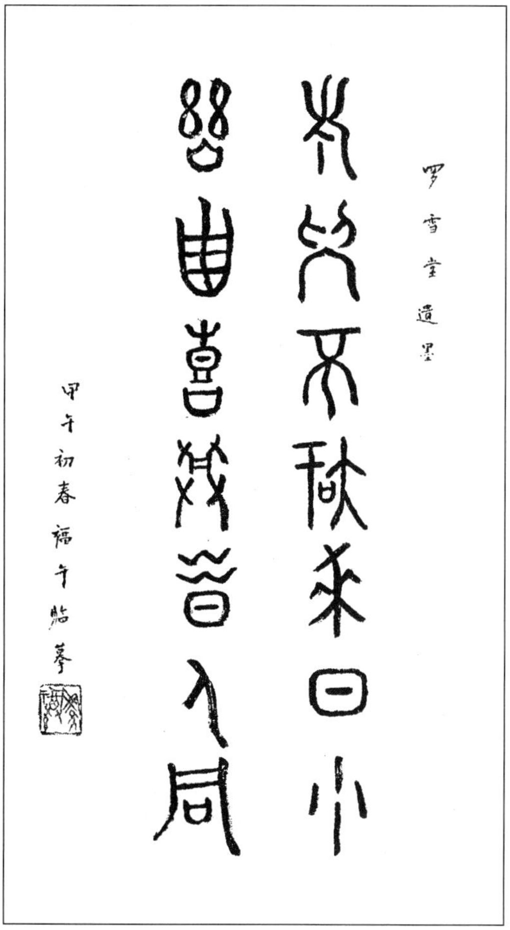

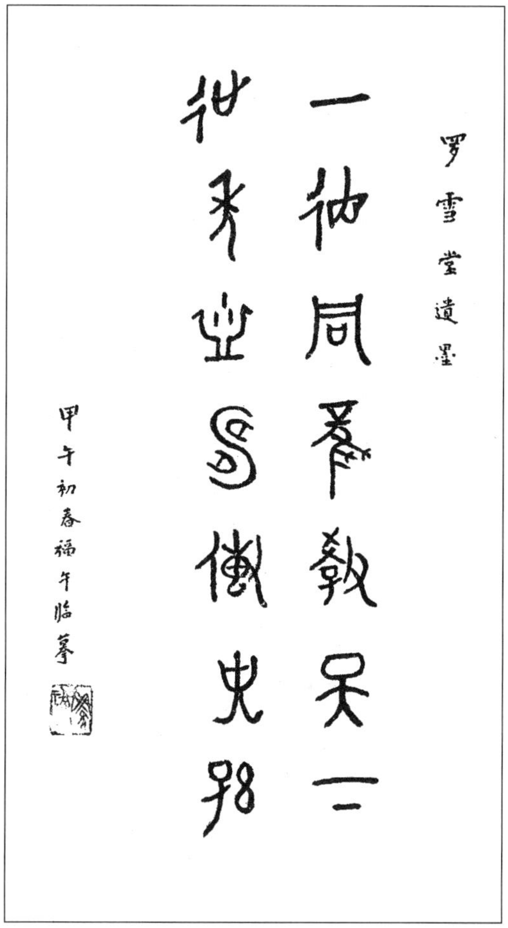

老	
学	25
不	116
知	
来	114
日	57
少	
幽	140
栖	71
喜	175
与	157
昔	182
人	83
同	149

一	47
德	174
同	149
风	108
教	155
天	86
下	70
延	165
年	174
益	63
寿	61
传	135
子	53
孙	155

福午临摹罗雪堂遗墨译今汉字，数字为《殷墟书契考释（原稿信札）》中的甲骨文字所在页码

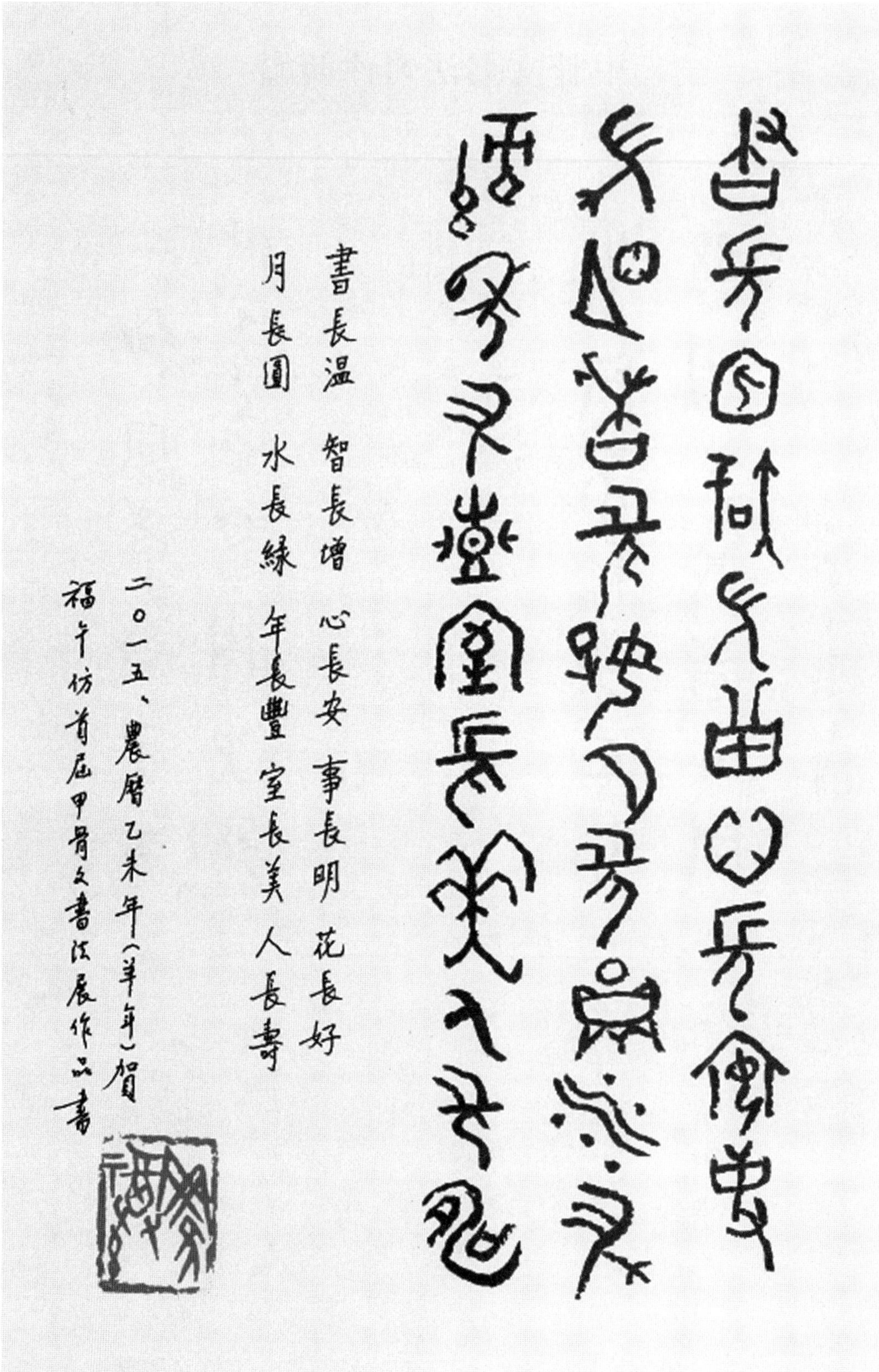
書長温 智長增 心長安 事長明 花長好
月長圓 水長綠 年長豐 室長美 人長壽
二〇一五、農曆乙未年（羊年）賀
福午仿首屆甲骨文書法展作品 書

贺卡一幅（由各一百个“寿”和“福”字组成）

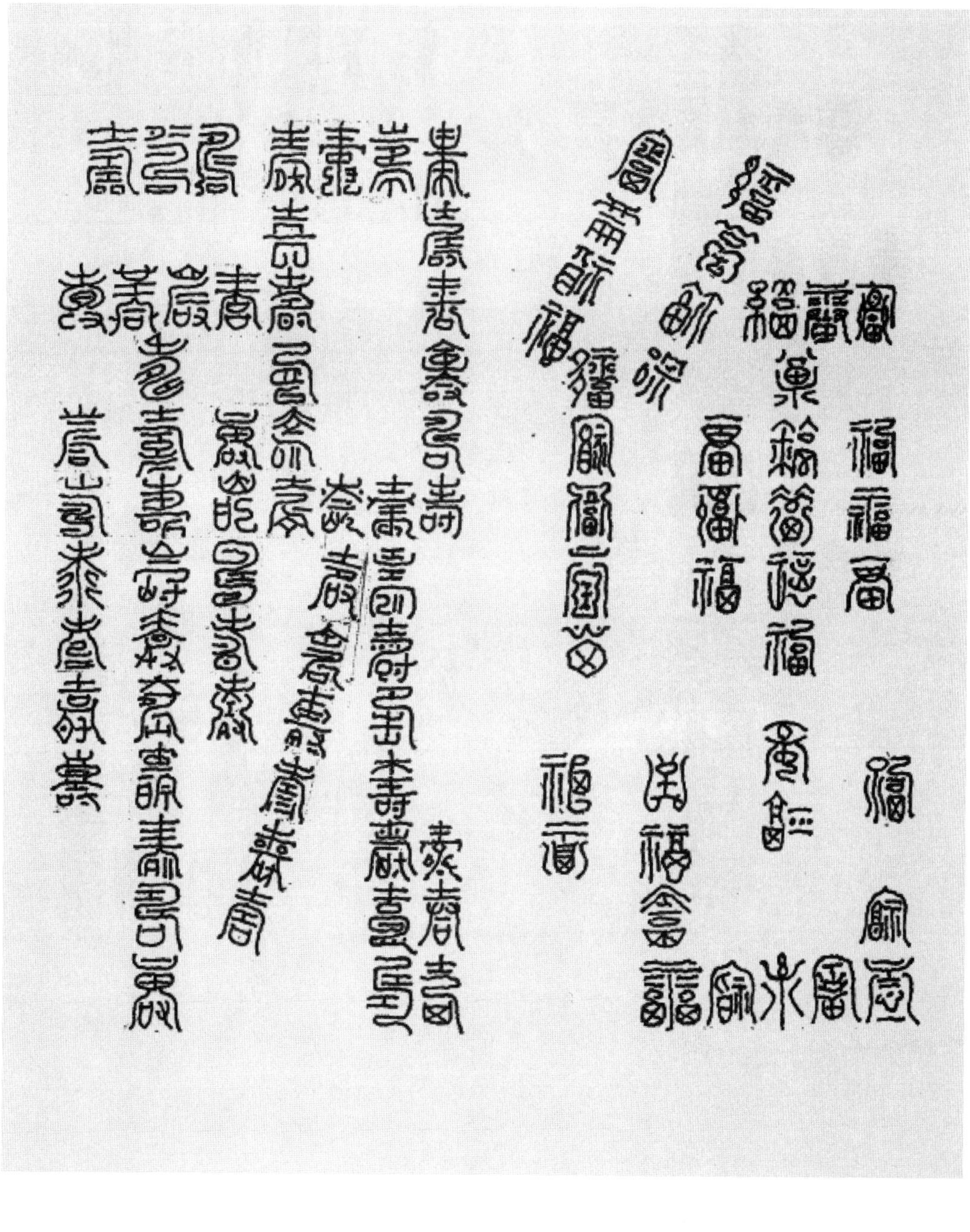

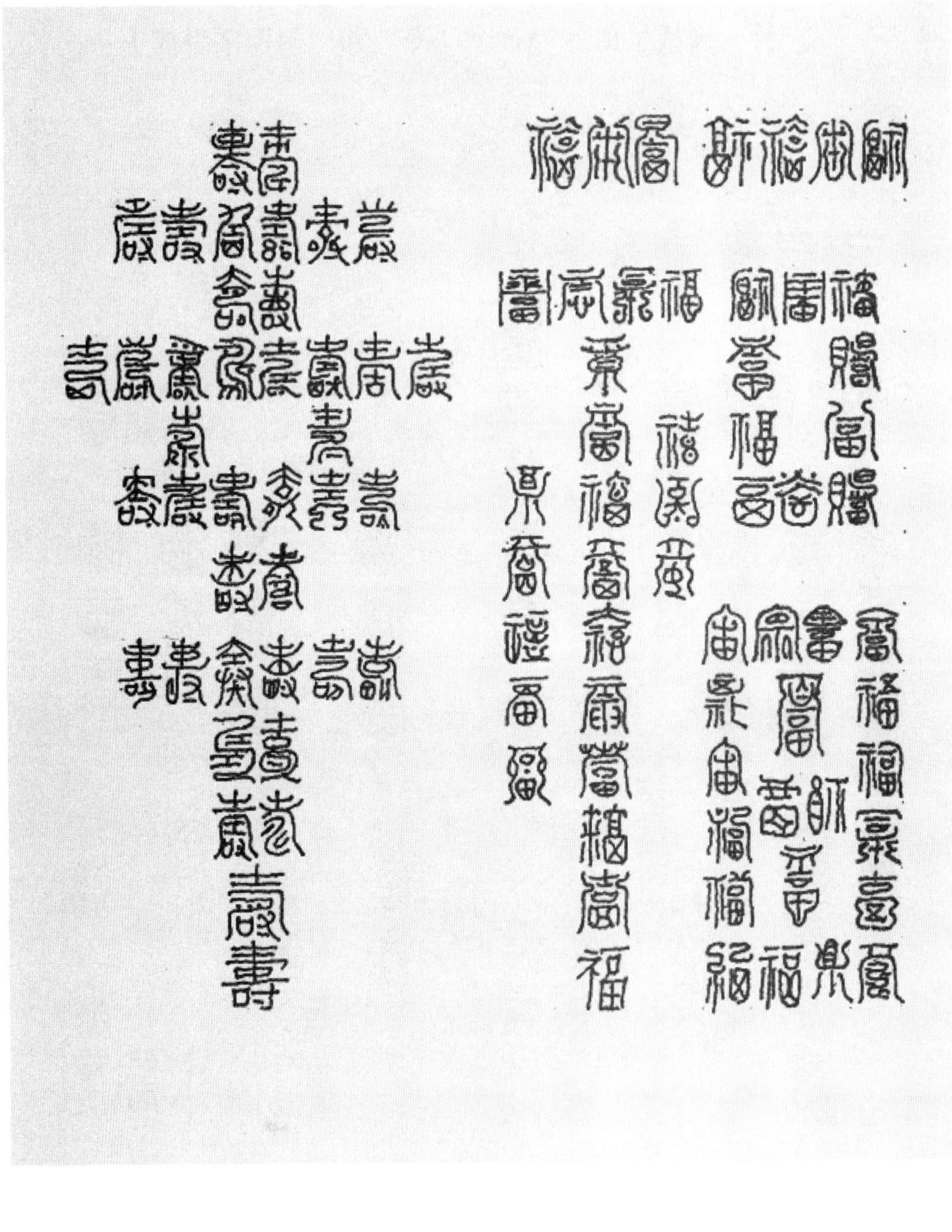

欧体书法一幅

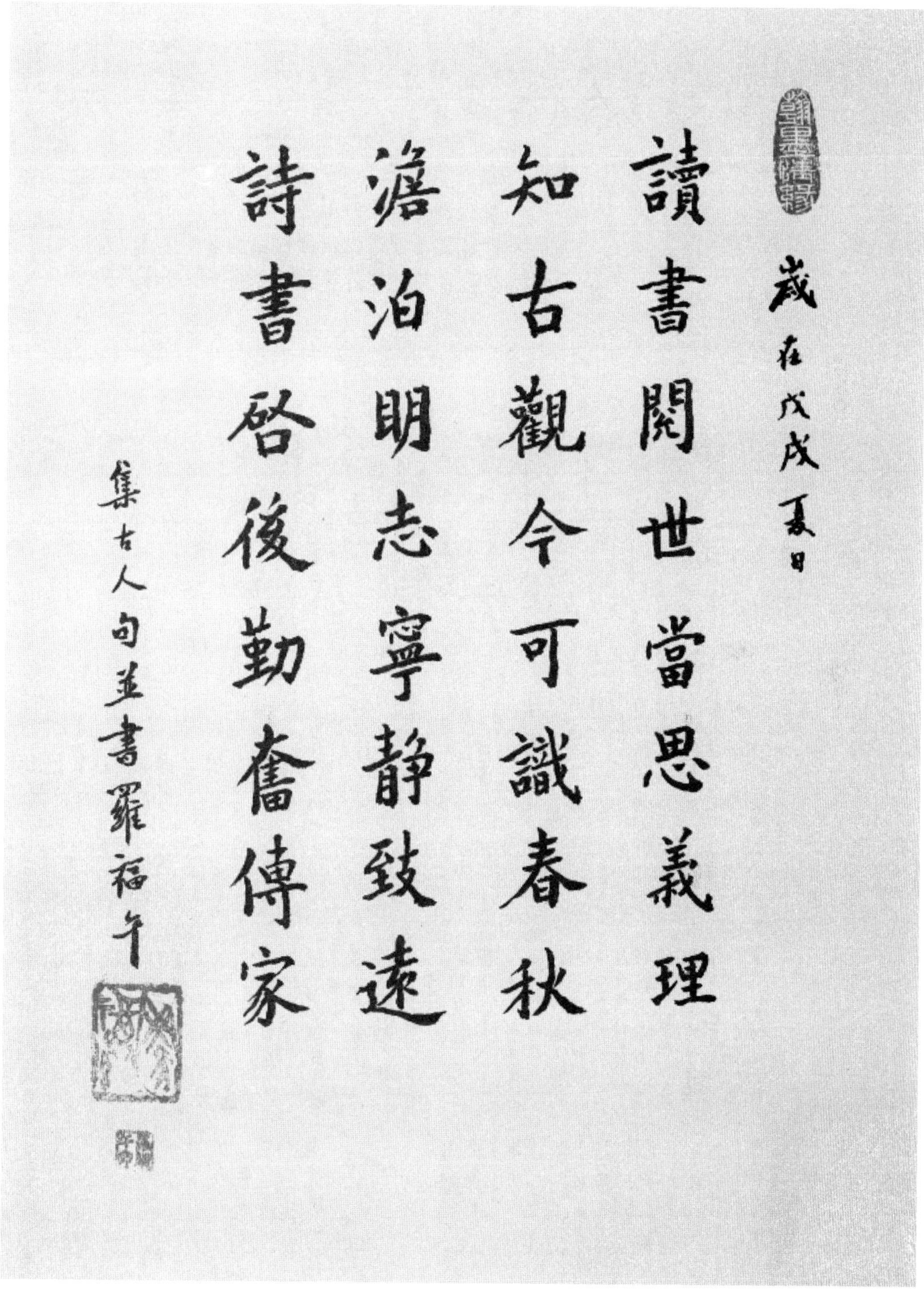

《红楼梦》近400人物关系一览表

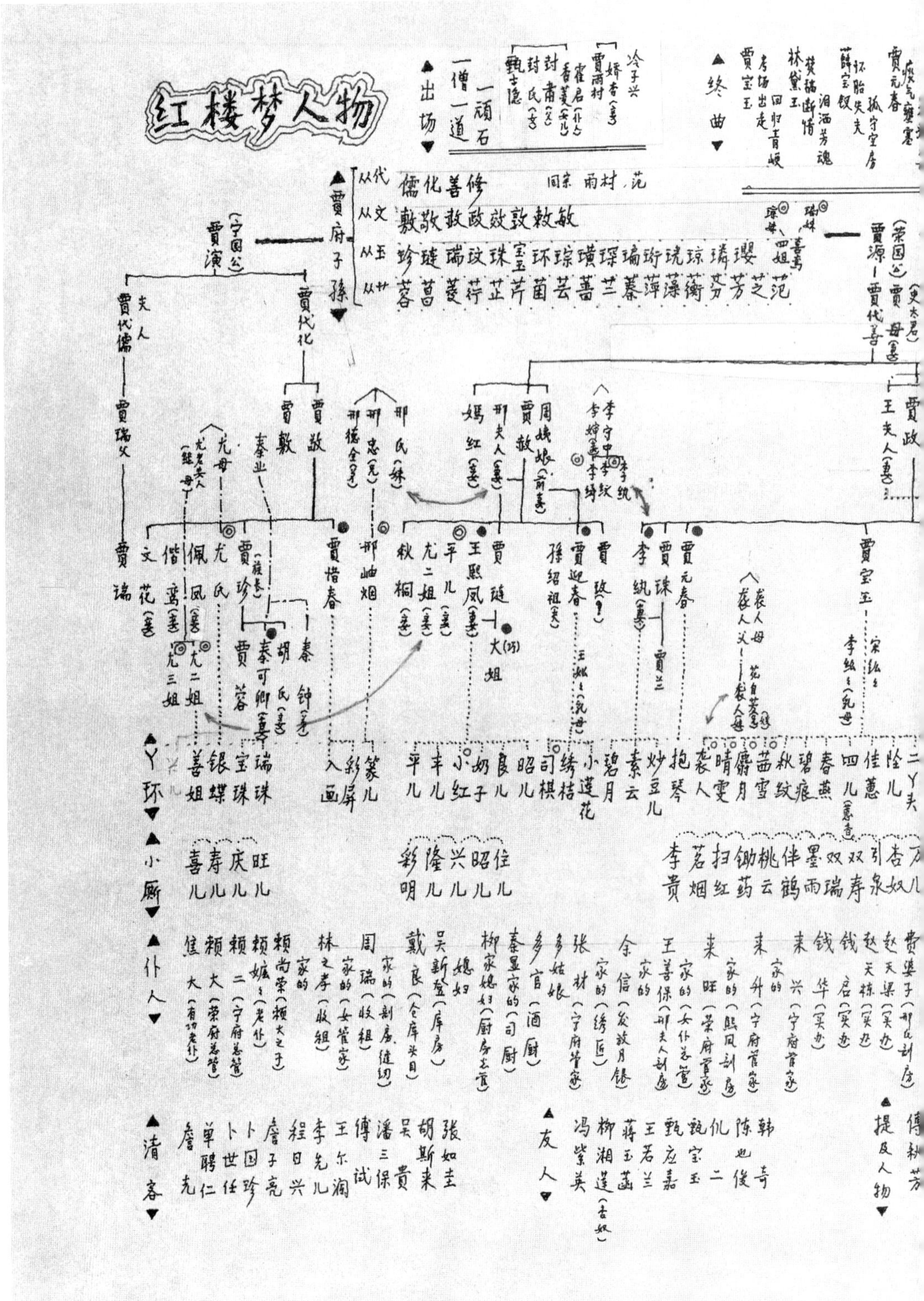

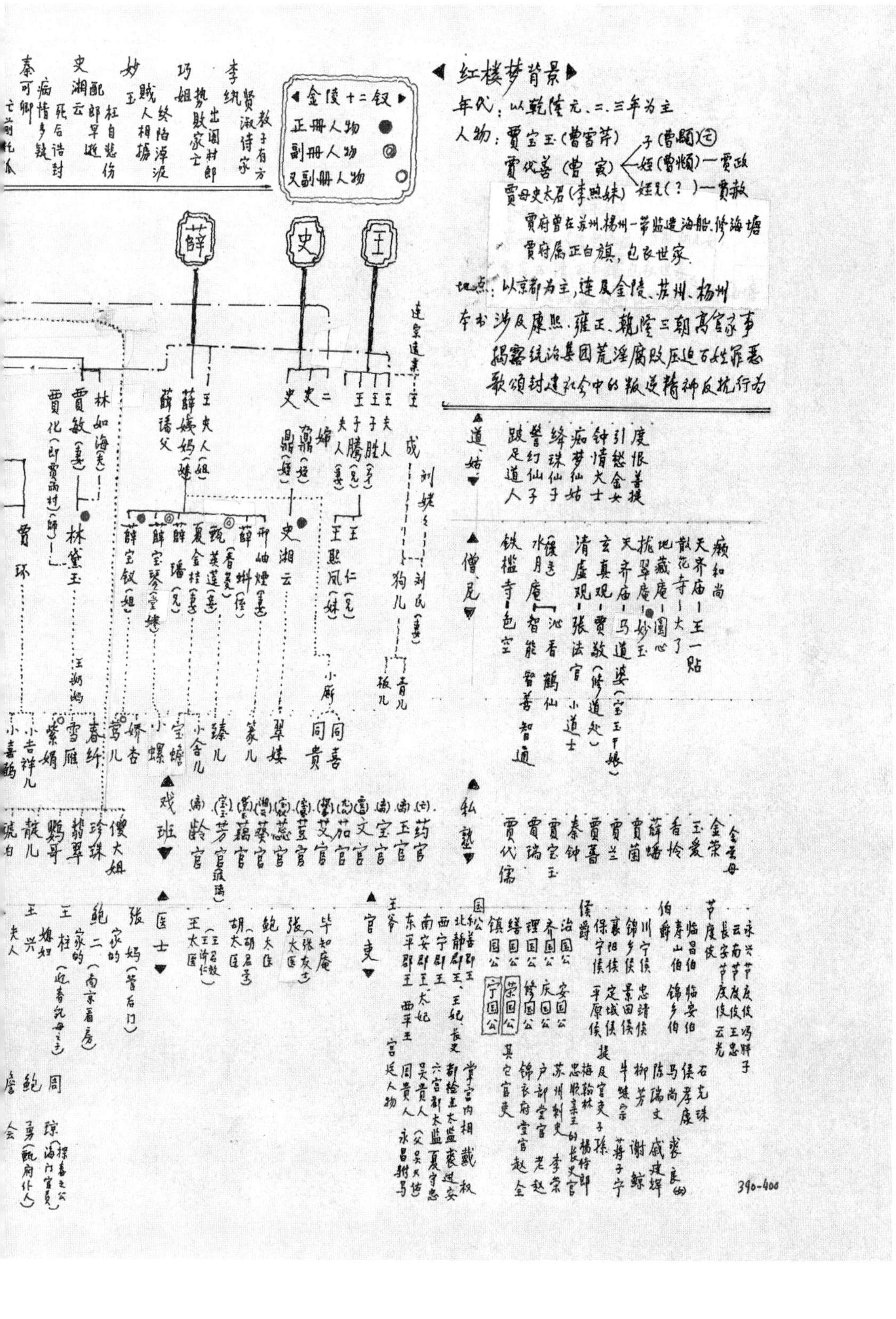
红楼梦背景
年代：以乾隆元、二、三年为主
人物：贾宝玉（曹雪芹）
贾代善（曹寅）
贾母史太君（李煦妹）
子（曹颙）
侄（曹頫）一贾政
贾府曾在苏州、杨州一带监造海船、修海塘
贾府属正白旗，包衣世家
地点：以京都为主，连及金陵、苏州、杨州
本书涉及康熙、雍正、乾隆三朝高官家事
揭露统治集团荒淫腐败压迫百姓罪恶
歌颂封建社会中的叛逆精神反抗行为
金陵十二钗
正册人物
副册人物
又副册人物
薛
史
王
道、姑
度恨菩提
引愁金女
钟情大士
痴梦仙姑
绛珠仙子
警幻仙子
跛足道人
僧、尼
癞和尚
天齐庙—王一贴
散花寺—大了
地藏庵—圆心
栊翠庵—妙玉
天齐庙—马道婆
玄真观—贾敬
清虚观—张法官
水月庵
铁槛寺—色空
智能
智善
智通
戏班
私塾
医士
官吏
林如海
贾敏
贾化
林黛玉
贾环
薛蟠
薛宝钗
薛宝琴
夏金桂
史湘云
王熙凤
王仁
刘姥姥
狗儿
紫鹃
雪雁
春纤
翠缕
龄官
芳官
藕官
蕊官
文官
宝官
玉官
药官
贾代儒
贾瑞
秦钟
贾蔷
贾菌
香怜
玉爱
金荣
王太医
胡太医
鲍太医
张太医
北静郡王
南安郡王
东平郡王
西宁郡王
宁国公
荣国公
390-400

《水浒全传》108好汉业绩一览表

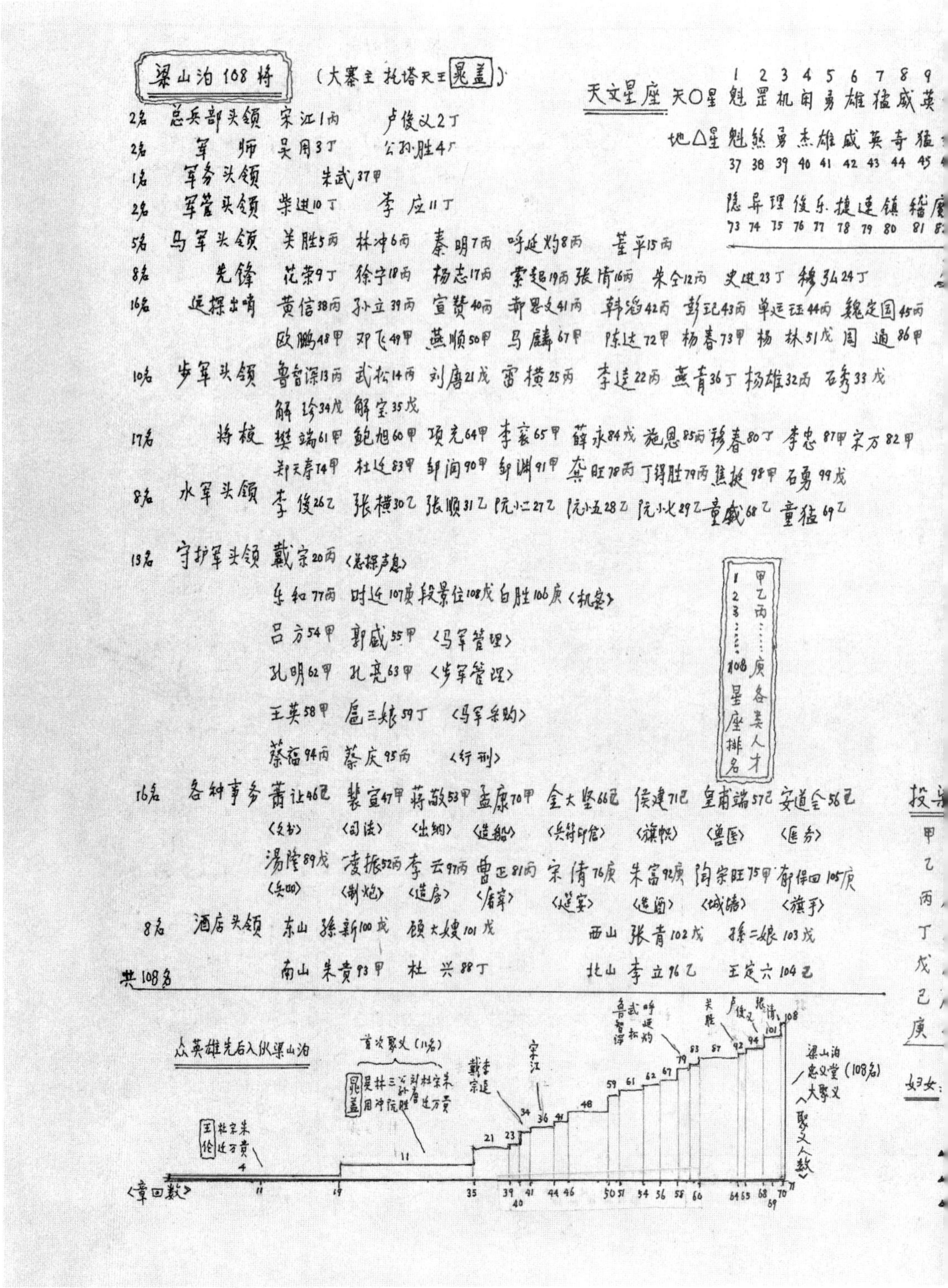

梁山泊108将 （大寨主 托塔天王晁盖）

天文星座 天○星 魁 罡 机 闲 勇 雄 猛 威 英 （1 2 3 4 5 6 7 8 9）

地△星 魁 煞 勇 杰 雄 威 英 奇 猛 （37 38 39 40 41 42 43 44 45）

隐 异 理 俊 乐 捷 速 镇 稽 魔 （73 74 75 76 77 78 79 80 81 82）

2名 总兵部头领 宋江1丙 卢俊义2丁

2名 军师 吴用3丁 公孙胜4丁

1名 军务头领 朱武37甲

2名 军管头领 柴进10丁 李应11丁

5名 马军头领 关胜5丙 林冲6丙 秦明7丙 呼延灼8丙 董平15丙

8名 先锋 花荣9丁 徐宁18丙 杨志17丙 索超19丙 张清16丙 朱仝12丙 史进23丁 穆弘24丁

16名 远探出哨 黄信38丙 孙立39丙 宣赞40丙 郝思文41丙 韩滔42丙 彭玘43丙 单廷珪44丙 魏定国45丙 欧鹏48甲 邓飞49甲 燕顺50甲 马麟67甲 陈达72甲 杨春73甲 杨林51戊 周通86甲

10名 步军头领 鲁智深13丙 武松14丙 刘唐21戊 雷横25丙 李逵22丙 燕青36丁 杨雄32丙 石秀33戊 解珍34戊 解宝35戊

17名 将校 樊瑞61甲 鲍旭60甲 项充64甲 李衮65甲 薛永84戊 施恩85丙 穆春80丁 李忠87甲 宋万82甲 郑天寿74甲 杜迁83甲 邹润90甲 邹渊91甲 龚旺78丙 丁得胜79丙 焦挺98甲 石勇99戊

8名 水军头领 李俊26乙 张横30乙 张顺31乙 阮小二27乙 阮小五28乙 阮小七29乙 童威68乙 童猛69乙

13名 守护军头领 戴宗20丙 （总探声息）

乐和77丙 时迁107庚 段景住108戊 白胜106庚 （机密）

吕方54甲 郭盛55甲 （马军管理）

孔明62甲 孔亮63甲 （步军管理）

王英58甲 扈三娘59丁 （马军采购）

蔡福94丙 蔡庆95丙 （行刑）

1 2 3 …… 108 星座排名
甲 乙 丙 …… 庚 各类人才

16名 各种事务 萧让46己（文书） 裴宣47甲（司法） 蒋敬53甲（出纳） 孟康70甲（造船） 金大坚66己（兵符印信） 侯建71己（旗帜） 皇甫端57己（兽医） 安道全56己（医务） 汤隆89戊（兵器） 凌振52丙（制炮） 李云97丙（造房） 曹正81丙（屠宰） 宋清76庚（筵宴） 朱富92庚（造酒） 陶宗旺75甲（城墙） 郁保四105庚（旗手）

8名 酒店头领 东山 孙新100戊 顾大嫂101戊 西山 张青102戊 孙二娘103戊

南山 朱贵93甲 杜兴88丁 北山 李立96乙 王定六104己

共108名

投…

甲 乙 丙 丁 戊 己 庚

妇女…

众英雄先后入伙梁山泊

19 20 21 22 23 24 25 26 27 28 29 30 31 32 33 34 35 36
□空速异杀微究退寿剑罪败平损牢慧暴哭巧

□诺灵兽微慧暴然猖狂飞走巧明进退满遂周
55 56 57 58 59 60 61 62 63 64 65 66 67 68 69 70 71 72

短藏囚平损奴察恶丑数阴刑壮劣健耗贼狗
91 92 93 94 95 96 97 98 99 100 101 102 103 104 105 106 107 108

水浒全传

事处北宋仁宗嘉佑三年至徽宗宣和六年（C1051—1124），凡74年。期间朝廷四奸臣蔡京、童贯、高俅、杨戬掌权，贪官高衙内、滕府尹、蔡知府、程太守、黄文炳等当道。以晁盖、宋江、卢俊义、吴用为首的好汉108名，经历了“造反、聚义、招安、接战、赐死”五个阶段。

□杀亡）杜迁 宋万 朱贵
□达 杨春
□通
□杀亡）鲁智深 武松 杨志
□亮
□英 郑天寿
□威
□挺
□敬 马麟 陶宗旺
□润
□先 李衮
□ 孟康
□ 童威 童猛 张横 张顺
□阮小五 阮小七

□松、杨志除外） 29名 }
9名 } 36%
□关胜、李逵等 34名 38%
□史进 扈三娘等 11名 10%
□大嫂 薛永等 15名 }
□道全等 6名 } 23%
4名 }

共 108名

▲潘金莲〈西门庆〉—— 武松杀
▲潘巧云〈裴如海〉—— 杨雄杀
▲李瑞兰〈妓女〉—— 史进
▲李师师〈妓女〉—— 徽宗帝

战役

41回 宋江智打江州无为军　杀死黄文炳全家（30名首领参战）
47回 宋江一打祝家庄　宋江、林冲领军（21名首领参战）
48回 宋江二打祝家庄　杜兴介绍地势，决定再打（16名首领参战）
50回 宋江三打祝家庄　孙立、吴用施计，赢得此役（杀祝家三兄弟）
52回 高唐州大战　为救柴进，晁盖下令宋江、林冲率22首领参战，遇高廉作法
55—57回 宋江迎战高太尉派呼延灼征梁山，宋江率43名首领大破呼的连环马阵。60回晁盖中箭身亡。
63回 宋江为赚卢俊义，救石秀攻打北京城，战索超、李成、闻达（20名首领参战）
66回 吴用智取大名府，对阵梁中书、闻达、李成，救出石秀、卢俊义上梁山（53名首领参战）
68回 宋江五路兵马打曾头市，对阵史文恭、曾家五子，主将卢俊义、燕青（31名首领参战）
76回 宋江布阵战童贯，两次赢童（47名首领参战）
78—80回 宋江、吴用三败高太尉，大战十个节度使、董平、张清、呼延灼、林冲等并水军共29名首领参战。
▲ 82回 梁山泊全伙受诏安
83—89回 破大辽。宿太尉奏宋徽宗辽兴兵侵占九州所属县治，令梁山英雄破辽，任命宋江、卢俊义为正副破辽先锋，经蓟州、玉田、益津、文安、独鹿山、青石峪、幽州等战事后，辽国主耶律辉投降。
91—100回 打田虎。田虎原为沁源县猎户，曾占领五州56县，自称晋王。左丞相卞祥，手下有姜谘、乔洌、马灵、孙安等战将。宿太尉又奏帝令宋江等打田虎，经战，田虎被俘。
101—109回 打王庆。王庆原为浪人、开封府副排军，因奸刺配陕州，又越狱潜逃，无赖纷纷归服，占南丰府等8座军州、86州县，在云安建造行宫，手下有刘敏、鲁成、寇猛等战将。武学谕罗戬奏帝令宋江等打王庆，经战，王庆战败欲渡江，被李俊、童威擒住，押解东京处决。
110—118回 打方腊。方腊原歙州山中樵夫，造反占8州25县，改年建号，独霸江南（今嘉兴、海宁一带）。宿太尉又奏帝令宋江等打方腊，方腊手下有国师邓元觉、太尉郑彪、右丞相、左丞相及各州将领，经战，方腊被鲁智深活捉，献俘军，解上东京面见天子。

终局

被毒死	宋江 卢俊义 李逵（被4奸臣所害，帝赐毒酒）	3名	77名（72%）
自缢	吴用 花荣	2名	
阵亡	秦明 徐宁 董平 张清 呼延灼 阮小二等	60名	
病亡	林冲 张横 关胜等	11名	
坐化	鲁智深	1名	
回山头	裴宣 邹润等	3名	21名（19%）
出家	公孙胜 武松 樊瑞	3名	
回家乡、离去		15名	
留京、任职		10名	（9%）

2015/10/10

附录

黑发积霜织日月 粉笔无言写春秋

——记清华大学土木工程系教授罗福午①

1947年，清华大学刚刚从西南联大迁回清华园原址复校不久，这一年，罗福午考入了清华大学土木工程系。彼时的清华校园百废待兴，罗福午还未毕业，就已经投入到如火如荼的清华建设中去，建造了清华著名的西大饭厅和一批教职工宿舍，成为新清华的第一批建设者。

毕业之后，罗福午留任学校担任基本建设委员会设计科科长，继续为清华的建设投入心血。一直到1957年，从学生宿舍1—4号楼、新水利馆、第二教室楼，到东西主楼、汽车实验室、高压实验室、锻铸焊实验室、机械系馆、工程物理系馆，罗福午主持设计的清华建筑物约有20万平方米。在此期间，他还多次参加北京重型机械厂、国家大剧院（后因故未建）等重点项目的工程设计，荣获北京市劳动模范，并在实践中积攒了丰富的工程实践经验。

三尺讲台存日月，一支粉笔写春秋

20世纪50年代末，由于工作的需要，罗福午转入教学工作，从那时到80年代初，大约20多年的时间，罗福午始终坚持在教学第一线上，以他丰富的实践经验为基础，主讲有关钢筋混凝土结构的一些课程。

罗福午不断以“学而不厌，诲人不倦”的师德要求自己，在教学之余大量看参考文献，不断补充理论知识，成为土木工程系的教学骨干。“文化大革命”期间，他带着两个班的工农兵学员到石家庄实习，八九十名学生分到三个建筑工程公司工作，教学

① 本文作者黄婧。

中的缺陷很快就显现出来。课堂上老师教得兢兢业业，学生学得也很认真，但是一遇到实际问题，还是傻了眼。工程中出现的种种质量漏洞，没有一个学生能够解决，纷纷求助于罗老师。那段时间，罗福午奔波在学生们实习的工地之间，解决问题，现场讲解，忙得不亦乐乎。从石家庄回来之后，罗福午深深地感到，当前的教育模式存在很严重的问题。只“教书”是培养不出人才的，要想让学生真正具备参加实际工作的能力，教学必须要联系实际，注重工程实践。简单来说，就是要教“工程”。

从此，罗福午对工程教学投入了大量的精力，并率先撰写和主编《混合结构设计》和《单层工业厂房结构设计》等教科书。这是一些与以往教学不同的教材和课程，罗福午不仅讲授原理、方法，更在其中加入了大量实际案例和工程设计方法，并结合新近发生的典型工程事例为学生讲解应该怎样去处理。例如，他选取的唐山大地震中各类建筑物倒塌的事例就大大激发了同学们的兴趣。罗福午一边总结实际工作中遇到的问题，一边在教学中寻找合适的方法，这些教案和研究成果结集出版之后，马上得到了教育界和工程界的认可。以《混合结构设计》一书为例，发行了十几万册，成为当时很多院校普遍使用的教材，也是深受工程界欢迎的参考书。

后来，针对“豆腐渣工程”的出现，罗福午又为学生开设了“工程质量事故分析”课程，编著《建筑工程质量缺陷事故分析与处理》一书。今天很多高校都引进了这门课程，首创却是清华；建设部和不少省市建委、中国建筑工程总公司也以这本书作为对工程技术和管理人员进行继续教育的教材。

与时俱进地更新教学理念，以实践为检验教学成果的标准，是罗福午在教学工作中的唯一准则。从“教书”到“教工程”的转变，是因为罗福午在实践过程中发现了学生们实战能力的欠缺。他所倡导的以“教工程”为导向的理念影响了一大批教师和学生。但是，相对于后来他“教人”的理念来看，这点影响几乎显得不那么重要了。因为“教人”理念的提倡，影响了一代、几代人，甚至整个高等工程教育领域。

不计辛勤一砚寒，种花容易树人难

“文化大革命”之后，罗福午转而担任土木工程系教务科长，主抓教学工作。上任没多久，他惊讶地发现，在学生当中存在着一个严重的问题，即不热爱自己的专业，不愿意从事土木工程方面的工作，学习积极性很低。让他哭笑不得的是，有的学生甚至在宿舍门上贴着字条：“又土又木——××× 自嘲”。

土木工程专业真的值得这么嘲笑吗？事实上，建筑业是一个非常具有挑战性和创造性的行业，而且在社会主义初级阶段的建设中，国家非常需要建筑工程方面的人才，土木工程是有极为广阔的发展前景。为什么学生们不喜欢这个专业？罗福午感到，学生们之所以有厌学情绪，是因为他们对这个专业并不了解。如果没有学习上的主动性，何谈在学业上取得成就？解决学生的思想问题，成为罗福午的首要之急。

于是，罗福午开始一个班一个班地走访学生，了解情况。他发现问题的严重性远远超出了自己的想象。很多学生为进入清华而自豪，却因为误打误撞学了土木工程专业而心生沮丧。刚刚高分被土木工程系录取的一个天津学生，报志愿时是父母做主填写了这个专业，所以，自录取通知书下达的那一天起，他和家里的矛盾就激化到了不可收拾的地步，假期连家都不愿意回。这一切很难说是谁的过错，但是由此可见，学生的思想问题不解决，会有多么严重的后果。教师的任务不仅是要授业，在人生的十字路口，给学生们传道解惑，帮助他们看清人生的方向，是教师更崇高的职责。要开设课程帮助学生们解决思想问题，罗福午坚定了自己的决心。

这样的课程可以说是前所未有，罗福午把想法报到学校，教务处虽然没有反对，但是斟酌再三，决定这门课程暂时不设学分。没有学分也要开，只要课程有用处，不怕学生不来听。罗福午亲自上阵，给学生们讲解土木工程的研究对象，让学生了解土木工程具体是做什么的。学生们听得津津有味，课上十分兴奋。可是兴奋期一过，又回到了原来的状态，效果不持久，罗福午不满意。

继续研究改进，罗福午发现很多学生学习不认真，对基础性学科不重视。于是他请了英语、数学等公共课的老师来给同学们上课，讲公共课的基础性作用。一段时间下来，学生们的学习积极性确实提高了，但也只是出于对某些学科的喜爱，真正思想上的问题，还是没有得到解决。

经过一段时间的观察和与学生的交流，罗福午渐渐找到了问题的根源。学生们之所以迷茫，是因为他们不知道自己的学习是为了什么，自己的未来会是什么样子。要想彻底打开学生的心结，就要让他们知道土木工程专业的培养目标。

于是，“土木工程（专业）概论”一课终于在罗福午的精心准备下浮出了水面。整个课程分为几部分，全面系统地向学生介绍土木工程专业的培养目标是什么、要学习什么、怎样学和为什么这样学。第一天开课，罗福午走上讲台告诉同学们，土木工程专业是培养未来工程师的专业。工程师在英文里叫做“engineer”，“engine”是发动机，“engineer”可以看作“发动机人”，工程师是发动机一样的人，要带动工程事业的发展！话音一落，教室里响起热烈的掌声。学生们心中彷佛豁然开朗一般，对自己的学科和使命都有了新的认识。

当年现代化的教学工具还没有普及，罗福午为了让同学们对土木工程专业有更多直观的了解，他自己组织人到宝钢等施工工地拍摄录像，在课堂上放给大家看，让同学们了解施工全过程。周末，他还亲自带同学们参观工地，然后在课堂上进行讨论。一个学期下来，学生们的改变是显而易见的。不久，罗福午欣喜地发现，以前在宿舍门前贴字条嘲笑自己又土又木的学生，已经把门前的“宣言”换成了：又土又木——××× 自豪！

期末到了，罗福午一改常规，这门课程不设考试，由同学们根据一个学期的学习写作总结，谈谈心得。作业交上来后罗福午捧着满篇真挚的话语感动得几乎落泪。对学生的自我总结进行统计的数据是：

在思想上有收获的，占100%；

对专业认识有转变的，占89.7%；

热爱本专业的，占77.6%；

本课程对今后学习有指导意义的，占93.1%；

本课程使自己获得好的学习方法的，占86.2%。

辛勤的付出取得了非常好的效果，土木工程系的学生面貌焕然一新，他们学习积极性显然大大高涨。

罗福午的“土木工程（专业）概论”课程开创了土木工程教育的先河，他的教育理念开始在各个高校之间传播。在此之前，培养目标之类只是领导与老师需要关注的东西，而罗福午创造性地从大一就开始为新生进行专业思想教育，让他们了解学校的培养目标，教授学习方法，从根本上解决他们在学习中可能遇到的问题。而且，对于学校的培养目标是什么的问题，学生本来就是有知情权的。真正为学生设想的教育，自然会得到学生们的加倍欢迎。后来知道，很多学生在概论课程结束之后，还珍藏着自己的课本，放在枕边常常翻阅，直到毕业。

在罗福午的带领下，几年之后，土木工程系的教学工作成为清华大学本科课程教学的典范。1982年罗福午代表全系在全校第十六次教学讨论会上做主题发言，推广经验。到今天，全国各高校土木工程系几乎都开设了此课，并都取得了良好的教学效果。其中济南大学土木工程专业开设“土木工程（专业）概论”课时，连外语、材料等专业的学生都慕名而至，前去旁听。该校土木工程系系主任于吉太教授，按照清华经验开出自己这门课程的教学实践所写作的论文，登载在我国工程院教育委员会理论刊物《高等工程教育研究》上，获得我国高等教育学会优秀成果奖。

立足教育，关注未来

由于罗福午在教学中取得的突出成就，1982年，他调入校教育研究室任副主任，自此，罗福午的研究方向转入了一个更新更深入的领域：高等工程教育教学研究。

十几年间，罗福午一边进行土木系的教学，一边进行高等工程教育研究。他在高等学校教育评估领域率先引入美国工程教育评估体系，率先编写《高等学校教育评估》的专著，并在1986年和兄弟院校研究人员一起为国家教委高教司草拟了第一个评估高等工业院校的评估指标体系。此外，还在国家教委高教司的领导下，参与研究工程专业本科生的培养规格、目标及过程。在研究和实践过程中，罗福午发现，在工科教育领域，教师们大都在学业上有很深的造诣，但对教学原理却知之甚少。教师在教学中偏重理论知识的传授，很少涉及培养目标应该赋予的情感、意识和能力；结果造成虽然教师自己水平很高，教学却始终难以收到好的效果。教理不明，何谈教学？罗福午敏锐地认识到这个问题的严重性，在师资质量提高上做了很多工作，他强调，一定要把教学中的培养目标告知学生。大学生的培养目标可以总结为“知、情、意、行”几个字。“知”即知识，包括科学、技术、人文等领域；“情”是情感，要培养学生的爱国心、责任感；“意”是意识，实践意识、创新意识、协作意识，甚至新时期人才应具备的经济、法律意识等，都应该在大学教育中加以培养；“行”是行为，有了意愿，还要有行为能力，才能真正把学习所得应用于实践。

谈起今天高等工程教育中存在的问题，罗老仍有着深刻的见解。现在我国高校土木工程专业培养出的学生，善于套规范计算，往往只见树木，不见森林。若教学的内容和方法不改革，人才培养就很难有质的飞跃。怎样在高等教育阶段培养出合格人才，是罗老始终关注研究的问题。

莫道桑榆晚，为霞尚满天

如今罗老仍然没有离开他深爱的教育领域。退休之后，他多次被国家建设部门和高等院校请去做培训或参加讲座。79岁高龄的罗老身体硬朗，精神矍铄，2008年还被北京奥组委挑选为火炬手参加济南市的火炬接力。工作之余，罗老任北京叔蘋奖学金得奖同学会会长20余年，现任叔蘋奖学金基金管理委员会委员，北京叔蘋同学会名誉会长，为叔蘋奖学金在北京设立做出了突出贡献。

叔蘋奖学金是由香港著名爱国人士顾乾麟先生于1939年在上海创办，面向贫寒、优秀中学生设立的奖学金，迄今已有70年历史，是我国近代以来历史最为悠久，并由中学至大学连续设奖的民间奖学金。

叔蘋奖学金以“得诸社会，还诸社会”为宗旨，不但奖学而且育人。叔蘋奖学金从设立至1949年前，共资助约1100名学生。这些学生不但得到顾乾麟先生提供的奖学金资助，得以完成学业；更获得了诸如管理叔蘋图书馆、实验室等参与丰富的实践活动的机会，更多地服务于社会，深入了解底层社会的实际情况，在以后的国家建设和民族振兴中都发挥了自己的力量。可以说，在那个特殊的年代里，叔蘋奖学金为中华人民共和国共和国的建设储备了大批杰出人才。如今，叔蘋奖学金在上海、北京、湖州三地续办，从1986年至今，又有6000余学生得奖，在北京遍及北京二中、北京八中、北大附中以及北大、清华等20余所中学和大学。

罗老对叔蘋有着深厚的感情，他和夫人都是叔蘋奖学金的受益人，他们在“叔蘋”相识相知，携手走过了半个多世纪的风风雨雨。完成学业之后，罗老始终不忘“得诸社会，还诸社会”，和其他同学一起为“叔蘋”服务数十年。作为北京叔蘋同学会会长，罗老在教学之余一力担起宣传和组织两大工作，20年来几乎没有过一个完整的双休日，所有的休息时间都奉献给了叔蘋奖学金的事业。罗老的工作和奉献，给更多的年轻学子带来了新的希望。

若说罗老为教育事业奉献出了毕生的精力，我想是毫不夸张的。当我想表达对罗老的敬意时，发现很难挑选出一个合适的词语，因为“老师”本就是世间最大的敬语。引用一首诗来说，正是：

四度春风化绸缪，几番秋雨洗鸿沟。
黑发积霜织日月，粉笔无言写春秋。
蚕丝吐尽春未老，烛泪成灰秋更稠。
春播桃李三千圃，秋来硕果满神州。

（本文刊载于《清华人》2009年第3期）